本项研究得到以下基金资助

现代国际贸易战略研究中心课题"自由贸易区建设的目标模式与地方政府体制机制创新——以浙江省海洋经济核心区为例"（NZKT201208）

国家教育部留学回国人员科研启动基金"我国沿海港口功能转型和软实力提升的路径研究"

浙江省自然科学基金"浙江海洋经济核心区'三群'联动发展的模式和协调机制研究"（LQ14G030004）

宁波市社科规划"'三群联动'视角下宁波—舟山港转型升级的实现路径与政策研究"（G14-ZX05）

宁波大学校科研基金"海港城市影响腹地现代工商业发展的机制研究"（xkw13d203）

自由贸易园区与港口城市的再开放

——以浙江省海洋经济核心区为例

ZIYOU MAOYI YUANQU YU
GANGKOU CHENGSHI DE ZAI KAIFANG

周　艳 ◎著

浙江大学出版社
ZHEJIANG UNIVERSITY PRESS

图书在版编目(CIP)数据

自由贸易园区与港口城市的再开放:以浙江省海洋
经济核心区为例 / 周艳著.—杭州:浙江大学出版社,
2015.9
　　ISBN 978-7-308-15265-5

　　Ⅰ.①自… Ⅱ.①周… Ⅲ.①自由贸易区－经济发展
－研究－浙江省 ②港湾城市－对外开放－研究－浙江省
Ⅳ.①F752.855 ②F299.275.5

中国版本图书馆 CIP 数据核字(2015)第 248798 号

自由贸易园区与港口城市的再开放

—— 以浙江省海洋经济核心区为例

周　艳 著

责任编辑	田　华
责任校对	秦　瑕
封面设计	春天书装
出版发行	浙江大学出版社
	(杭州市天目山路 148 号　邮政编码 310007)
	(网址:http://www.zjupress.com)
排　版	浙江时代出版服务有限公司
印　刷	杭州日报报业集团盛元印务有限公司
开　本	710mm×1000mm　1/16
印　张	15.75
字　数	270 千
版 印 次	2015 年 9 月第 1 版　2015 年 9 月第 1 次印刷
书　号	ISBN 978-7-308-15265-5
定　价	48.00 元

前　　言

　　党的十一届三中全会以来，中国用外向型经济谱写了30多年史诗般的工业化进程，经济和社会发展空前繁荣。然而，当时间的脚步走过21世纪的第一个十年后，我们也突然发现，中国的经济发展遭遇了前所未有的发展瓶颈和困难：世界市场不再像原先那样看起来庞大、劳动力成本快速上涨、资源要素制约严重、环境倒逼，这些，都使当前我国经济的发展进入了瓶颈期。

　　在外向型经济领域，对外开放伊始，中国就以海关特殊监管区域为试验田和特区，把国内的廉价劳动力和庞大的国际市场联结在一起。当外向型经济乃至整体经济发展遭遇瓶颈和挑战时，中国又以海关特殊监管区域的实践为基础，创新提出以自由贸易园区为突破口，以开放促改革，打造外向型经济的升级版——开放型经济，促进经济社会发展和政府管理的全面转型。

　　浙江作为沿海先行地区，一直走在外向型经济的前列，相比全国，我们享受了更多的外向型经济红利，也更早地体味了发展瓶颈的阵痛。新一轮的全面开放布局中，国家以上海自由贸易试验区先导引领，天津、广东、福建三地自由贸易试验区建设呼应跟上。浙江，既然遭遇了外向型经济发展的瓶颈，便有创新突破、先行先试的现实需求。然而在地缘上，由于浙江紧邻上海，又使其在争取国家试点上处于相对劣势。

　　处于发展的十字路口，浙江何去何从？临渊羡鱼，不如退而织网。由此，我们便要详细考察世界自由贸易园区设立的理论基础、各自的发展，中国从海关特殊监管区域到自由贸易试验区的实践探索；我们更要检视自身，深入剖析浙江的优势与发展的瓶颈,明确政策创新的切入点与突破口。

毋庸置疑,海洋经济是浙江的特色与优势,以宁波—舟山港海域海岛及其依托的城市为载体,以大宗商品的储运交易为特色,浙江的海洋经济核心区承担着中国走向现代化、实现伟大复兴中国梦的"工业粮仓"地位。以此为重点,打造有差异化、特色明显的自由贸易试验区,将是浙江突破瓶颈、引领发展、承接国家战略的不二选择。

高质量的自由贸易试验区建设,不是平地起高楼,与其依托的城市,必然有一个良性互动的关系,研究其中的机理,有助于建设更高质量的自由贸易试验区,也有助于城市的再开放、再发展。

如是,差异化的自由贸易园区建设,便是当前形势下我们要深入研究的命题,其成果也可供各方参考。

本书系"自由贸易区建设的目标模式与地方政府体制机制创新——以浙江省海洋经济核心区为例"(NZKT201208)、"我国沿海港口功能转型和软实力提升的路径研究"(国家教育部留学回国人员科研启动基金项目)、"浙江海洋经济核心区'三群'联动发展的模式和协调机制研究"(浙江省自然科学基金 LQ14G030004)、"'三群联动'视角下宁波—舟山港转型升级的实现路径与政策研究"(宁波市社科规划 G14-ZX05)、"海港城市影响腹地现代工商业发展的机制研究"(宁波大学科研基金 xkw13d203)、"宁波—舟山港与釜山港的国际竞争力分析(宁波大学学校人才工程项目)"的研究成果。

本书稿的撰写,是在长江学者钟昌标教授、宁波大学商学院副院长杨丹萍教授、宁波大学商学院产业经济与区域研究所所长许继琴教授的指导和帮助下进行的,在此一并向他们表示感谢!

本书在编写过程中,引用、吸收、借鉴了大量的前人研究成果,在此特向这些作者表示感谢!

限于时间和研究水平,书中观点或表述难免有疏漏与不妥之处,敬请有关专家和读者不吝指正。

感谢浙江大学出版社对本书出版的大力支持!感谢家人和朋友们这段时间来的大力支持!

作　者

2015 年 7 月

目　录

第一章 绪 论

第一节 问题的提出

党的十一届三中全会以来,对外开放一直是中国经济发展的重要驱动力。30多年的实践充分证明,我国辉煌的经济成就与开放须臾不可分,甚至可以说是开放成就了中国经济的发展,造就了经济总量跃居世界第二的东方大国。

以今天的视野回顾30多年的改革开放历程,似乎主体上可以定义为外向型经济,即充分利用中国的廉价劳动力和资源优势,注重外资的引进,注重制造业产品的出口。之所以定义为外向型经济,是因为此阶段的开放并不是全面、全方位的,重点表现在政策法规并未与国际接轨、金融的管制、投资的限制、贸易的普遍监管等等,从而使国内市场与国际市场割裂,中国未能真正融入世界经济。在此阶段,作为打开国门的一种尝试,更好地承接国际产业转移、连接国内国际两个市场,国家设立了海关特殊监管区域。它是在经济特区基础上进一步探索的产物,其主要功能是实体货物的保税仓储物流和实体货物的加工制造,从而服务于外向型经济发展。从1990年全国首个保税区设立到现在,海关特殊监管区域发挥了其作为我国经济融入世界、参与国际竞争的重要"接点"和"桥头堡"作用,并承担了我国政府在管理体制、职能转变及市场运行机制等方面改革试验田的功能,可谓是"功德无量"。

金融危机后,世界经济局势动荡不安,国际贸易投资秩序重构,国内经济又正处于"三期叠加"的复杂阶段,以出口和招商引资双轮驱动的传统外向型经济模式进入了瓶颈期,出口下滑、结构性产能过剩、投资减少等一系列问题接踵而至。国内劳动力、原材料等资源要素价格的上升,全球经济一体化和区域化进程的加快,更加速了海关特殊监管区域原有优势的丧失,这种特殊的经济区域已无法满足中国更好地参与全球经济的需要。

为了适应经济全球化、国际贸易投资秩序重构等新形势,党的十八届三中全会明确提出要构建开放型经济新体制,以开放促改革。新一轮的对外开放,不再是简单地引进资金、技术、人才等生产要素的过程,而是要在推动对外开放相互促进、引进来与走出去更好结合,以及积极参与新一轮国际规则制定的基础上,以开放倒逼改革,把对外开放拉升到一个新的能级和平台,而自由贸易园区则是其重要的载体和切入点。

2013年8月,国家批设了首个自由贸易试验区,选址上海并进行试验。把上海的海关特殊监管区域作为实施政策法规创新、金融自由化、贸易便利化、投资便利化等一系列制度创新的先行区,从而带动和引领一个城市乃至一个国家的对外开放全局。有了先行区的经验,2014年,国家在对上海自由贸易试验区扩区的同时,又新批设了天津、广东和福建三个自由贸易试验区,从而形成了南北呼应的四大自由贸易试验区布局,将我国对外开放提升到新的水平。四大自由贸易试验区既相互呼应,又各有特色。上海自由贸易试验区承担着政策创新与金融开放的职能,天津自由贸易试验区是拉动京津冀一体化加速发展的重要引擎,广东自由贸易试验区和福建自由贸易试验区又承担着对接与加强与港澳、台湾合作的使命。

浙江是改革开放的前沿阵地,国家把自由贸易园区建设作为实现开放型经济跃升至新台阶的工具和载体,并在浙江的周边启动了四个功能特色各异的自由贸易试验区。那么,作为一个开放型经济的强省,浙江该从中取得何种借鉴与经验呢?

现阶段的浙江也同样遭受着世界经济增长不确定、不稳定的影响,受到无法回避的要素资源供给和生态环境容量等方面的瓶颈约束,亟须找到新的改革开放突破口。贯彻国家谋划发展开放型经济总体战略的精神,浙江也需要紧跟新一轮开放的步伐,通过建设自由贸易园区,成为深化改革、扩大开放的试验基地,实现区域开放型经济能级的提升和"质"的飞跃。浙江要争取使用自由贸易园区这一工具来实现经济的再腾飞,就必须要发挥自身优势,注重差异化。而浙江最大的差异化优势就是海洋经济,因此应以海洋经济为特色和亮点申报建设自由贸易园区。

2011 年 3 月 1 日,国务院关于《浙江省海洋经济发展示范区规划》(以下简称《规划》)的批复表明浙江省的海洋经济发展上升到国家战略举措的层面,成为全国海洋经济发展的突破点,浙江省海洋经济发展迎来了历史性机遇。2013 年 1 月 23 日,舟山群岛新区的设立又再次表明国家对浙江海洋经济发展的重视,以及浙江海洋经济在全国海洋经济发展战略中的重要地位。在浙江,海洋经济优势最为突出的要数宁波和舟山两市,国家在《规划》中,也已明确把宁波—舟山港海域、海岛及其依托的城市定为浙江海洋经济的核心区。核心区如何充分利用优势,用差异化策略争取成为新一轮改革开放的实验基地? 两个城市在推进自由贸易园区建设方面,能否合作,怎么合作? 核心区的港口城市如何在对接其他自由贸易园区,特别是上海自由贸易试验区的同时,用自身的再开放来促进自由贸易园区建设等一系列问题,成了浙江省海洋经济核心示范区建设的重点和难点,亟待我们共同探讨与研究。

第二节 国内外研究现状

在全球经济一体化、区域经济集团化趋势下,自由贸易园区已俨然成为各国国际贸易发展的重要平台以及吸引外资、促进技术革新和产业升级的重要手段。自由贸易园区这一本就热门的话题,再度成为国内外专家学者关注的焦点。本书在对自由贸易园区的具体问题展开研究之前,先以研究现状和应用现状为落脚点,梳理国内外众多自由贸易园区研究者多角度的研究思路和所得出的结论,为接下来更深入剖析自由贸易园区的相关问题奠定基础。

一、国外关于自由贸易园区的研究

虽然自由贸易园区在全球范围内形成了一个较好的发展态势,建设自由贸易园区被广泛认为具有很好的经济效益和潜在优势。但并非所有的学者都对自由贸易园区的设立持肯定态度,尤其是针对自由贸易园区的经济效应,存在肯定和批判两种截然相反的观点。

(一)关于自由贸易园区经济效应的研究

通过对相关文献的梳理,可以发现国外学者对自由贸易园区的研究主要围绕市场全球化、区域经济一体化、贸易自由化和贸易收益等基本理论进行了批判或肯定。一方面,持批判观点的学者认为自由贸易园区的设立对经济发展有负面效应,最具代表性的是 Gunnar Myrdal(1957)[①]提出的"回浪效应"(Back-wash effect)理论,从区域经济角度反对建立自由贸易园区。他认为落后地区的劳动力、资本、技术、资源等要素因收益率差异,会向发达地区转移,造成区域经济之间持续的差异。发达地区日益发达,落后地区日渐没落,甚至出现两极分化。并主张由政府执行平均主义政策,加强扩散效应,减弱回浪效应,缩小地区差别。Hamada(1974)[②]基于国际贸易理论中的赫克歇尔-俄林(H-O)模型,认为加工贸易使东道国的生产违背了比较优势原则,从而出现无效率增长。Hamiltion 和 Svensson(1982)[③],Young(1992)[④]从贸易收益和公民福利角度提出自由贸易园区降低了最终产品的国内价格而对国民福利产生扭曲效用。Daponte(1997)[⑤]通过对主要国家进出口关系的分析,指出自由贸易园区对进口提供优惠措施多于出口,不利于进出口贸易的发展。Belay Seyoum 和 Juan Ramirez(2012)[⑥]验证了美国自由贸易园区集聚了寻求低成本的企业,形成了出口竞争力较强的中低技术密集型的产业。另一方面,持肯定观点的学者们认为设立自由贸易园区对设立国乃至全球经济有很好的促进作用,支持各国兴建自由贸易园区。Albert O. Hirschman(1958)[⑦]提出不平衡增长论,指出在世界贸易保护主义盛行的情况下,创办自由贸易园区或具有自由贸易园区功能的其他自由区,实行完全的自由贸易政策,取消贸易限制和贸易壁垒,实现与国际经济

[①] Gunnar Myrdal. Economic Theory and Underdeveloped Regions. London: Gerald Duckworth,1957.

[②] Hamada Koichi. An Economic Analysis of the Duty-Free Zones. Journal of International Economics,1974,4(3):225-241.

[③] Hamilton and Svensson. On the Welfare Effects of a "Duty Free Zone". Journal of International Economics,1982(13):45-64.

[④] Young. Unemployment and the Optimal Export-Processing Zone. Journal of Development Economics,1992(37):369-385.

[⑤] Daponte. The Foreign Trade Zones Act: Keeping up with the Changing Times. Business American,1997(12):24-27.

[⑥] Belay Seyoum and Juan Ramirez. Foreign Trade Zones in the United States: A Study with Special Emphasis on the Proposal for Trade Agreement Parity. Journal of Economic Studies,2012,39(1):13-30.

[⑦] Albert O. Hirschman. The Strategy of Economic Development. New Haven,Conn: Yale University Press,1958.

体制及惯例的接轨,具有示范和样板作用。除了不平衡增长论外,自由贸易园区还可以溯源到弗农(Vernon)的生命周期理论[①],根据产品生命周期理论,我们知道同一产品的周期在不同技术水平的国家里,其发生的时间和过程是不同的。所以,当产品进入成熟期,企业会将生产转移到成本更加低的地区获取竞争优势,这也为证明自由贸易园区的正面效应提供了依据。藤森英男(1981)[②]用这一理论,研究了亚洲地区出口加工区从诞生、成长、高潮,再至衰退的变化过程。Rhee 和 Belot(1990)[③]认为,自由贸易园区是东道国经济发展的助推剂,不仅可以推动本土企业参与跨国公司价值链,还可以提升其国际竞争力。Johansson(1994)[④]指出,从国外进口的高技术产品或仪器进入自由贸易园区交易或存储,能够产生外部效应,并且这部分外部效应是正的,它能帮助自由贸易园区所在的国家或地区提升本国的技术水平,使其生产的产品能在国际市场上产生竞争力,从而提升该国或地区的国际竞争力。Yasuda(1994)指出,当政府实行贸易开放的时候,企业面临着来自国际供应商的竞争压力,这些竞争压力会导致一国产业和企业调整开拓市场的方式。Robles 和 Hozier(1986)[⑤]认为,自由贸易园区能有效降低国际贸易成本,有利于企业进行全球外包和供应链合作。在世界银行和国际金融公司(2008)发起的研究中,也提到建立成功的自由贸易园区会提高主办国或地区的开发开放水平,产生比较明显的经济效益,创造外汇收入,增强后向联系,促进腹地经济发展。

(二)关于建立自由贸易园区目的的研究

许多国家或地区设立自由贸易园区的一种重要目的是希望借此提高该国或该地区的国际竞争力。对于企业来说,国际化经营有利于实现其寻求更好资源、更大市场、更高利润的目的,这也就成了它们进驻自由贸易园区

---

① Raymond Vernon. International Investment and International Trade in the Product Cycle. The Quarterly Journal of Economics,1966,80(2):190-207.

② 藤森英男:《亚洲地区的出口加工区》,中国社会科学出版社 1981 年版。

③ Rhee and Belot. Free Trade Zones in Export Strategies. The World Bank Industry and Energy Department,PRE,1990.

④ Helena Johansson. The Economics of the Export Processing Zones Revisited. Development Policy Review,1994,12(4):387-402.

⑤ Robles Fernando and George C. Hozier. Understanding Foreign Trade Zones. International Marketing Review,1986,3(2):44-54.

的原因。Kankcsu Jayantha Kumaran(2002)①指出,不同国家或地区是基于国家发展层面设立自由贸易园区,并举例提到,新加坡为吸引外资制定了一揽子计划,而设立出口加工区就是该计划中的一部分。韩国为大力发展外向型经济也制定了一系列计划,设立出口加工区就是其中的一部分计划。Chee Kian Leong(2012)②认为,设立各类自由贸易园区的主要目标包括通过促进出口,加速一国经济增长;吸引外商投资,实现技术溢出效应;增加就业;实现新技术和先进管理模式的转移等。而这些目标其实也就是自由贸易园区带来的正面效应。

　　(三)关于自由贸易园区的实证研究

　　一些学者们通过实证分析,研究自由贸易园区对福利水平的影响,以及对创办国经济发展的促进作用。Gupta(1994)③和 Hazari(1996)④引入Harris-Tadaro模型,分析了不同的进口减税方案对自由贸易园区内就业率及整体福利水平的影响。Facchini 和 Willmann(1999)⑤运用 Dixit-Norman税收模型分析自贸区和非自贸区之间差异,进而分析了税收政策变化对贸易及福利水平的影响。Ary Jane Bolle 和 Brock R. Williams(2012)⑥在世界经济发展的新形势下,引用美国对外贸易区发展的经验数据,从实证的角度肯定了自由贸易园区在经济发展中的作用,推翻了自由贸易园区扭曲资源分配效率的观点。Seyoum 和 Ramirez(2012)⑦通过实证研究发现,美国对

---

　　①　Kankesu Jayantha Kumaran. An Overview of Export Processing Zones:Selected Asian Countries. University of Wollongong Department of Economics Working Paper Series, 2002.

　　②　Chee Kian Leong. Special Economic Zones and Growth in China and India:An Empirical Investigation. International Economic Policy,2012,10(4):119-140.

　　③　Manash Ranjan Gupta. Duty-free Zone,Unemployment,and Welfare. Journal of Economics,1994,59(2):217-236.

　　④　Bharat R. Hazari. Free Trade Zones,Tariffs and the Real Exchange Rate. Open Economies Review, 1996,7(3):199-217.

　　⑤　Giovanni Facchini and Gerald Willmann. The Gains from Duty Free Zones. Journal of International Economics,1999,49(2):403-412.

　　⑥　Ary Jane Bolle & Brock R. Williams. US Foreign-Trade Zones:Background and Issues for Congress,Congressional Research Service,Library of Congress,2012.

　　⑦　Seyoum and Ramirez. Foreign Trade Zones in the United States:A Study with Special Emphasis on the Proposal for Trade Agreement Parity. Journal of Economic Studies, 2012,39(1):13-30.

外贸易区汇集诸多寻求低成本企业,增强了中低技术密集型产业的出口竞争力。Bolle 和 Williams(2012)①基于美国对外贸易区(Foreign Trade Zones)的经验数据,通过运用计量模型的实证分析,证明了对外贸易区对美国经济发展具有不可替代的促进作用。

二、国内关于自由贸易园区的研究

国内关于自由贸易园区的研究起步晚,研究成果相对较少,且还未形成系统。这是由于我国在 2013 年才设立了第一个符合国际惯例的自由贸易园区——上海自由贸易试验区,而这之前设立的 6 种类型的海关特殊监管区域是与之相近的各种过渡性区域。学者们更多的是将研究重点集中在与自由贸易园区相近的海关特殊监管区域上。到了近两年,随着我国自由贸易试验区战略的进一步推进,国内学者对自由贸易园区这一主题也更为关注,相关研究也如雨后春笋般涌现。据此,把相关研究分为三个方面进行梳理。

(一)关于国外自由贸易园区发展经验的研究

我国国内对自由贸易园区的研究始于 20 世纪 80 年代后期。具有代表性的著作有郭信昌主编的《世界自由港和自由贸易园区概论》②、谷源洋的《世界经济自由区大观》③、曲云厚的《世界经济特区》④、李力⑤和上海保税区管委会研究室⑥分别主编的《世界自由贸易区研究》等,主要以描述和介绍自由贸易园区的概念、实践形式、基本特征等内容为主,包括了自由贸易园区的区位选择、海关管理体制、基本政策和法规、管理体制等方面的规律和特点。张志强(2009)⑦对世界主要自由贸易园区的类型及发展特点进行了比较分析。

① Bolle and Williams. U. S. Foreign-Trade Zones: Background and Issues for Congress. CRS Report for Congress,2012.
② 郭信昌:《世界自由港和自由贸易区概论》,北京航空学院出版社 1987 年版。
③ 谷源洋:《世界经济自由区大观》,世界知识出版社 1993 年版。
④ 曲云厚:《世界经济特区》,中国对外经济贸易出版社 1990 年版。
⑤ 李立:《世界自由贸易区研究》,改革出版社 1995 年版。
⑥ 上海保税区管委会研究室:《世界自由贸易区研究》,改革出版社 1996 年版。
⑦ 张志强:《世界自由贸易区的主要类型和发展特点》,《港口经济》2009 年第 11 期,第 56—58 页。

（二）关于海关特殊监管区域的研究

20 世纪 90 年代初,随着我国首个海关特殊监管区域——保税区的设立,学者们对保税区的研究也逐步开展起来。从文献检索的结果来看,国内有关我国保税区的最早研究是魏达志(1990)[①]对强化深圳沙头角和福田两大保税工业区功能的探索。90 年代上半期,相关研究以描述性为主,正如学者高海乡所说,“这一阶段的研究,侧重于整体性和全面性”。进入到 90 年代中后期,由于在实践中保税区存在的问题逐渐显露,学者们开始对实际运作中,保税区在政策、监管模式和运行方式等业务层面存在的问题进行探讨。刘恩专(1999)[②]通过对天津港保税区 7 年运营状况的数量分析,证明了保税区的最大贡献在于对区域经济的带动效应,而不仅仅是自身效益的最大化。针对存在问题提出解决方案时,很多学者都提出向自由贸易园区转型的对策建议。然而,在当时,转型还是一个新的话题,相关研究大多停留在建议层面,围绕这一话题进行深入、细致研究的还非常少。真正意义上,对保税区向自由贸易园区转型的研究始于 21 世纪,成思危(2004)[③]对我国保税区转型的目标模式、基本原则、步骤和主要措施进行了细致的说明;散襄军(2002)[④]、李春梅和王丽娟(2008)[⑤]等从功能定位、管理体制、海关监管、政策法规等方面,将我国保税区(综合保税区)与国外自由贸易园区进行比较,对保税区(综合保税区)转型提出的建议主要包括“境内关外”的定性、与国际惯例接轨、确立统一和权威的法律框架、明确统一领导和属地管理形式的管理体制等;杨明华(2008)[⑥]在对我国保税区的经济效应、功能定位等进行分析的基础上,认为保税区转型需要政策支持,提出应调整现有保税区政策,包括出口退税政策、贸易权政策、外汇管理政策、物流行业的准入政

① 魏达志:《保税工业区功能探索》,《特区经济》1990 年第 2 期,第 14 页。

② 刘恩专:《天津保税区区域经济发展效应的分析评价》,《天津财经学院学报》1999 年第 2 期,第 16—23 页。

③ 成思危:《我国保税区改革与向自由贸易区转型》,《港口经济》2004 年第 2 期,第 5—9 页。

④ 散襄军:《保税区向具有综合竞争优势的自由贸易区转型探讨》,《管理世界》2002 年第 5 期,第 132—133 页。

⑤ 李春梅、王丽娟:《国际自由贸易区与我国保税区发展转型的探讨》,《对外经贸实务》2008 年第 10 期,第 75—78 页。

⑥ 杨明华:《我国保税区向自由贸易区转型研究》,《学海》2008 年第 1 期,第 201—204 页。

策;李志鹏(2013)①认为,要统筹我国海关特殊监管区域境内外产业联动转型和升级,目标是在未来建立具有全球先进发展水平的自由贸易园区;武俊奎(2013)②提出了综合保税区向自由贸易园区转型升级的"四个自由"战略,即贸易自由、运输自由、投资自由和金融自由;仲伟林(2013)③通过对国外知名自由贸易园区特点的研究,分析我国海关特殊监管区域的转型升级。通过梳理可以看出,研究主要集中在功能定位(转型)、目标模式、立法、管理体制等问题,且转型升级的主体对象是保税区和综合保税区。另外一块针对海关特殊监管区域的研究就是关于海关特殊监管区域的整合升级,以出口加工区为主。这一时期对海关特殊监管区域向自由贸易园区转型的研究大到产业规划、布局等宏观问题,小到配套政策、运营方式、监管模式等微观层面的问题,研究虽然更为全面和清晰化,但对于政府管理体制模式层面的研究还比较薄弱。

(三)关于自由贸易区的作用及我国自由贸易园区建设的研究

关于自由贸易园区的作用,李友华(2006)④认为,自由贸易园区是经济发展拉动力量,可以使改革推广到全国,也是推进进口多元化的一个重要工具;李泊溪等(2013)⑤认为,发展自由贸易园区可以提高主办国或地区开发开放水平,带来直接经济效益,增强主办国或地区的发展后劲。上海自由贸易试验区设立后,自由贸易园区的建设问题更是引起了专家学者的广泛关注。崔卫杰等(2013)⑥、贺小勇(2013)⑦、李捷枚(2013)⑧分别对初创期的上

---

① 李志鹏:《中国建设自由贸易园区内涵和发展模式探索》,《国际贸易》2013 年第 7 期,第 4—7 页。

② 武俊奎:《综合保税区向自由贸易园区转型战略研究》,《现代信息经济》2013 年第 12 期,第 118—119 页。

③ 仲伟林:《关于海关特殊监管区域向自由贸易园区转型发展的思考》,《港口经济》2013 年第 11 期,第 30—36 页。

④ 李友华:《我国保税区管理体制改革目标模式分析——兼及我国保税区与国外自由贸易区比较》,《烟台大学学报》(哲学社会科学版)2006 年第 1 期,第 57—60 页。

⑤ 李泊溪等:《中国自由贸易园区的构建》,机械工业出版社 2013 年版。

⑥ 崔卫杰、张威:《中国自由贸易试验区建设的模式选择》,《研究与探索》2013 年第 10 期,第 30—33 页。

⑦ 贺小勇:《中国(上海)自由贸易试验区金融开放创新的法制保障》,《法学》2013 年第 12 期,第 114—121 页。

⑧ 李捷枚:《中国(上海)自由贸易试验区——背景、意义及推进难点》,《新经济》2013 年 12 月(中),第 16 页。

海自由贸易试验区模式选择、法制保障、推进难点等进行了探讨;刘奇超(2014)①、苏珊珊(2014)②杨爽等(2015)③分别通过借鉴国外典型自由贸易园区欧美、韩国等的经验,提出了推进我国自由贸易园区建设的意见;郁鸿元(2015)④、王海峰(2015)⑤对上海自由贸易试验区成立的意义、取得的进展进行了分析,提出进一步推进改革的建议;李敏杰(2015)⑥、石钢等(2015)⑦等对上海自由贸易试验区创新制度的复制推广进行了研究。

综上所述,国内外学者结合本国实际,从多个角度对自由贸易园区进行了研究,形成了很多具有重要学术价值的研究成果。国外关于自由贸易园区的研究开始得比较早,加上国外众多的自由贸易园区的典型模式为理论与实践的结合提供了素材,保证了实证研究的规范性。而国内自由贸易园区的相关研究起步晚,成果少,且还未形成一个符合我国国情的理论框架。对此,笔者认为还有以下两个方面亟待进一步拓展和深化:一是符合中国国情的自由贸易园区的理论框架及创新机制;二是自由贸易园区建设与港口城市的关系。

第三节　研究思路与主要内容

新形势下,随着沿海地区开放促进效应的衰减,浙江海洋经济核心区亟须构筑新的发展平台。而作为对外开放的"桥头堡",海关特殊监管区域已

---

①　刘奇超:《欧美自由贸易区贸易便利化经验及对中国的启示》,《西华大学学报》2014年第6期,第76—84页。

②　苏珊珊:《中国(上海)自由贸易试验区政策分析——基于中国台湾基隆自由港区、韩国釜山自贸区的比较》,《当代经济管理》2014年第9期,第42—47页。

③　杨爽等:《韩国自由经济区发展演化过程及启示》,《经济地理》2015年第3期,第16—22页。

④　郁鸿元:《对中国(上海)自由贸易试验区的相关制度创新的再思考》,《时空探微》2015年第2期,第63—67页。

⑤　王海峰:《对进一步推动上海自由贸易试验区改革开放的几点看法》,《外资经贸》2015年第10期,第30—33页。

⑥　李敏杰:《福建自由贸易区与上海自由贸易区经验的学习复制与创新》,《物流工程与管理》2015年第3期,第159—160页。

⑦　石钢等:《中国(上海)自由贸易试验区海关特殊监管区域制度创新研究——以舟山海关首批复制推广制度为视角》,《现代物业·现代经济》2015年第2期,第42—43页。

无法满足沿海地区更好地参与全球经济的需要。港口是海洋经济发展的核心载体和引擎,港口城市是对外开放的前沿阵地。纵观世界自由贸易园区的发展,自由贸易园区在贸易便利化、投资自由化等方面的改革举措,有助于推动港口的转型升级,促成港口城市的再开放。因此,一方面,本书在对自由贸易园区的概念体系及相关经济理论进行梳理的基础上,通过对世界主要自由贸易园区的发展及典型案例的详细分析,归纳出国际成熟自由贸易园区的特点和经验,进而探讨自由贸易园区与港口城市的关系;另一方面,从分析我国海关特殊监管区域向自由贸易园区的转型入手,探讨浙江海洋经济核心区建设自由贸易园区的必要性和可行性,并结合国际成熟自由贸易园区的经验,提出推动自由贸易园区建设的对策建议,以及港口城市再开放的途径。

本书全文分为绪论和正文两大部分,正文部分又分为六章。具体内容如下:

第一章为绪论,包括问题的提出,国内外研究现状,以及基本思路与框架。首先,在对现实分析的基础上,提出了本书所要研究的问题;接着,通过对国内外相关文献的梳理,把握了国内外有关自由贸易园区以及海关特殊监管区域的研究现状。

第二章为自由贸易园区的理论与发展历程。首先,从起源、发展、特点等诸方面对 FTA 和 FTZ 进行了比较分析,进而系统诠释了自由贸易区的概念体系;其次,在此基础上,结合 FTZ 的内涵和外延,以及其他相关理论,深入分析了自由贸易园区对区域经济的影响;最后,从世界自由贸易园区的发展历程、现状的梳理入手,较为详细地分析了世界自由贸易园区的发展特点及趋势。

第三章为世界主要自由贸易园区的比较分析与经验借鉴。首先,通过对国外典型自由贸易园区的案例分析,把握了各个自由贸易园区的运行概况和特点;其次,对这些主要自由贸易园区进行了比较分析,归纳出国际成熟自由贸易园区的共性及特点;最后,结合国际成熟自由贸易园区的经验,从口岸的对外开放、资本开放、投资开放三方面,深入分析了自由贸易园区对港口城市发展的作用。

第四章为中国海关特殊监管区域的发展历程与现状。首先,对我国海关特殊监管区域的发展历程进行了梳理;其次,在对我国 6 种类型海关特殊监管区域的发展现状进行详细分析的基础上,深入探讨了我国海关特殊监管区域发展规律及所面临的困境;最后,结合国际经验,剖析了我国海关特殊监管区域向自由贸易园区转型的探索。

第五章为中国海关特殊监管区域向自由贸易园区转型的尝试。首先，对上海自由贸易试验区的设立背景、发展现状进行了细致的梳理；其次，通过对天津、广东、福建3个自由贸易试验区建设情况的介绍及对其功能特点的对比分析，阐述了我国自由贸易园区的推广情况。

第六章为浙江海洋经济核心区建设自由贸易园区的战略选择。首先，从海洋经济核心区建设自由贸易园区的必要性和可行性入手，阐述了开放型经济发展的新阶段，自由贸易园区建设对核心区发展的重要性；其次，通过对3个不同方案的介绍和比较，说明了宁波和舟山共建自由贸易园区的意义；最后，在确定核心区建设自由贸易园区的功能定位与模式选择的基础上，剖析了核心区建设自由贸易园区的关键问题，并提出了推动自由贸易园区建设的对策建议。

第七章为浙江海洋经济核心区自由贸易园区建设中的港口城市再开放。这一章探讨了核心区的港口城市如何在对接上海自由贸易实验区的同时，用自身的再开放来促进自由贸易园区建设。结合核心区的实际情况，提出通过港口城市的功能再定位，港口城市的互联互通新体系，以及核心区的港口群、产业群、城市群"三群"联动发展，实现核心区港口城市的再开放。

第二章　自由贸易园区的理论基础与发展历程

本章着重对自由贸易区的相关理论问题进行梳理，从起源、概念、特点等诸方面对 FTA 和 FTZ 进行比较分析，系统诠释自由贸易区的概念体系。在此基础上，结合 FTZ 的内涵和外延，以及其他相关理论，探讨自由贸易园区对区域经济的影响。

第一节　自由贸易园区的理论基础

经济全球化和区域化，是世界经济的两大发展趋势。世界贸易组织（WTO）和自由贸易协定区（FTA）分别代表了这两种趋势，而自由贸易园区（FTZ）则是这两种趋势的汇合点，也是一个国家经济开放的制高点。[①]自由贸易园区是 FTZ 在中国的一个特殊译法，而非国际惯例。其原因在于FTZ 是自由贸易区概念体系中的一个部分。下面就先对自由贸易区的概念体系作详细的诠释。

一、自由贸易区的概念体系

自由贸易区有两个本质上存在很大差异的概念，一个是 FTA（Free Trade Area），另一个是 FTZ（Free Trade Zoo）。世界各国大多习惯把两者

---

① 刘庆国：《国际经济规则多重视阈下建立广州自由贸易园区的构想》，《法治论坛》2014 年第 34 期，第 165 页。

都称为自由贸易区，从而也就容易造成理解和概念上的混淆。对此，先从概念上对 FTA 和 FTZ 进行区分说明。

（一）FTA（Free Trade Area）

FTA 源于 WTO 有关"自由贸易区"的规定，最早出现在 1947 年的《关税与贸易总协定（General Agreement on Tariffs and Trade，GATT）》中。该协定第 4 条第 8 款（b）对关税同盟和自由贸易区的概念作了专门的解释："自由贸易区应理解为两个或两个以上独立关税主体之间，就贸易自由化取消关税和其他限制性贸易法规。"国家商务部国际贸易经济合作研究院副院长李光辉在接受访谈时提到，FTA 是指两个以上的国家或单独关税区通过签订协定，在世贸组织最惠国待遇基础上，相互进一步开放市场，分阶段取消绝大部分货物的关税和非关税壁垒，改善服务和投资的市场准入条件，从而形成实现贸易和投资自由化。[①]

自由贸易区的产生与快速发展有其深刻的历史、经济、政治、文化原因。首先，与多边贸易体制相比，区域内国家易于就自由贸易区达成协议并产生实效。同时，现有的自由贸易区大多富有成效，也激发了更多国家参加自由贸易区。其次，就地区或邻近国家而言，自由贸易区有利于进一步发挥经贸合作的地缘优势。邻近国家间的自由贸易区具有人员往来与物流便利、语言文化相近、生活习惯类似等多种有利条件。邻近国家和地区间具有更多的有利条件来扩大和加深经济合作以获得互利双赢的效果，其效果比参加多边贸易体系带来的利益要更明显一些。第三，在加入多边合作机制的同时，缔结自由贸易区有利于推动各成员国内的经济结构改革，从而可以借助更多外力来推进国内改革。此外，20 世纪 90 年代一再发生的地区性经济危机的教训，也促使世界各国更加重视地区经济合作的制度化。1997 年的东南亚经济危机证明，在同一地区国家之间，危机蔓延的速度往往更快，相互影响也更为强烈。因此，加强地区内经贸合作不仅有助于防范新的危机，而且也有助于世界经济的稳定发展。[②]

根据 WTO 的统计，截至 2014 年 7 月，向 WTO 通报并仍生效的区域贸易安排实际为 257 个。其中，自由贸易协定 216 个。在 216 个自由贸易协定中，全球 12 大主要经济体作为一方成员的自由贸易协定共有 151 个，占到

---

① 《商务部专家：自贸区战略攸关国家核心经贸利益》，《上海证券报》2015 年 1 月 23 日。
② 《自贸区，新机遇》，《现代商业》2015 年第 13 期，第 20 页。

总数的 69.91%。① WTO 的成员基本上都与其他有关国家和地区建立了自由贸易关系,这是全球区域经济一体化快速发展的体现。FTA 的典型代表有欧盟、北美自由贸易区、中国—东盟自由贸易区等。世界主要自由贸易区如表 2-1 所示。

表 2-1　世界主要自由贸易区

自贸区名称	签订国家或地区
欧盟	初始成员国为法国、德国、意大利、荷兰、比利时、卢森堡、丹麦、英国、爱尔兰、希腊、西班牙、葡萄牙、瑞典、芬兰、奥地利、塞浦路斯、爱沙尼亚、拉脱维亚、立陶宛、波兰、捷克、斯洛伐克、匈牙利、马耳他、斯洛文尼亚、罗马尼亚、保加利亚、克罗地亚
北美自由贸易区(NAFTA)	美国、加拿大、墨西哥
中国—东盟自由贸易区	中国、印度尼西亚、马来西亚、菲律宾、新加坡、泰国、文莱、越南、老挝、缅甸、柬埔寨
东盟自由贸易区(AFTA)	印度尼西亚、马来西亚、菲律宾、新加坡、泰国、文莱、越南、老挝、缅甸、柬埔寨
美洲自由贸易区(FTAA)	阿根廷、安提瓜和巴布达、巴巴多斯、巴哈马、巴拉圭、巴拿马、巴西、秘鲁、玻利维亚、多米尼加共和国、多米尼克、厄瓜多尔、哥伦比亚、哥斯达黎加、格林纳达、海地、加拿大、美国、墨西哥、尼加拉瓜、萨尔瓦多、圣卢西亚、圣文森特和格林纳丁斯、圣基茨和尼维斯联邦、苏里南、特立尼达和多巴哥、危地马拉、委内瑞拉、乌拉圭、牙买加、智利、圭亚那、伯利兹、古巴
新型自由贸易区	尼泊尔、孟加拉国、不丹、马尔代夫、巴基斯坦、斯里兰卡、印度
中韩自由贸易区	中国、韩国
中日韩自由贸易区	中国、日本、韩国
独联体成员国多边自由贸易区	独联体成员国
中欧自由贸易区(CEFTA)	波兰、匈牙利、捷克、斯洛伐克、斯洛文尼亚、罗马尼亚、保加利亚

---

① 中国自由贸易服务区服务网,http://fta. mofcom. gov. cn/article/ftazixun/201501/20134_1. html.

续表

自贸区名称	签订国家或地区
欧盟与墨西哥自由贸易区	奥地利、比利时、保加利亚、塞浦路斯、克罗地亚、捷克、丹麦、爱沙尼亚、芬兰、法国、德国、希腊、匈牙利、爱尔兰、意大利、拉脱维亚、立陶宛、卢森堡、马耳他、荷兰、波兰、葡萄牙、罗马尼亚、斯洛伐克、斯洛文尼亚、西班牙、瑞典、英国、墨西哥
巴拿马科隆自由贸易区	巴拿马、科隆
德国汉堡自由贸易区	德国
美国纽约 1 号对外贸易区	美国

资料来源：作者根据相关资料整理而成。

FTA 的特点是由两个或多个国家或独立关税主体通过签订协议组成集团，在世贸组织最惠国待遇基础上，集团成员相互之间进一步开放市场，分阶段取消关税和非关税壁垒，改善服务和投资的市场准入条件，但又各自独立保留自己的对外贸易政策。

世界经济均衡的层次性决定了 FTA 是跨区域实现世界经济均衡的有效手段和主要方式，也成为中国和平崛起的全球灵活性战略。我国开启 FTA 谈判最早是在 2002 年 6 月，当时，我国政府提议与智利开始自由贸易区协定的谈判；随着对外开放的推进，2003 年和 2004 年我国在国家主权范围内分别与香港特别行政区、澳门特别行政区签署了 CEPA①，实行具有区域经济一体化的自由贸易安排；2004 年，我国全面启动了对外自由贸易的谈判工作。在国家与国家之间的区域一体化推进中，最早与东盟签署了《中国—东盟全面经济合作框架协议货物贸易协议》。现在，FTA 战略已经成为进一步推动我国双边多边经贸合作的基础，处于快速发展阶段。从表 2-2 中，我们可以看出，包括《亚太贸易协定》在内，目前我国已实施的自贸区达到了 13 项；正在谈判的自贸区有 8 项；正在进行可行性研究的有 4 项。

---

① CEPA 是《关于建立更紧密经贸关系的安排》，即 Closer Economic Partnership Arrangement的英文简称。

表 2-2　我国参与的自由贸易区及最新进展

进展阶段	自贸区名	进展
已签协议的自贸区	内地与香港的 CEPA	2003 年 6 月 6 日签署协定,2004 年 10 月 17 日签署补充协议
	内地与澳门的 CEPA	2004 年 10 月 27 日签署协定,2004 年 10 月 29 日签署补充协议
	中国—东盟	2004 年 1 月实施早期收获协议;2005 年 7 月开始启动全面降税;2007 年 1 月签署自贸区《服务贸易协定》,7 月开始实施;2009 年 8 月签署《投资协议》;2010 年 1 月 1 日自贸区正式建立
	中国—巴基斯坦	2004 年 11 月谈判启动;2005 年 11 月 18 日签署协定;2006 年 7 月 1 日起生效实施;2012 年 6 月双方完成《中巴自由贸易协定关于投资的补充协定》谈判
	中国—智利	2005 年 1 月 25 日谈判启动;2005 年 11 月 18 日签订协定;2006 年 10 月 1 日全面启动货物贸易关税减让进程;2007 年 1 月中智服务贸易和投资首轮谈判举行;2008 年 4 月 13 日双方签署《中智自贸协定关于服务贸易的补充协定》(即《中智自贸区服务贸易协定》)
	中国—新西兰	2004 年 11 月 19 日首轮谈判启动;2008 年 4 月 7 日签署协定;2008 年 10 月 1 日协定开始生效
	中国—新加坡	2006 年 8 月谈判启动;2008 年 10 月 23 日签署协定;2009 年 1 月 1 日协定开始生效
	中国—秘鲁	2007 年 9 月 7 日暗盘启动;2009 年 4 月 28 日签署协定;2010 年 3 月 1 日开始实施
	中国—哥斯达黎加	2008 年 11 月中哥自贸区谈判启动,2010 年 4 月 8 日《中国—哥斯达黎加自由贸易协定》签署,2011 年 8 月 1 日协定正式生效
	中国—冰岛	2007 年 4 月首轮谈判启动;2008 年 4 月 28—30 日中冰自贸协定第四轮谈判在冰岛举行;2013 年 4 月 15 日签署《中华人民共和国政府与冰岛政府自由贸易协定》,该协定暂未生效
	中国—瑞士	2011 年 1 月 28 日谈判启动;2011 年 7 月 8 日第二轮谈判在西安举行;2013 年 7 月 6 日签署《中国—瑞士自由贸易协定》,该协定暂未生效
	中国—韩国	2012 年 5 月谈判启动;2014 年 11 月结束实质性谈判;2015 年 2 月 25 日,中韩双方完成中韩自贸协定全部文本的草签,中韩自贸区谈判全部完成;2015 年 6 月 1 日正式签订《中韩自由贸易协定》
	中国—澳大利亚	2005 年 5 月 23 日首轮谈判启动;2014 年 11 月 17 日结束实质性谈判。2015 年 6 月 17 日签署《中华人民共和国政府和澳大利亚政府协定》

续表

进展阶段	自贸区名	进展
正在谈判的自贸区	中国—海合会①	2004 年 7 月谈判启动;2005 年 4 月 23—24 日,在利雅得举行首轮谈判;2009 年 6 月 22—24 日,在利雅得进行自由贸易区谈判
	中国—挪威	2008 年 9 月 18 日第一轮谈判在奥斯陆举行;2010 年 9 月 14—16 日中挪第八轮谈判在奥斯陆举行
	中国—日本—韩国	2012 年 11 月谈判启动;目前已举行 6 轮谈判。第六轮谈判于 2015 年 1 月 16 日在日本东京举行,三方就货物贸易降税模式、服务贸易和投资开放方式及协定范围与领域等议题进行磋商
	《区域全面经济合作伙伴关系》	2013 年 5 月 9 日,RCEP 第一轮谈判在文莱举行;RCEP 第二轮谈判于 2013 年 9 月在澳大利亚布里斯班举行;第三轮谈判于 2014 年 1 月 20—25 日在马来西亚吉隆坡举行
	中国—东盟自贸协定(10+1)升级谈判	2013 年,李克强总理正式提出自贸区升级版谈判倡议;2014 年 8 月,第 13 次中国—东盟经贸部长会议通过了自贸区升级谈判要素文件,宣布启动谈判,9 月举行了首轮升级谈判;第 17 次中国—东盟(10+1)领导人会议于 2014 年 11 月 13 日在缅甸内比都举行,自贸区升级版谈判提速
	中国—斯里兰卡	联合可行性研究于 2013 年 8 月在北京启动;2014 年 3 月结束;2014 年 9 月启动谈判,首轮谈判于 9 月 17—19 日在科伦坡举行;第二轮谈判于 2014 年 11 月 26—28 日在北京举行
	中国—巴基斯坦自贸协定第二阶段谈判	中巴自贸区第二阶段谈判已进行三次会议,第一次会议于 2007 年 8 月 14—16 日在北京举行;第二次会议于 2013 年 11 月在北京举行;第三次会议于 2015 年 1 月 6—8 日在伊斯兰堡举行
正在研究的自贸区	中国—印度	2010 年 1 月 19 日中国印度经贸科技联合小组第八次会议在北京举行
	中国—哥伦比亚	2012 年 5 月 14 日正式启动两国自贸区联合可行性研究
	中国—马尔代夫	2015 年 2 月 4—5 日,中国—马尔代夫自贸区联合可行性研究第一次工作组会议在马尔代夫首都马累举行,双边自贸区建设进程正式启动
	中国—以色列	2015 年 3 月 17 日完成了联合可行性研究

———————

① 海合会指的是海湾合作委员会,即海湾阿拉伯国家合作委员会的简称,它是海湾地区最主要的政治经济组织,成立于 1981 年 5 月,总部设在沙特阿拉伯首都利雅得。成员包括阿联酋、阿曼、巴林、卡塔尔、科威特、沙特阿拉伯和也门等 7 国。

续表

进展阶段	自贸区名	进展
优惠贸易安排	《亚太经贸协定》①	1975 年 7 月 31 日在泰国首都曼谷签订,我国于 2001 年 5 月 23 日成为《曼谷协定》成员国;自 2006 年 7 月 1 日起,各国对 4000 多个税目产品实行关税削减

　　资料来源:作者根据中国自由贸易区服务网(http://fta. mofcom. gov. cn)及新闻报告整理而成。

　　FTA 的魅力在于,签订 FTA 的国家或地区之间相互提供超过 WTO 最惠国待遇的优惠贸易待遇,实现互利共赢和共同发展。FTA 战略的顺利推进,不但推进了我国外贸市场多元化的结构性调整,减少对传统市场的依赖,缓和发展过程中与主要经济体之间的贸易摩擦,而且有助于提升产业的国际竞争力,充分发挥我国企业的潜力。

　　(二)FTZ(Free Trade Zone)

　　1. FTZ 的内涵及外延

　　有关 FTZ 的定义主要有以下三个:一个是源于世界海关组织(WCO)有关"自由区"的规定。世界海关组织在《京都公约》②中指出,"FTZ 是缔约方境内的一部分领土,在这部分领土内运入的任何货物,就进口关税及其他各税而言,被视为在关境之外,并免于实施惯常的海关监管制度。"其特点是一个关境内的一小块特定区域,是单个主权国家(地区)的行为,一般需要进行围网隔离,且对境外入区货物的关税实施免税或保税,而不是降低关税。另一个是 1975 年联合国贸发大会对自由经济区下的定义:"自由经济区指本

---

　　① 《亚太经贸协定》又名《曼谷协定》,全称为《亚太经济社会发展中成员国之间贸易谈判第一协定》(First Agreement on Trade Negotiations among Developing Member Countries of the Economic and Social Commission for Asia and the Pacific),正式成员包括孟加拉国、中国、印度、韩国、老挝和斯里兰卡等 6 个国家。它是亚太区域中唯一由发展中国家组成的关税互惠组织,其宗旨是通过该协定成员国对进口商品相互给予关税和非关税优惠,不断扩大成员国之间的经济贸易合作与共同发展。

　　② 《京都公约》是《关于简化和协调海关业务制度的国际公约》(International Convention on the Simplification and Harmonization of Customs Procedures)的简称。1973 年 5 月 18 日,海关合作理事会(世界海关组织的前身)在日本京都召开的第 41/42 届年会上通过了该国际公约,于 1974 年 9 月 25 日生效。《京都公约》针对自由贸易园区有 18 个标准条款和 3 个建议条款,涉及园区的建立与取消、商品准入与监控、授权、区内商品消费、储存期间、所有者变更、货品移动、税费补交等内容。

国海关关境中,一般设在口岸或国际机场附近的一片地域,进入该地域的外国生产资料、原材料可以不办理任何海关手续,进口产品可以在该地区内进行加工后复出口,海关对此不加以任何干预。"还有一个就是美国关税委员会下的定义:"自由贸易区对用于再出口的商品在豁免关税方面有别于一般关税地区,是一个只要进口商品不流入国内市场便可免课关税的独立封锁地区。"

从上述三个定义中,可以看出,关于 FTZ 的定义,全球并没有统一的国际惯例或标准。随着国际贸易的发展,基础设施及技术水平的提升,各国从本国经济发展的需求出发,设立了名称各异、功能多样的自由贸易园区,从而也使这一概念不断被调整和改变。基于《京都公约》对自由贸易园区的概念界定,以关税减免和海关手续便利化为基础,追求高度简化、协调统一的海关制度标准已成为自由贸易园区发展的基本制度安排。此外,在制度安排设计上,自由贸易园区发展的成熟化、功能完善化和开放自由化成为其内涵的延伸。因此,能纳入 FTZ 概念体系的名称包括有自由经济区(Free Economic Zoo)、自由关税区(Free Traffic Zoo)、自由港、自由贸易区(Free Trade Zone)、对外贸易区(Foreign Trade Zone)、出口加工区、自由经济区、自由出口区和特殊经济区等。因此,FTZ 被认为是一个涵盖面较广的概念,可把它理解为是设区国为达到一定的经济目的,通过特殊的经济政策和手段而开辟的,与其他地区隔离的特别经济区域。通俗地说,FTZ 其实就是某一国家或地区境内设立的实行优惠税收和特殊监管政策的小块特定区域,是根据本国(地区)法律法规在本国(地区)境内自己设立的对外做买卖的市场。

2.FTZ 的特征

通过 FTA 和 FTZ 的对比分析,让我们更清晰地认识了自由贸易区的概念体系。可以说,自由贸易园区是在一国境内设立的特殊区域,能够推行优惠税收政策以及海关监管政策,相对于其他区域而言,在金融、贸易、服务等多个领域享有更大的自由。作为一国对外开放的一种特殊的功能区域,从某种意义上来说,自由贸易园区其实是自由港的进一步延伸,具备了自由港的区内允许外国船舶自由进出、外国货物免税进口、取消对进口货物的配额管制等大部分特点。从自由贸易园区的条件来看,一般都具备以下几个特征:

一是特殊、便捷的监管模式。在自由贸易园区内,海关实施比其他经济区域更为便利的监管措施。自由贸易园区从最初理念的提出到当前的兴盛阶段,"境内关外"的监督管理模式是其最为突出的特点。所谓"境内关外",就是指在一国境内开辟出一个由海关监管的专门区域,货物从这个区域通过海关关口进入国内的非自由贸易园区就视同进口;而国内非自由贸易园区的货物通过海关关口进入这个区域就视同出口。自由贸易园区内海关等行政机构简化监管手续,对区内企业和货物实行"一线放开,二线管住,区内自由"和"管住卡口,管出不管进"。"一线放开",即境外货物进出自由贸易区不需向海关呈验,也不需正式报关。"二线管住",即海关依法管住管严自由贸易园区与国内非自由贸易园区的通道,以保护国家的关税收入。"区内自由",即区内货物可以进行任何形式的储存、展览、组装、制造和加工,自由流动和买卖,只须备案,无须经过海关批准。这种特殊的海关监管模式使自由贸易园区具备了通关速度高、货物集散快、物流量大的优势。

二是区位优势显著,基础设施齐全。自由贸易园区通常都毗邻港口,其周围的陆路口岸交通发达,拥有完善的基础设施。从区位特征上来看,自由贸易园区可以设在港区,也可设在内陆。但为了促进进出口贸易的发展,往往建在海岛或港口城市,临近海岸线。当然,也有不少自由贸易园区选择建立在国内的次发达区域,这类区域期望通过建立自由贸易园区促进其经济发展,以减少贫困、带动就业。从中也就说明了自由贸易园区除了具有上文所提到的自由港功能外,还可增加吸引外资、引进技术,开展工业加工、旅游服务、金融保险等多项业务,起到扩大出口、增加就业和外汇收入等作用。自由贸易园区通常拥有先进的软硬件基础设施,包括土地、办公地点、公共事业设备,以及提供物流服务、贸易服务、金融服务的平台和其他类似设施。

三是金融上自由,财税上优惠。为鼓励外商前来投资,自由贸易园区在金融方面享有多方面的自由,区内外汇可以自由兑换,资金出入与转移自由,投资没有国别差异、行业限制与经营方式限制。自由贸易园区作为"境内关外",境外进出园区的货物,包括转运、储存,均无须交纳关税,且一般不受时间数量限制。区内货物运往境内其他区域,须征收关税,征收对象一般是针对出区货物所含进口部分的原材料或零部件。减免所得税是设区国政府最常给区内企业的优惠政策,区内成立的企业享受的优惠通常包括较低的企业所得税、豁免关税和(或)递延税款、对培训或雇佣当地劳动力的奖励、豁免和(或)递延销售税、其他税款优惠和节假日福利等。

四是管理高效,监管灵活。设立自由贸易园区的国家会设立专门的机构对园区进行宏观管理。中央政府赋予专门机构的权力包括有权对所设区域内的一切机构与事务进行监管;有权自行制定法规与条例,有权独立行政而不受其他职能部门干预等。区内监管较为灵活,通关手续和程序都较为简单便捷。

五是政策优惠,法制完备。为充分发挥自由贸易园区在吸引投资、引进技术、服务本国经济等方面的作用,一国或地区总是在区内实行一定的特殊经济政策。特殊优惠主要体现为区内试行贸易自由化的原则,即最大限度地削减关税及消除贸易配额等贸易壁垒,但必须是在不牺牲国家主权的前提之下。在法制方面,政府为了吸引新商业及国外投资、提高办事效率而设立高效、便利的政策制度环境。但相较于法律而言,政策通常具有应急、灵活有余而严谨、稳定不足的特点,所以世界上大多数自由贸易区,一般都将所施行的经济政策通过立法的形式加以明确,且立法级别通常为中央层面。

(三)FTA 与 FTZ 的比较

通过对自由贸易区概念体系的阐述,可知,FTA 与 FTZ 是存在一定差别的两个概念。FTA 是国与国之间通过签订协定来实现,而 FTZ 是在一国之内的,是自主性的开放措施,不需要与相关国家或单独关税区签订具有法律效力的协定,是单方自主给予优惠政策。在核心政策方面,FTA 的成员之间实行贸易开放,取消了关税及非关税壁垒,但同时又保留了各自独立的对外贸易政策。FTZ 的核心政策主要体现在海关保税、免税等政策,并辅以诸多投资优惠政策。两者所涵盖的范围也不同,自由贸易区的涵盖范围是签署自由贸易协定的所有成员的全部关税领土,而非 FTZ 的其中某一部分。涵盖范围的不同,使得两者相应的管理体系和运行模式也完全不同。共同之处在于两者都是为降低对外贸易和国际投资成本,促进对外贸易和国际商务发展而设立的,运用关税优惠(互惠)等政策。两者的区别具体如表 2-3 所示。

在这里还要说明一点,我国的关税领土不含香港、澳门和台湾地区。所以,内地与香港、澳门签订的 CEPA 属于 FTA 的范畴。为了以示区分,我国商务部等部门在 2008 年专门提出将 FTA 和 FTZ 分别译为"自由贸易区"和"自由贸易园区"。① 因此,在本书中统一将研究对象 FTZ 称为自由贸易园区。

---

① 商务部、海关总署:《关于规范"自由贸易区"表述的函》(商国际函〔2008〕15 号)。

表 2-3 FTA 与 FTZ 的异同对比

对 比		FTA	FTZ
异	本质	区域经济一体化的一种表现形式	国家开放政策的一部分
	设立主体	两个或多个国家或独立关税主体	单个主权国家或地区
	涵盖范围	签署 FTA 协定的所有成员的全部关税领土	一个关税区内的小范围区域
	国际惯例依据	WTO(世界贸易组织)	WCO(世界关税组织)
	核心政策	自由贸易区成员之间贸易开放,取消关税壁垒,同时又保留各自独立的对外贸易政策。	以海关保税、免税政策为主,辅以所得税税费的优惠等投资政策。
	法律依据	双边或多边协议	设立国家(地区)的立法
	主权让渡	部分让渡	不涉及主权让渡
	功能	增进贸易区成员之间货物、服务、投资、知识产权保护、政府采购等贸易自由化方面的交流	区内自由从事商品的储存、加工、制造、展览、装配等业务活动
同		两者都是为降低对外贸易和国际投资成本,促进对外贸易和国际商务发展而设立的,运用关税优惠(互惠)等政策。	

资料来源:作者根据相关资料整理而成。

二、自由贸易区的相关经济理论

(一)比较优势理论

1. 静态比较优势理论

1776 年,亚当·斯密(Adam Smith)提出了绝对优势理论。在此基础上,大卫·李嘉图(David Ricardo,1817)提出了比较优势理论,认为两个国家之间开展国际贸易的条件,不是取决于两个国家之间的绝对优势或绝对效率的差异,而是取决于相对效率的差异,从而解决了"当一国所有商品都具有绝对优势或绝对劣势时,是否可以进行自由贸易"的问题。随着实践的发展,埃利·赫克歇尔(Eli Heckscher,1919)和贝蒂尔·俄林(Bertil Ohlin,1924)的研究表明,在自由贸易条件下,各国把出口生产过程中相对密集使用本国相对丰裕要素的产品,进口相对密集使用本国相对稀缺要素的产品,这样的贸易模式将使贸易国的福利得到改善,也就是指出了各国应通过更多地生产那些本国要素禀赋相对较高的商品,较少生产要素禀赋较低的商品,来获取贸易利益,这便是著名的要素禀赋理论(H—O)理论。

然而,静态比较优势理论建立在产品价格完全由生产要素决定、技术不

变、生产资源质量不变且数量固定、经济体系为完全竞争市场等诸多严格的
假设条件之上,与发展中国家的实情不符。随着国内外经济形势和格局的
变化,我国国内原本依靠资源禀赋和国家优惠政策来吸引外资,促进国际贸
易发展的海关特殊监管区域日益丧失优势,陷入发展的瓶颈期。也就说明,
静态比较优势理论不适合用来研究中国的海关特殊监管区域的发展,需要
引入动态比较优势理论。

2. 动态比较优势理论

弗农(1996)提出了生命周期理论,他认为技术差距是国际贸易的重要
影响因素,产品贸易以技术领先和垄断为基础,垄断地位的丧失就会导致贸
易流向的转变。技术领先国家、跟随国家、欠发达国家依次在新产品技术的
三个发展阶段(新产品阶段、成熟阶段、标准化阶段)拥有比较优势,而这种
比较优势会经历一个更替的过程,并非一直保持。

20 世纪 70 年代末,Kiyoshi Kojima 提出了"边际产业论",认为,各国劳
动与经营资源的比率存在差异,对外贸易和投资可以建立在比较成本的基
础之上。对外直接投资以本国即将处于或已经处于比较劣势的产业依次进
行,本国趋于比较劣势的生产活动都应该通过对外直接投资向国外转移,从
而得出跨国经营可以使利润最大化的重要推论。

1992 年,迈克尔·波特(Michael Poter)提出了竞争优势理论,认为一国
的贸易优势并不像传统的国际贸易理论宣称的那样简单地取决于一国的自
然资源、劳动力、利率、汇率,而是在很大程度上取决于一国的产业创新和升
级的能力。该国的产业在国际上能否具有竞争力是由这个国家的竞争优势
决定的,而国家竞争优势又是由要素条件、市场需求条件、相关及支持产业
状况、国内竞争状态等四个内在因素决定的,并受到机遇和政府行为这两个
外来因素影响。

动态比较优势理论在传统国际贸易理论的基础上,引入了市场需求状
况、产业规模、人力资源等新的要素,提出比较优势不是固定的而是在不断
变化的。这对我国自由贸易园区的建设具有重要指导意义:在开放程度较
低的外向型经济发展阶段,发展中国家可以凭借劳动力成本、原材料、土地
等资源要素,以及政府优惠政策,在发展劳动密集型产业上拥有比较优势。
但随着内外环境的变化,这种比较优势会逐渐丧失,促使发展中国家从外向
型经济向开放型经济转变,通过改革创新,寻求新的比较优势。

(二)不平衡增长理论

赫希曼(Albert O. Hirschman)在《不发达国家中的投资政策与"二元

性"》一文中提出极化—涓滴效应学说,来解释经济发展从发达地区向不发达地区的延伸过程。他认为经济发展总是不平衡的,在发展的前期阶段,发达区域的增长对欠发达区域会产生不利影响,形成发达区域强者越来越强,欠发达区域弱者越来越穷的现象,赫希曼称之为"极化效应"。随着时间推移,发达区域吸收欠发达区域劳动力的同时,在一定程度上可以缓解欠发达区域的就业压力,有利于欠发达区域解决失业问题。在互补情况下,发达区域向欠发达区域购买商品和投资的增加,会给欠发达区域带来发展的机会,刺激欠发达区域的经济增长。特别是,发达区域的先进技术、管理方式、思想观念、价值观念和行为方式等经济和社会方面的进步因素向欠发达区域的涓滴,将对欠发达区域的经济和社会进步产生多方面的推动作用。他在《经济发展战略》一书中对该理论作了进一步的阐述,指出在世界贸易保护主义盛行的情况下,创办自由贸易园区或具有自由贸易园区功能的其他自由区,实行完全的自由贸易政策,取消贸易限制和贸易壁垒,实现与国际经济体制和惯例的接轨,具有示范和样板作用。

（三）区位优势理论（Location Theory）

区位优势即区位的综合资源优势,即某一地区在发展经济方面客观存在的有利条件或优越地位。其构成因素主要包括:自然资源、地理位置,以及社会、经济、科技、管理、政治、文化、教育、旅游等方面。区位优势是一个综合性概念,单项优势往往难以形成区位优势。一个地区的区位优势主要是由自然资源、劳力、工业聚集、地理位置、交通等决定。同时区位优势也是一个发展的概念,随着有关条件的变化而变化。

该理论最早是索思阿德（F. Southard）在 1953 年提出的,主要用来研究国内资源的区域配置问题。1960 年,沃尔特·艾萨德（Walter Isard）等在索思阿德研究的基础上,进一步用区位优势理论解释了对外直接投资的现象,并认为,当市场竞争较为激烈时,培育区位优势非常重要。

John R. Mclntyre,Len J. Trevino 和 Rajneesh Narula（1996）对加工区进行了研究,将其出口区位优势分为一般优势和特殊优势两种,认为一般区位优势在于提供低成本、低效率的劳动力和财政优势政策;特殊区位优势则体现在提供完善的基础设施,高水平的人力资源,以及高效的服务支持等。Maex（1983）认为,仅靠优惠的财政政策等一般区位优势来吸引外商直接投资,无法确保能吸引到较高水平的投资。

（四）总部经济理论

总部经济理论是北京市社科院副院长赵弘在 2002 年提出的一个经济概念。他认为,"总部经济"是指某区域由于特有的资源优势吸引企业将总部在该区域集群布局,将生产制造基地布局在具有比较优势的其他地区,而使企业价值链与区域资源实现最优空间耦合,并通过"总部—制造"功能链条辐射带动生产制造基地所在区域发展,由此实现不同区域分工协作、资源优化配置的一种经济形态。

总部经济的作用在于,有助于我国区域资源的合理配置,实现资源效益最大化;是构建区域创新体系、提升区域创新能力的重要路径;企业以总部经济模式"走出去",可在全球取得资源配置收益。该理论有助于研究自由贸易园区建设对我国区域经济的经济效应。

第二节　世界自由贸易园区的发展历程及特点

一、世界自由贸易园区的发展历程

世界自由贸易园区的发展历程可以分为三个阶段:第一阶段是在二战以前,那时的自由贸易园区被称为"古典和传统的自由贸易园区",主要集中在欧洲和地中海沿岸;第二阶段是在二战后至 20 世纪 60 年代,这一时期,自由贸易园区由欧洲发展到美洲及亚洲的部分地区;第三阶段是 20 世纪 60 年代以来,特别是 90 年代后期,自由贸易区进入蓬勃发展时期,遍及全球 90 多个国家和地区。各发展阶段过程具体如下。

（一）初步形成阶段

自由贸易园区的发展历史十分久远,大多数的学者把 1547 年意大利建立的雷格亨(Leghoyn)自由港认定为世界上第一个自由贸易园区。然而,人类历史上自由贸易园区的雏形最早可追溯到古希腊时代的腓尼基亚全盛时期(公元前 1101—公元 241 年)。当时,善于航海和经商的腓尼基亚人为了招徕顾客,扩大贸易往来,将泰尔和迦太基两个港口划为特区,对外来的商船尽量保证其安全航行,使其免受各种监管和外来阻力。这被认为是人类历史上最早出现的自由贸易园区(自由港区)雏形。1228 年,法国南部马赛港在港区内划出特定区域,开辟为自由贸易园区,允许外国货物可以在不征收任何捐税的情况下出入这一区域。1367 年,德意志将其北部的几个自由市区(汉堡、不莱梅、卢卑克等)加以联合,建立了历史上被称为"汉萨同盟"的自由贸易联盟。参盟的各城市实行贸易互惠,选定在汉堡和不莱梅两地开展自由贸易。"汉萨同盟"兴盛期加盟城市最多时达 160 个。再后来,1547 年,意大利在其西北部热那亚湾建立了自由港,即在本段开头提到的雷格亨自由港,外国货物无须缴纳关税便可出入港口区域。因此,它被认为是世界上第一个正式命名的自由港。由此,建立自由港和自由贸易园区逐渐在西欧许多国家盛行。

从 17 世纪到 19 世纪,在这约 200 年的时间里,欧洲的贸易(航海)大国陆续把一些著名港口宣布为自由港,或划出一部分地区设立自由贸易园区。如意大利的那不勒斯(Naples)自由区、的里雅斯特(Trieste)自由区、威尼斯(Venice)自由区和热那亚自由港;德国的汉堡(Hamburg)自由港、不莱梅(Bremen)自由区;法国的敦刻尔克(Dunkerque)自由区、马赛自由港;丹麦的哥本哈根(Copenhagen)自由港;葡萄牙的波尔图(Porto)等。这些自由港或自由区的共同之处在于均利用优越的地理位置,采取免除进出口关税等措施,吸引外国商品到此转口,扩大对外贸易,发挥其商品集散中心的作用。而这些恰恰正是德国在 1888 年建立的汉堡自由港能成为一个多世纪来自由港发展典范的重要因素。

19 世纪以后,自由港和自由贸易园区逐步从地中海沿岸,经波斯湾、印度洋扩展到东南亚地区。许多被殖民主义征服或强行租占的、位于国际贸易通道的重要港口,如直布罗陀(Gibraltar)自由港,丹吉尔、亚丁、吉布提、果阿、新加坡、槟城和中国香港等地,都相继成为自由港或自由贸易区。19世纪末 20 世纪初,希腊在萨洛尼卡港设立了自由贸易园区。

美洲大陆的自由贸易园区的出现要比其他地区晚。20 世纪 20 年代后,一些国家和地区在港口或港口附近划出特殊区域,对出入该区域的外国商品实行免税政策。如 1923 年设立的乌拉圭科洛尼亚(Colonial)自由区、墨西哥蒂华纳(Tijuana)自由区和墨西卡利(Mexicali)自由区等,这些都是美洲大陆较早建立的自由贸易园区。美国建立的第一个自由贸易园区则是 1936年在纽约的布鲁克林(Brooklyn)设立的对外贸易区,目的是为了促进仓储和转运。1948 年,巴拿马设立了科隆自由贸易区。

从自由港问世至二战前夕,世界自由贸易园区经历了近 400 年的发展。这一阶段自由贸易园区的发展特点,可以分"量"和"质"两方面来谈。在"量"上,这一阶段的自由贸易园区发展数量和规模有限,主要以自由港和自由区为主。地域分布上,绝大部分集中在发达国家,且发展缓慢。在"质"

上,这一阶段的自由贸易园区主要利用区位优势和免除进出口关税这一优惠政策,促进对外贸易和转口贸易的发展。从而也就使对外贸易和转口贸易成了自由贸易园区主要从事的经营活动,造成自由贸易园区功能的相对单一。且各国普遍对区内经营的业务范围(商品储存、分类、包装等)有比较严格的规定。据统计,截至二战前,全世界的自由贸易园区共计有 75 个,分布在除大洋洲以外的世界 26 个国家和地区。

(二)逐步发展阶段

二战后,生产力得到迅速增长,世界经济进入了新的发展阶段。各国之间经济的相互依存日益紧密,商品、劳务、资金、技术等生产要素在国际间的流动把各国的生产和生活紧密地联结在一起,也有力地促进了国际分工的发展,生产的国际化得到进一步加强。在这样的国际新形势下,一些国家和地区对原有的自由贸易园区进行了重建或扩围。如意大利的热亚那、德国的汉堡等。与此同时,发达资本主义国家为了输出垄断资本,获取利润,也热衷于开辟一些商品贸易型的自由贸易园区。

此外,众多殖民地附属国相继独立,这些发展中国家和地区为振兴民族经济也开始设立自由贸易园区,且名目繁多,功能多样。如,1948 年,巴拿马建立了南美最大的自由贸易区——科隆自由贸易区;1953 年,土耳其公布了《自由贸易法》,并于 1958 年建立了第一个自由贸易区;智利的阿里卡自由贸易区、巴哈马的自由贸易区、百慕大自由港、马来西亚槟城自由港也都是在这一时期创立的。在经济社会发展的探索实践中,因资金和技术的缺乏以及国内市场的狭窄,一些发展中国家和地区最初设想的“替代进口”战略逐渐被“出口替代”战略所取代,它们纷纷开始建立兼有工业生产与出口贸易两大功能的出口加工区[①],即在本国划出特定区域,对外开放,对内隔离,并以当地丰富廉价的劳动力、各种特殊的财税优惠政策和其他优越条件,吸引外商的投资和合作,获取资金和技术,发展面向世界市场的制造业,以达到利用外资、扩大出口、增加就业以及吸收国外先进技术和经济管理经验的目的。由此,出口加工区在 20 世纪六七十年代登上历史舞台,成为自由贸易园区发展的一种崭新模式。

出口加工区的核心目的在于出口导向型工业能充分利用廉价劳动力、

---

① 当时的出口加工区是在自由港和自由区的基础上演变和发展而成的,一般设在港口或港口周围地区。区内允许外商投资办厂,外商可以享受各种优惠待遇。已发展“出口替代”工业为主,还有部分出口加工区还从事对外贸易、转口贸易和旅游业。

关税减免优惠,以及享受政府的多种优惠政策,从而起到吸引外资、发展出口贸易的作用。并且出口加工区的发展能给所设国(或地区)创造更多的就业机会。然而,出口加工区这一自由贸易园区新派别的出现,其实应归功于德国的汉堡港。作为19世纪影响最为深远的自由港之一的汉堡港,在1888年提出允许自由港地区从事制造业,也就是说制造业将原料吸引到港口区,又将其制成新产品以供出口的这些活动不再受本国关税的限制。这启发了其他自由港突破其原先在区内仅限于对以促进贸易为目的的货物进行装卸的严格规定,开拓了新型贸易方式。

成立于1959年的爱尔兰香农自由贸易区(Shannon Free Zone)被认为是世界上最早成立的,以出口加工活动为主的现代自由贸易园区。虽然香农主要从事出口加工业务,但却不是世界出口加工区的鼻祖。原因是世界加工区协会(WEPZA)①认为必须设有制造工厂,并具有免税性质的开发区才能算是出口加工区,但香农自由贸易区仅是免税而已。据此,WEPZA认定1947年至1951年间波多黎各岛上的免税工业区才是世界出口加工区的鼻祖。

而最为典型的出口加工区诞生于亚洲。我国台湾地区于1966年建立的高雄出口加工区则是世界上第一个正式以出口加工区命名的开发区。1969年,菲律宾创建了巴丹出口加工区,接着又在马坦岛和吕宋岛的碧瑶等地相继建立了15个出口加工区。同年,我国台湾地区又相继建立了楠梓、台中两个出口加工区。20世纪70年代起,出口加工区在发展中国家迅速崛起。在亚洲,马来西亚利用10年时间在槟城及西南沿海各州建立了37个出口加工区,韩国建立了马山、里里等4个出口加工区,新加坡建立裕廊工业区,印度、斯里兰卡、巴基斯坦、印度尼西亚等国也都建起了不同规模的出口加工区。与此同时,不少非洲及美洲的发展中国家,如埃及、叙利亚、毛里求斯、塞内加尔、墨西哥、哥伦比亚、巴西、多米尼加、突尼斯等也开辟了各有特点的出口加工区。

发展中国家出口加工区的共同点是设在港口附近,区内行政手续较区外简化,由区外输入原物料或零部件,再以非技术劳力来进行组装加工生产,创造附加价值。区内企业享有税收及投资政策优惠,以"两头在外"为主

---

① 世界加工区协会(WEPZA)创建于20世纪70年代。1978年3月,联合国工业发展组织与菲律宾巴丹出口区联合邀请了33个国家和地区,举行了出口加工区会议,决定成立"世界出口加工区协会",以促进交流和研究出口加工区的各种问题。

要发展模式,发展出口工业产品。这些出口加工区对于发展中国家经济腾飞起到了举足轻重的作用。除了发展中国家,发达国家也竞相增设出口加工区,不少是在原有的传统自由港或自由贸易区上转变的。例如,德国的汉堡和布莱梅两个传统自由港分别设立新港区,加工生产轻工业品和发展造船业;美国也将对外贸易区发展成为具有生产和装配功能的出口加工区。

20世纪六七十年代是出口加工区发展的黄金时期,70年代末,世界出口加工区总数已达到240多个。从实际情况看,不少发展中国家和地区正是凭借异军突起的出口加工区作为经济起飞的"助推器",大量引进外资,发展出口工业,成功缩小了与发达国家之间的差距,步入新兴工业化国家(地区)的行列,带动本国或本地区经济的高速发展。这个时期,开发区在数量上由少到多,在规模上由小到大,在经营上转变为以生产型、优惠政策型和外向型为主的发展模式。[①]

(三)蓬勃发展阶段

20世纪70年代全球石油危机和紧随其后的世界经济危机结束了战后资本主义发展的黄金时期,也使出口加工区失去了赖以迅速发展的国际经济基础,促成了世界自由贸易园区发展的新变化。在全球化浪潮的推动下,各国更为重视与其他国家的合作。对外贸易、资本的国际合作进一步深化,使一些发达国家凭借其产业的国际竞争力优势,加快了产业转移的速度。同时,发展中国家和地区工业化进程也不断提升,自由贸易园区的形式由之前出口加工区的一枝独秀向多样化、综合化、高级化转变。如新加坡、中国香港等自由港开始向综合型自由贸园区转型。

20世界90年代起,自由经济区、免税区、保税区以及企业园区等多种形式的自由贸易园区在世界范围内迅速发展起来。1975年到1997年间,全球建有自由贸易园区的国家数量从29个上升为93个,出口加工区数从79个增至845个。并且在此期间,自由贸易园区的从业人口从80万人上升到2250万。[②]

目前,在全球经济国际化、区域化和集团化趋势下,自由贸易园区已成

---

① 《全球开发区发展现状与趋势》,中国国家级经济技术开发区和边境经济合作区网站,http://ezone. mofcom. gov. cn/article/ztxw/201402/20140200501944. shtml,2014. 2. 27.

② 数据来源:William Milberg. Matthew Amengual, Economic development and working conditions in export processing zones: A survey of trends, International Labour Office, Geneva, 2008.

为其所在的国家和地区发展自由贸易、推行贸易政策的重要工具。在发展过程中,各国致力于自由贸易园区功能的进一步拓展,对外贸易、加工、仓储、金融服务等相关政策的完善,自由贸易园区运行效率的提升。

二、世界自由贸易园区的发展特点

许多国家或地区设立自由贸易园区的一个重要目的是希望借此提高该国或该地区的国际竞争力。Kankcsu Jayantha kumaran(2002)[①]指出,不同国家或地区是基于国家发展层面设立自由贸易园区,例如,新加坡为吸引外资制定了一揽子计划,而设立出口加工区就是该计划中的一部分;韩国等为大力发展外向型经济也制定了一系列计划,设立出口加工区就是其中的一部分计划。通过对自由贸易园区整个历史发展脉络的回顾梳理,世界自由贸易园区的发展特点可以分别从空间、功能、监管三方面来分析。

(一)空间

在空间方面,自由贸易园区的发展特别可以借用怀谷(1996)[②]在对世界经济特区发展轨迹分析中所提到的"三个超越"来概述。

一是超越了自然地域的限制。从全球的分布来看,自由贸易园区已从西欧扩展到了世界五大洲。作为自由贸易园区的发源地,欧洲的自由贸易园区已遍地开花。无论是从北欧的斯堪的纳维亚半岛到南欧的地中海国家希腊,还是从西欧的英、法到东欧各国,均在靠近国际航运主航道、毗邻国际机场或铁路和公路交通网发达的地区设立了自由贸易园区。自由贸易园区往亚太、拉美及非洲地区拓展是在 20 世纪 60 年代之后。在亚洲,自由贸易园区的分布呈半弧形。北起朝鲜的先锋郡与韩国的济州岛,中经日本的冲绳,中国台湾和香港,新加坡,南至泰国、印度,远达斐济,这一区域自由贸易园区分布密集。

二是超越了经济发展水平的限制。在发达国家,自由贸易园区的设立,扩大并推进了其对外贸易和转口贸易的发展,充分发挥了商品集散中心的作用。在亚太、拉美等发展中国家和地区,自由贸易园区的快速发展出现在1966 年我国台湾高雄设立第一个出口加工区之后。自由贸易区的设立成为

---

　①　Kankcsu Jayantha Kumaran. An Overview of Export Processing Zones:Selected Asian Countries. University of Wollongong Department of Economics Working Paper Series 2002. http://www. uow. edu. au/commerce/econ/worldngpaper /WP02-03. pdf.

　②　怀谷:《世界经济特区的演进与发展趋势》,《国外社会科学情况》1996 年第 1 期,第 16 页。

发展中国家和地区经济发展的助推器。例如,巴西的玛瑙斯自由贸易区颇具特色,效益比较显著;巴拿马科隆自由贸易区发展成为西半球最大的自由贸易区。从而证明了,自由贸易园区的建设对于发展中国家和发达国家的经济发展具有同等重要的意义。

三是超越了社会经济制度的限制。20 世纪 70 年代以前,自由贸易园区只建在资本主义和带有浓厚资本主义色彩的国家。进入 70 年代,一些社会主义国家也相继兴建和试办了各类自由贸易园区。首先采用自由贸易园区概念的社会主义国家是南斯拉夫,它于 1953 年通过了允许设立关税自由区的法令。1991 年,朝鲜宣布建立罗先(罗津—先锋)自由贸易区;此外,还有东欧的保加利亚等国也建立了自由贸易区。目前,全球设立的自由贸易园区中,15 个发达国家设立了 425 个,占 35.4%;67 个发展中国家设立了 775个,占 64.6%。①

在国家类型方面,综合世界主要地区自由贸易园区发展的模式,可以归结为两种类型:①发达国家型,以欧洲自由贸易园区为代表。这些地区的做法是:依靠强大的区域经济实力,凭借其高度发达的港口,在沿海城市周围设立一个封闭的海关非管区,从而构建以国际贸易、转口贸易为主的自由贸易园区。②发展中国家型,以亚洲自由贸易园区为代表。由于发展中国家的经济相对落后,在生产技术、资金状况和经济实力等方面都存在着明显的不足,彼此之间产业结构的互补性不强。为增加就业,这些国家势必通过引进资金和技术,扩大出口,从而发展外向型经济。在参与国际分工的过程中,建立出口加工区是使该地区成为自由贸易园区的必经之路。同时,自由贸易园区的发展是一个数量不断增加、功能趋向综合、管理不断加强的过程。

(二)功能

在功能方面,回顾世界自由贸易园区的发展历史可以看出,在数量、类型增多的同时,自由贸易园区的功能呈现由单一趋向多样化、综合化的演变。随着全球经济形势的变化,特别是新经济兴起带来的传统产业升级,促使各国和地区在发展自由贸易园区时注重功能的拓展和相互间的融合。最初的自由贸易园区以出口加工业务为主,到了 20 世纪 70 年代,这些工业型的出口加工区逐步与以转口贸易和进出口贸易为主的商业型自由贸易园区

---

① 杨力:《中国改革深水区的法律试验新难题》,《政法论丛》2014 年第 1 期,第 13 页。

转化或相互融合,功能趋向多样化、综合化。当然,这种功能的转变与全球三次大规模的产业结构调整①紧密相关。大多数的自由贸易园区一般以加工和物流功能为主,此外,拓展了金融、保险、商贸、中介等功能,形成了加工贸易型、商业消费型、旅游度假型,以及综合型、物流型、产业集群型等多种功能融合的自由贸易园区。例如,德国的汉堡自由贸易区、爱尔兰的香农自由贸易区、韩国的马山出口加工区等,均体现了这一发展趋势。现在国际上规范的自由贸易园区的基本功能包括进出口贸易、转口贸易、仓储、商业性或工业性简单加工,以及商品展示及金融、货运等服务贸易功能。功能的综合化,较大程度地提高了自由贸易区的运行效率和抗风险能力。

(三)监管

在监管方面,世界自由贸易园区的管理逐渐趋向规范化。初创时,由于制度、条件、功能等的差异,各国自由贸易园区的管理水平相差较大。工业化带来了科学技术的进步,改善了自由贸易园区的基础设施和管理手段。再加上全球经济形势变化形成的竞争格局,促成了诸多颇具特色的自由贸易园区管理体制的出现,以及自由贸易园区国际规范的形成。各国对自由贸易园区实行"一线放开,二线管住,区内不干预"的监管模式,尽可能简化手续提高效率,对于进出的船只和货物、人员、资金等给予最大限度的自由。

可以说,随着自由贸易园区的进一步发展,世界各国的自由贸易园区逐渐形成了一种共性。这种共性体现在"三大自由"上,一是货物进出自由,不存在关税壁垒和非关税壁垒,凡合乎国际惯例的货物进出均畅通无阻,没有任何国界限制;二是投资自由,投资没有因国别差异带来的行业限制与经营方式限制,包括投资自由、雇工自由、经营自由、经营人员出入境自由等;三是金融自由,外汇自由兑换,资金出入与转移自由,资金经营自由,没有国民待遇与非国民待遇之分。而这三大自由的核心则都是通过自由贸易园区内放宽管制,加快货物进出、人员往来、资金流动、信息传递来实现的。

---

①　全球三次大规模的产业结构调整:第一次调整是 20 世纪 60 年代,发达国家的产业结构出现了由轻型向重型的调整,将劳动密集型产业,如轻纺及轻工业向发展中国家和地区传递,掀起东亚、东南亚部分国家和地区兴办出口加工区的浪潮,并促成其向新兴工业化国家和地区转化。第二次调整是 20 世纪 70 年代中期,新兴工业化国家和地区也着手工业升级,将轻纺工业等劳动密集型产业转向其他发展中国家和地区。第三次调整是 20 世纪 70 年代末,顺应新技术革命的步伐,各新兴工业化国家和地区模仿美国等发达国家,创立高科技园区,发展高技术产业,全球开发区随着技术创新和产业调整不断有新的类型出现。

为了适应经济全球化、区域化的步伐,自由贸易园区逐渐呈现出数量持续增长、影响逐渐扩展、功能趋向综合、管理不断加强的发展趋势。

第三节　世界自由贸易园区的现状及发展趋势

一、世界自由贸易园区的类型

纵观自由贸易园区的发展历史,可以发现,从 16 世纪第一个正式命名的自由港出现以来,直到现在,世界各国设立了诸多从事自由贸易的特殊区域。自由贸易园区概念体系①涵盖面比较广,能纳入该体系的类型众多。这些特殊区域,除了直接命名为自由贸易区的区域,自由港、保税区、出口加工区、对外贸易区、边境自由区、保税港区、自由经济区、自由区等也都是属于自由贸易园区范畴的概念,可以看作世界自由贸易园区的主要类型。由于形成的时间和空间不同、各具特色,各自由贸易园区的法规、功能侧重存在差异(见表 2-4)。以下就几个主要类型进行简要介绍。

（一）自由港（Free Port）

自由港是一国(或地区)划定的置于海关辖区以外的特定区域,在这一区域内,外国船只可以自由进出,全部或绝大部分外国商品可以豁免关税。与其他特殊区域相比,自由港的特征主要有三个:一是一定设在港口或者港口的一部分,一般位于外贸货物吞吐量大、国际航线多、腹地外向型经济发达的港口。二是开发目标和功能上与港口的货物集散中心作用紧密挂钩,主要用于国际贸易、转口贸易,其进出口作业量较大。三是区位条件上,硬件基础设施完备,陆路集疏运网络发达;软环境上,信息现代化程度高,法律规章完善,各类专业的人才云集。

自由港又有完全自由港和有限自由港之分,前者对外国商品一律免征关税,后者除对少数指定的商品征税或实施程度不同的贸易管制外,对其他商品一律免税。自由港的范围大小不一,有的自由港包括港口及其所在城

---

①　根据德国经济学家罗伯特·崔迈(Norbert Zimmert) 的归纳,世界上各类开发区和特殊经济区可分为七大类:保税仓库区(Bonded Ware-house Zone)、自由区(Free Zone)、对外贸易区(Foreign Trade Zone)、出口加工区(Export Processing Zone)、经济特区(Special Economic Zone)、企业区(Enterprise Zone)、银行自由区(Bank Free Zone) 。目前,国际上采用"自贸区"这一概念囊括各类开发区和特殊经济区。

市地区,这种完整形态的自由港也称自由港市。自由港市往往把港口的全部地区都辟为非关税区,外商可在自由港区内自由居留和从事有关业务,所有居民均享受关税优惠,最为典型的例子就是新加坡和我国香港。有些自由港只包括港口和所在城市的一部分,不允许外商自由居留,如哥本哈根自由港和汉堡自由港。

自由港的延伸形态就是自由贸易区,它与自由港在功能上基本一致,主要区别在于自由贸易区的概念要大,它可以包括自由港。另外,自由贸易区的设置区域没有严格限定,它既可以在海、河、江及其附近,也可以在一国的任何地方(包括内陆)。设置自由贸易区的主要目的在于发展转口贸易,繁荣当地金融和经济,增加商业收入。

(二)保税区(Free Trade Zone)

保税区(保税港区)是一种综合性的自由贸易园区。它兼备贸易、出口加工等多样化的功能,并允许和鼓励发展金融业、旅游业、交通电信业和科教卫生事业。保税仓库区则是一种物流型的自由贸易园区,其优势是入区货物不受数量、种类及配额限制,且免征关税,无须办理报关手续。入区的货物,可以进行拆包、改装、加换标签,或将不良、损坏的产品加以整修更换等作业,使产品更能适应国际市场的需要。外国厂商或贸易商可在区内从事当地或他国进口的零部件和中间产品的装配和加工活动。

(三)出口加工区(Export Processing Zone)

出口加工区是20世纪50年代末出现的新形式的自由经济区,指的是主要从事出口工业生产活动的自由区。具体指在一个国家或地区的港口、机场附近或交通便利的地方,划出一定的区域,提供水电、道路、通信及标准厂房等设施,用优惠的办法吸引外国投资,发展国际市场上有竞争力的出口加工工业,为制造、加工或装配出口产品而开辟的特殊区域。设置出口加工区的目的是为了引进外资、技术和管理经验,以取得工业方面的收益。

(四)自由经济区(Free Economic Zoo)

根据1975年联合国贸发大会对自由经济区下的定义,自由经济区指本国海关关境中,一般设在口岸或国际机场附近的一片地域。进入该地域的外国生产资料、原材料可以不办理任何海关手续,进口产品可以在该地区内进行加工后复出口,海关对此不加以任何干预。

表 2-4　全球自由贸易园区的主要类型与功能特点

类型	特点及主要功能	区位选择	部分代表性区域
自由港	利用港口本身的货物集散中心作用,多为外贸货物吞吐量大、国际航线多、对外联系多的港口;贸易自由、投资自由、航运自由、雇工自由、经营自由、经营人员出入境自由,自由度最高、范围最广	靠近世界主航道	中国香港、新加坡、地中海沿岸的直布罗陀、红海出口处的吉布提、汉堡自由港、土耳其安塔亚自由港、英国利物浦自由港、法国马赛港自由港、瑞典斯德哥尔摩自由港、丹麦哥本哈根自由港、巴哈马自由港、百慕大自由港、委内瑞拉玛格丽塔岛自由港等
自由贸易区	交通位置优越,以国际贸易为主,兼备国际贸易、加工制造、商品展示和零售、仓储运输、金融保险等功能	海港、空港、高速公路和铁路附近	荷兰威廉斯塔德自由贸易区、奥地利格拉兹自由贸易区、德国基尔自由贸易区、斯里兰卡波莎自由贸易区、巴西马瑙斯自由贸易区、菲律宾马里维莱斯自由贸易区、土耳其伊斯坦布尔自由贸易区等
保税区(保税仓库)	利用保税政策而设立的,厂商或贸易商能够把握最有利的时机,将仓储的货物转销到其他国家和地区,以获得最佳利润;功能包括转口贸易、货物集散、出口加工、商品展示等	靠近主要市场	瑞士苏黎世货物集散地和布克斯货物集散地、荷兰阿姆斯特丹保税仓库区、西班牙帕萨黑斯免税仓库区、意大利热那亚免税仓库区、南斯拉夫里耶卡自由关税区、阿根廷布宜诺斯艾利斯保税仓库和转口区等
出口加工区	以从事加工为主,以转口贸易、国际贸易、仓储运输服务为辅	靠近主要市场和交通运输便利地区	菲律宾、马来西亚、韩国、中国台湾、印度、孟加拉、巴基斯坦、印尼、新加坡等国家和地区的出口加工区
边境自由区	加工制造、贸易	边境地区	墨西哥提华纳和下加州边境自由区、马魁拉多拉边境工业区(均靠近美国边境)
对外贸易区	允许进区商品可以任何方式存储、展示、制造、混合或使用,不允许零售;功能与自由贸易区大体相同	交通运输便利地区(美国在规定设区所需条件时,使用的是"位于近水区"和"非近水区"的地区)	美国法典中称"对外贸易区",有许多对外贸易区和子区

类型	特点及主要功能	区位选择	部分代表性区域
自由贸易港区	涵盖贸易、制造、物流、研发、展示等诸多功能；允许和鼓励金融业、旅游业、电信业和科教卫生事业获得发展	港口及毗邻地区	阿联酋迪拜港自由港区、埃及塞得港自由工业区、中国台湾自由港区等
自由区	以上功能兼而有之，主要根据各国和地区建区的需要而定	靠近主要市场、资源易于利用、港口等交通运输便利地区	芬兰赫尔辛基自由区、法国热克斯自由区、德国不来梅自由区、意大利那不勒斯自由区、西班牙巴塞罗那自由区等
自由经济区	综合型	靠近主要市场和交通便利地区	韩国仁川和济州岛、蒙古和俄罗斯的自由经济区等
自由金融区	各种货币可自由兑换与储存	国际都市	伦敦、巴黎、苏黎世、法兰克福和纽约
自由保险区	进行特殊的、大型工程的保险及某些无法参照前例的保险业务	国际都市	伦敦、纽约

资料来源：作者根据陈文敬、李钢、李健《振兴之路：中国对外开放30年》，中国经济出版社2008年版；张志强《世界自由贸易区的主要类型和发展特点》，《港口经济》2009年第11期，第57页；以及其他相关资料整理而成。

二、世界自由贸易园区的发展模式

就性质而言，根据《京都公约》，可以把自由贸易园区主要分为"商业自由区"和"工业自由区"两类。前者准许进行的作业一般只限于保存货物、改进包装或销售质量、准备装运等惯常工作，不允许货物的拆包零售和加工制造；后者则允许在指定加工作业区进行加工作业。然而，在实际运行中，各国和地区根据自身的区位条件、经济发展水平及进出口贸易流量等具体情况，设计出了多种自由贸易园区的发展模式。现在主流的分类方式主要按产业功能、专注领域、覆盖区域和运营主体这四块进行区分。

（一）按产业功能分

1. 物流集散模式

物流集散模式自由贸易园区主要利用区位优势进行港口装卸、货物储运、货物商业性加工和货物转运等业务。这种模式起源于欧洲，其基本特点是功能相对单一，地理区位优势独特，一般都为枢纽型港口。欧洲的主要沿海港口城市，充分利用其优越的航运和地理条件优势，以贸易枢纽为发展目标，将港区打造成为自由港，从事港口装卸、货物存储、货物商业性加工和转口集散等业务,形成兼具传统物流集散和高效综合服务的枢纽型自由贸易园区形式。典型代表如西欧德国的汉堡、不莱梅等港口城市以先进的港区设施为依托,形成四通八达的运输网络,保证货物能在 48 小时内运送到整个欧盟地区;南欧西班牙的巴塞罗那自由贸易园区依靠优越的地理条件和便利的交通物流体系,成为地中海沿岸最大的集装箱集散码头,其园区内的保税区目前是地中海地区中转货流量最大的保税区。

2. 出口加工模式

出口加工模式自由贸易园区的基本特点是园区内主要以加工制造为主,贸易为其辅助功能。这种模式以广大亚非等发展中国家和地区的自由贸易园区为代表。二战后,参与国际贸易的亚非地区发展中国家和地区利用自身丰富的劳动力资源,大力建设和发展出口加工区,以作为承接国际产业转移的重要平台。但因受其产业发展水平的限制,多数园区主要以从事加工为主,转口贸易、国际贸易、仓储运输服务为辅。而随着各国经济的相继腾飞,园区的功能逐步得以完善,国际中转、转口贸易等功能得以拓展,呈现由出口加工向物流集散过渡的模式。例如,我国台湾地区的出口加工区由传统劳动密集型制造业加工区逐步发展成为高科技产业园区和知识密集型服务业园区。

3. 商贸结合模式

商贸结合模式自由贸易园区的基本特点是园区以从事进口贸易为主,又有简单的加工和装配制造。其典型代表有美国、阿联酋的自由贸易园区。作为全球设立自由贸易园区最多、发展最快的国家,美国的自由贸易园区称为"对外贸易区"(Foreign-Trade Zones),截至 2013 年底,美国共有 257 个对外贸易区,区内共有 3050 家公司,共雇用了 39 万人。2013 年进入对外贸易区的货物总值为 8358 亿美元,相比 2012 年的 7322 亿美元增长了14.15%[①];阿联酋迪拜自由港区是全球最大的自由港区,区内贸易物流业占比高达 74%,加工制造业和服务业占比分别为 22%和 4%。

4. 保税仓储模式

保税仓储模式自由贸易园区可免除进口手续,较长时间处于保税状态;主要以保税为主,可以对货物进行再包装、分级、挑选、抽样、混合等处理作

---

① 该统计数据是笔者根据 http://enforcement. trade. gov/ftzpage/annual-report. html 的 75th ANNUAL REPORT of the Foreign-Trade Zones Board to the Congress OF THE UNITED STATES 整理计算而得。

业,往往成为大型商户对全球出口的分销中心。这种模式以欧洲居多,较为典型的如荷兰阿姆斯特丹港的免税仓库。阿姆斯特丹港设立保税仓库是为了争取外商选择荷兰作为对欧、亚、非洲各国出口的分销中心。商品进入该保税仓库免交进口税,储存在该保税仓库的商品可以进行简单的包装作业,也可以作样品展览试验之用,还可作零件装配。

5. 商业零售模式

商业零售模式自由贸易园区的基本特点是主要从事商品展示和零售业务,专门辟有商业区从事商品零售,以智利伊基克自由贸易区为典型代表。智利伊基克自由贸易区在转口贸易、进出口贸易等主要功能基础上,还有与之相配套的仓储、装配、组装、加工、制造等辅助功能。此外在仓储区内可以从事展示、批发作业,在商业区内可以从事展示和零售业务,这也就成了其有别于其他自由贸易园区的一大特色,并已发展成为本国乃至南美最大的商品集散地。

6. 综合发展模式

综合发展模式自由贸易园区是以上各种产业发展模式的综合,其主要特点是园区包括整个港口城市,由若干工业区组成,兼具转口贸易、出口加工及金融、商业、旅游等多种功能。园区内允许居民居住、生活、娱乐,进口商品不管是供当地消费,还是用于转口输出,原则上都不征收关税,又被称为是零关税自由港型自由贸易园区。主要分布在亚太地区,以中国香港、新加坡为典型代表。

(二) 按专注领域分

1. 单个领域专业集聚模式

在实践中,一些国家和地区根据自身的产业发展需求,往往单独针对某个需要重点发展的产业划定区域,设置单个产业聚集的自由贸易园区。最为典型的该数尼日利亚的提纳帕(Tinapa)旅游商业自由区①。提纳帕自由区借鉴迪拜崛起的部分做法,力争打造西非的迪拜、商品的免税港、旅游购

---

① 尼日利亚的自由贸易园区大致可以分为一般自由贸易园区和专业自由贸易园区两大类:专业自由贸易园区包括奥尼(Onne)石油天然气自由贸易园区和提纳帕旅游自由区。也可细分为七小类:以仓储、转口贸易为主的自由贸易园区;以出口加工业为主的出口加工区;以高科技和创新产业为主的科技工业园;以多种产业均可入驻为特点的经济开发区;以零售、旅游、娱乐产业为主的旅游度假区;以提供物流和转口运输服务为主的物流中心;以提供免税仓储和转运服务为主的保税仓库或自由港。

物的天堂。优惠政策包括,外国人来园区休闲度假无须办理签证;在园区内经营零售商业,同样享受其他企业的免税待遇;在区内购买个人消费品无须缴纳关税,进入尼日利亚关境时也无须补交等。

2. 多元化的产业领域聚集模式

在这种模式下,园区不限定发展某种特定产业,而是以自身的比较优势,做大做强一批产业集群,形成多元化的产业领域聚集模式,典型代表例如中国香港和新加坡等。

（三）按覆盖区域分

1. 港城融合发展模式

这种模式把口岸所在的城市全部划为自由贸易区,主要分布在亚太地区,以中国香港、新加坡为代表。园区包括整个港口城市,由若干工业区组成,兼具转口贸易、出口加工及金融、商业、旅游等多种功能。园区内允许居民居住、生活、娱乐,并可享受免税进口消费品。

2. 港城分离发展模式

这种模式把口岸所在的城市的一部分划为自由贸易园区,外国商品只有运入这一区域才能享有免税等优惠待遇,并不受海关监督;区内通常都不允许居民居住、生活、娱乐,并不可享受免税进口消费品。典型代表如汉堡、哥本哈根、吉布提港等。以吉布提港为例,《吉布提共和国免税区法》第二十六条明确规定免税区内禁止零售,但组织的商业交易会和展览会除外。向公众出售的产品将完全缴纳关税和其他赋税。第二十七条规定免税区内禁止居住。

3. 跨境园区发展模式

跨境园区是指各相互接壤的国家或地区在形成合作共事的前提下,彼此在法律约束下,按照一定合作方案共同划出相应面积的接壤土地,整合成一个相对封闭的空间,建立的特殊经济监管区。典型代表如美墨边境马魁拉多工业园区、中哈霍尔果斯国际边境合作中心等,而马魁拉多工业园区是边境地区企业集聚与跨国经济合作的一个典范。

4. 主副园区发展模式

少数自由贸易园区由于空间以及产业布局的需要,对园区采用主副园区的发展模式。以美国的对外贸易园区为例,根据美国对外贸易区发布对外贸易区委员会第29号命令,允许为特别用途的企业建立对外贸易区的"分区"或"专用区"。

（四）按运营主体分

从自由贸易园区发展的实践来看，自由贸易园区的运营主体既可以是中央政府直属的分支机构，也可以是地方政府或是其派出机构；既可以是由政府机构来运营，也可以由企业来申请运作；既可以是由本国主体来运营，也可以是由别国主体来进行运营。以中国—尼日利亚莱基自由贸易园区为例，该园区虽位于尼日利亚拉各斯州东南部的莱基半岛地区，但是由中尼两国相关主体在尼日利亚共同投资建设和管理。园区启动于 2006 年，总体规划面积为 30 平方公里，主导产业包括以装备制造、通信产品为主的高端制造业；以交通运输车辆和工程机械为主的产品装配业；以商贸物流为主的现代物流业；以旅游、宾馆酒店、商业等为主的城市服务业与房地产业等。

三、世界自由贸易园区发展现状

（一）分布概况

目前，世界上约有 1200 个自由贸易园区。这些自由贸易园区形成四大区块，分别是自由贸易园区的发源地欧洲、美国、东南亚和拉美。美国是世界上设立自由贸易园区最多的国家，总数达到约 260 个，占全球的 21.7%，发达国家总数的 61%。全球主要 4 个典型的自由贸易园区是阿联酋迪拜港自由港区、德国汉堡港自由港区、美国纽约港自由贸易园区、荷兰阿姆斯特丹港自由贸易园区。

（二）管理体系

自由贸易园区在运行机制上呈现出几方面的特点：一是便利化的监管措施；二是明确的区域功能定位；三是全方位的优惠措施；四是多样化的管理体制。由于前三个特点在前文中已作叙述，在这儿着重对自由贸易园区的多样化管理体制进行说明（见表 2-5）。自由贸易园区的管理体制主要是政府治理型和公司治理型，除此之外还有政企混合型。

政府治理型，又称为政府部门主导型，即由政府设立专门的园区管理机构来进行全权管理的体制，是世界自由贸易园区最主要的管理模式。政府操办自由贸易园区的一切事宜，实行"单一窗口"的一站式管理和一条龙服务，用行政的权威性协调管理区内企业。这种模式下，政府既负责开发区的管理，也负责初期的建设和后续的服务，开发区管委会与开发公司两块牌子一套班子或交叉兼职，具有政企合一的明显特点。

公司治理型，又称为管理公司主导型，即采用由各方组成的董事会领导下经理负责的企业管理的体制。适合这种管理体制的自由贸易园区通常要具备较为成熟的市场化运作，因而，大多数为发达国家的自由贸易园区。把自由贸易园区作为一个独立经营管理的公司，开发者和管理者负责区内的基础设施开发建设、经营区内的各项业务、管理区内的经济活动和提供区内企业所需要的各种服务。公司的董事会一般由政府、大学、企业以及当地有关人士所组成，负责有关园区发展的重大决策，一般不干预区内各机构的业务，园区日常管理和经营业务由公司经理层负责。

表 2-5　世界自由贸易园区的管理体制

类型	政府治理型	公司治理型
管理方式	由政府设立专门的园区管理机构来进行全权管理	由各方组成的董事会领导下经理负责的企业管理
优　点	权威性较强，便于开发建设时大量资源的调动；在一定程度上有利于提高办事效率，改善区内投资环境	较为灵活、高效，有利于社会资源的充分利用，政府管理成本的节约
典型代表	韩国、意大利、瑞士、芬兰等国的自由贸易区	阿联酋迪拜自由港区、德国汉堡港自由区、美国纽约港对外贸易区、荷兰阿姆斯特丹港

资料来源：作者根据中国国际经济技术开发区和边境经济合作区（http://ezone.mof-com.gov.cn/articleztxw201402/20140200502080.shtml）的资料整理而成。

第四节　自由贸易园区的区域效应

自由贸易园区是发达国家对外投资、刺激经济增长的有力杠杆，也是发展中国家和地区吸引外资和人才，引进先进技术、管理经验，搞活本国（本地区）经济的有效途径，设立现代化新型自由贸易区，已成为各国发展经济、抵御经济衰退和开展战略合作的重要平台和手段。国外自由贸易区的发展已呈现出数量持续增长、功能趋向综合、管理不断加强的态势。那么，作为发展引擎，自由贸易园区的"魅力"究竟何在？

所谓世间万物皆有正反两面，自由贸易园区的作用亦是如此。正如本书在第一章的研究综述中所阐述的，国内外的学者关于自由贸易园区与经济增长关系的研究分为正面效应和负面效应两方面。在负面效应方面，自由贸易园区也会带来一些问题，如对劳动力的过度利用，对假冒伪劣和违法产品的监管不当、环境污染和破坏等。但近几年,全球新一轮自由贸易区建设热潮的兴起,自由贸易园区已经成为许多国家实现吸引外资、促进技术革新和产业升级、增加出口和就业等多重目的的政策工具,我国也正大力推进自由贸易园区的建设。因此,本节着重就自由贸易园区对区域经济发展的正面效应进行探讨。

一、对所在区域的影响

如在文献综述中曾提到的,Rhee 和 Belot(1990)[①]认为,自由贸易园区是东道国经济发展的助推剂,出口的促进因素。不仅可以吸引跨国公司,还可以使本土企业家借助跨国公司建立的国际网络进入全球市场,推动本土企业参与跨国公司价值链,提升其国际竞争力。

从世界自由贸易园区的发展历程来看,自由贸易园区是带动所在区域对外开放、加快发展的重要措施。设立自由贸易园区对一国经济发展产生的促进效应主要表现在以下几方面。

(一)提升企业的技术创新能力及产业竞争力

企业技术创新步伐的加快,一靠有效的竞争压力;二靠强大的技术吸纳能力;三靠自由贸易园区提供的健全的服务体系。自由贸易园区对资金、技术、人员等要素的集聚效应及区内各要素的自由流动,为企业的创新提供了要素保障。由于学习效应和竞争效应的存在,要素集聚在促成优势互补的同时也激发了竞争,从而形成“倒逼作用”,促使企业不断创新。此外,自由贸易园区内产业的集聚,形成了高效的专业化分工协作体系。再加上自由贸易园区的环境成本低、信息成本低以及配套成本低,降低了企业的创新成本、生产成本、经营成本,成本优势更为明显,从而提升产业综合竞争力。

(二)促进对外贸易的发展

贸易自由化是自由贸易园区的特点之一,主要体现在以减免关税、取消配额制为核心内容的关税和非关税壁垒的消除,实现货物进口自由、转口自由。而贸易的便利化是实现自由化的基础和推动力。自由贸易园区所具备的高效便捷的通关、灵活的监管以及完备的基础设施等条件,使其在通关方面较区外更为便捷。贸易的自由化、便利化让周边经济体的跨国公司愿意把产品运至区内的全球分拨中心进行综合调配,从而为所在区域乃至设立

---

① Rhee and Belot. Free Trade Zones in Export Strategies. The World Bank Industry and Energy Department,PRE,1990.

国集聚更多的贸易流量。同时,贸易的自由化、便利化促进了转口贸易的发展。通过转口贸易还能获取转口的利润和仓储、运输、装卸等收入,并推动当地金融、交通、电信等行业的发展,如国际著名的中转地新加坡、香港、伦敦、鹿特丹等。此外,很多研究均表明自由贸易园区与出口贸易的发展之间存在很强的正相关性,而且自由贸易园区也成为促进出口发展的有力政策手段。自由贸易园区所带来的成本优势、高新技术、信息促进了本国出口贸易的增长,丰富了出口贸易的多样性。

(三)最大限度吸引外资,增加东道国的资本存量

在原有的区位条件和经济基础上,自由贸易园区对人员、技术等生产要素的集聚效应,以及其优惠的税负、健全的法律、灵活的监管、便利的金融、便捷的通关等制度优势,创造了良好的营商环境,为吸引更多的外商直接投资加注了筹码。以新加坡、迪拜为例,作为全世界最自由的港口之一,新加坡吸引外资能力非常强,其直接投资占了制造业的 70%左右;迪拜拥有多个自贸区,其中较活跃的有杰贝阿里自由区,仅该区域对阿联酋 GDP 总量的贡献就达到 25%,其出口额占到阿联酋总出口的 50%以上,吸引了全国20%的外商直接投资。

(四)增加政府收入及外汇储备

从国际主要自由贸易园区(自由港)的实践来看,在促进出口、增加政府财政收入的同时,超国界的货物自由进出、放开行业与经营方式限制前提下的投资自由、以外汇自由兑换与资本跨境自由流动为基础的金融自由化,使自由贸易园区成为国际离岸金融贸易中心,大大增加了东道国的外汇储备。以新加坡金融市场的崛起为例,新加坡的离岸金融中心从 1968 年开始起步,发展至 1998 年,外汇业务营业额才达 1390 亿新元。目前,新加坡已发展成仅次于伦敦、纽约、东京的全球第四大外汇交易中心。

(五)解决就业问题

自由贸易园区的设立,增加了直接和间接的就业,有效地解决了一国的就业问题。自由贸易园区所带来的产业集聚吸引大量企业入驻,从而创造就业岗位;高新技术培育和孵化给园内企业发展带来了新机遇,创业兴业的开辟,需要雇佣大量人员;与此同时,为自由贸易园区提供生活、业务服务和供应的各类行业也随之发展,连带提供更多的就业机会。根据汇丰银行的相关研究,全球 119 个国家和地区已经建立了超过 2300 个自由贸易园区,出口总额超过 2000 亿美元,创造直接就业岗位 4000 多万个、间接就业岗位

6000 多万个。

（六）促进港口城市的繁兴

通过对全球自由贸易园区特点分析,我们知道地理位置优越是自由贸易园区的另一大特点,大多数的自由贸易园区均设在交通便捷的港口或邻近港口处。而它的设立为其所在或邻近港口寻求新的增长点提供了有利条件。自由贸易园区完善的法律制度、高效便捷的监管,极大程度地提高了港口的通关效率和国际竞争力;进出口贸易及转口贸易的发展为港口带来了充足的货源和丰厚的利润,成了港口进一步发展的资本;全球跨国企业的入驻,人员、信息的流动,扩大了港口的国际知名度,利于港口更好地融入全球市场;自由贸易园区设立带来的功能多样化、综合化,加快了港口的转型升级,充分发挥其在全球资源配置和调拨中的重要作用。而港口的繁兴,自由贸易园区的总部效应,又带动了港口所在城市的发展。

（七）促进政府职能转变,提高政府行政效率

自由贸易园区的作用还体现在促进政府职能转变,提高政府行政效率方面。自由贸易园区的开放意味着政府行政职能的剧烈转变,意味着行政改革必须与时俱进。而这就涉及一些监管领域的"权力禁区"被打破,一些监管部门的"利益"被切割。自由贸易园区的建立将促使政府监管体制机制的变革,有效改善监管的低效。

二、对周边区域的影响

自由贸易园区的这种经济效应,既体现在对所在区域的带动效应,也体现在对周边区域的影响。对周边区域经济的正面效应主要来自自由贸易园区的示范效应和溢出效应。

首先,自由贸易园区对国内其他地区的对外开放政策制定起到示范效应,这将促使当地公司在更高层次及更严格的质量标准下,不断进行研发创新,生产非传统产品,促进区域产业结构的转型升级。同时,这对员工、职员及管理层的培训也提出了更高的要求,促进区域制度的改革。

其次,自由贸易园区产生的技术转移、知识溢出效应,给周边区域的发展带来了机遇。自由贸易园区是新兴产业、高新技术、先进管理经验引进、聚集和辐射地,区内的高新技术会逐步向周边地区扩散、渗透,从而使周边区域在自身的产业优势基础上,积极进行新技术的应用和技术创新,有效对接自由贸易园区,有力激活周边区域的经济活力。贸易便利化能促进贸易的快速增长,在自由贸易园区的辐射作用下,大量商品、技术、人力等资源进

出流动,给周边区域企业带去更多的商贸机会。企业订单和投资的增长,又增加了周边城市居民的就业机会,提高收入水平。此外,自由贸易园区的虹吸效应反过来也会促使周边区域加快技术革新和产业升级。

金融危机后,全世界各国均在寻求经济的快速恢复与增长。在这个过程中,世界各国的自由贸易区显示了突出的活力与贡献。自由贸易园区一直处于创新的前沿、投资效益的前沿、贸易增长的前沿和经济增长的前沿。自由贸易区可以克服各国经济政策和制度因素的局限,消除程序和管制所造成的低效,克服一个国家或经济体整体基础设施落后的瓶颈。自由贸易区提供了简化的、更加自由的制度条件。而从制造业发展的角度,依靠降低土地、资本、劳动力等要素投入降低成本的空间已经消失殆尽,而在物流领域,仍有较大幅度的空间。自由贸易区降低交易成本、简化手续、缩短时间的效应将在企业和区域竞争中发挥更大的作用。①

---

① 参见中国改革论坛 http://www. chinareform. org. cn/area/inshore/News/201307/t20130712_171376. htm,"深圳建自由贸易区正在酝酿中",2013-07-11,访问时间 2015-06-18。

第三章　世界主要自由贸易园区的
比较分析与经验借鉴

在上一章对自由贸易园区在全球的发展现状及趋势进行分析的基础上,本章将通过国外典型自由贸易园区的举例说明及比较分析,总结国外的相关经验,为促进我国自由贸易园区发展提供一定的借鉴和启示。

第一节　世界主要自由贸易区的运行概况

欧洲、美国、东南亚以及拉美是世界自由贸易园区的四大主要分布区域。全球自由贸易园区的发展在整体上呈现角色相近、功能趋同的发展现象。然而,在个体上,依然是各具特色,体现在设计定位、运行管理和区域形态等方面。全球经济一体化、区域化、集团化进程加快引发的国际贸易投资秩序重构,更促使各国不断地对自由贸易园区发展策略进行调整,使之能契合国际形势的发展,满足本国经济发展的需求,谋求在新一轮竞争中的主动地位。下面将选取各区的典型代表,就它们各自的功能定位、管理体系、优惠政策、运行模式以及便利化措施等方面进行比较分析。

一、欧洲自由贸易园区

欧洲是自由贸易园区的发源地,他们把自由贸易园区称为"自由区"。自 16 世纪开始,许多欧洲国家利用其优越的航运和地理条件,建立起四通八达的集疏运网络,将港区打造成为自由港,货物运输辐射欧盟全境。经过发展,逐渐形成了兼具传统物流集散和高效综合服务的枢纽转口型自由贸易园区形式，以爱尔兰的香农自由贸易区、德国的汉堡自由港、荷兰的鹿特丹港、比利时的安特卫普等西欧沿海主要港口城市和重要空港最为典型。

对于欧盟成员国而言，欧盟即是一个多边的自由贸易区。为了统一与方便欧盟国家与非欧盟国家之间的贸易往来，1992 年，欧盟制定了《欧共体海关法典》。法典对自由区的设立、运营和货物的海关法律地位，以及区内货物可以进行的操作作出了全面规定。2008 年 4 月和 2013 年 10 月，欧盟又分别制定了《现代化海关法典》和《联盟海关法典》，这两部法典是对既存《欧共体海关法典》的现代化和简化。由于《现代化海关法典》并未真正实施，而《联盟海关法典》的实施时间是 2016 年，因此，现在欧盟的海关制度的基础法律依据仍然是《欧共体海关法典》。① 该部法典中专门对"自由区与自由仓库"作了统一的规定②，包括海关监管的特定保税区域和场所的设立、运营和货物的海关法律地位等。而《欧共体海关法典实施条例》则对自由区和保税仓库（Ⅰ型和Ⅱ型③）的运作规则作了规定。

（一）爱尔兰香农自由贸易区（Shannon Free Zone）

1959 年，爱尔兰政府围绕香农机场进行开发，成立了一个名为香农开发公司（Shannon Development）④的机构，专门推动自贸区的发展。1960 年，依托香农机场的便利运输条件和巨大的人流、物流，建立了被认为是世界上最早的、以从事出口加工为主的自由贸易区。香农自由贸易区占地 600 英

---

① 作者根据朱秋沅《欧盟自由区海关制度分析及对中国自贸区建设的启示》（《国际贸易》2014 年第 5 期，第 36 页）相关内容整理而成。

② 《欧共体海关法典》第一六六条规定，自由区及自由仓库是共同体关境的一部分或者是位于关境内，但与关境内其他地区相隔离的地域，在自由区及自由仓库中，非共同体货物，在结关或履行其他海关业务制度前，被视为尚未进入共同体关境；共同体货物存入自由区或自由仓库可以具备共同体专项立法以对货物出口为前提适用的条件；第一六八条规定，海关当局可准许设立按海关保税仓库方式进行监管的自由区；第一七二条规定，自由区或自由仓库内允许进行任何工业、商业或服务业活动，但进行此类活动应事先通知海关。在自由区或自由仓库内从事储存、加工或买卖货物的任何人，应按海关当局规定的格式制作业务账册。

③ 所谓自由区Ⅰ型和Ⅱ型是指 2001 年 7 月，在欧盟法（EC Law）所制定的修正法案中提出的自由贸易园区的两种类型。自由区Ⅰ型采用围墙管理方式，利用围墙或栅栏等实体障碍物加以隔，进出区内货物一般均需加以查核，船舶和货物进出均不用到海关结关；自由区Ⅱ型采用海关仓库管理（customs warehouse procedure）方式，利用海关查账的方式来进行监管，监控较为复杂，货物进出需要提出登记申请。

④ 香农开发公司是香农自由空港开发有限责任公司（Shannon Free Airport Development Company Limited）的简称。

亩(2.43 平方公里),毗邻克莱尔郡(County Clare)以及香农机场,以低税率优惠和低成本优势吸引外国特别是美国企业的投资。其主要产业为航空业、信息通信技术、计算机软件和电子产品、国际服务、工程配送、化学及制药等。

区位条件方面。香农机场位于香农河右岸,是欧洲西北通往北美洲航空站的中途站,地理位置优越,与欧美的联系密切;有着国际先进水准的基础设施,航空运输发达,陆运与海运交通便利;香农自贸区完善的办公场所与生产厂房等设施可供租赁或购买;水、电能源供应充足,光纤通信与宽带网络联结欧美主要大城市;此外,旅游资源丰富,有着健全高效的配套服务业。

优惠政策方面。为吸引外来企业投资,香农自贸区推出的激励制度包括,允许来自非欧盟国家的商品延迟缴税,直至离港前往另一个非欧盟国家;公司可免税从非欧盟国家进口货物加工并再出口到非欧盟国家;对进口欧盟国家的商品免税;自贸区内增值税为零;对有意在自贸区内成立实体的合格公司及已在自贸区内经营的公司给予多方面的资助、研发税收抵免和出售股权资本利得税豁免等优惠;企业税率低等。值得一提的是,香农自贸区的企业税率为 12.5%,其中符合资格的制造品贸易适用 10% 的税率,增值税为零。后来,爱尔兰政府将公司税率统一调整为 12.5%,可以说香农在税收方面的优势早已不在。然而,香农依靠其诸多优势和优惠政策,仍保持着它的吸引力。

人力资源方面。香农自贸区以高校为支撑,科研力量雄厚,优秀专业人才、高素质劳动力等人才储备丰富。[①] 开发区内的利默里克大学、利默里克工学院等高校科研力量雄厚,有着良好的科研与实业相结合的传统;爱尔兰其他大学也为其提供发展所需的科学、工程技术及商业管理等方面的大量优秀人才。另外,爱尔兰高技术水平的劳动力多,整体劳动力素质较高,大大提高了园区各企业的生产效率,并有助于促进科研在实业的高效应用。

管理体系方面。成立之初,香农自由贸易园区的管理机构是香农开发

---

① 在全球领先的飞机发动机租赁公司香农发动机支援有限公司(SES)总经理 Dickerson 看来,香农当地拥有从金融服务到飞机维护的丰富人才储备,仅在飞机租赁领域,就有充足的财务、法律、税务、销售、技术等方面专家,当地教育机构利默里克大学和飞机维修公司等培育的高素质毕业生和学徒,也为相关公司的发展提供了可靠支持。

公司。为打造世界级的航空业聚集区①，2012年5月，爱尔兰政府决定对香农开发区的国有运营机构进行重组，于2013年更名为香农商业企业有限公司，成为香农集团的下属企业。而香农机场在2012年12月从都柏林机场管理局（DDA）分离出来，开始独立运营。

探索求新方面。为了寻求新的发展，香农依靠自身的优势，不断进行新发展模式的探索。香农自贸区在2005年新开发了一个被称为香农西园（Westpark Shannon）的商务园区，西园由私人投资运营，以IT经济和知识经济为重点方向。自营业以来，依靠香农"一站式"服务精髓，吸引了一些世界航空服务领先品牌，如AerCap、GECAS。除了航空业，西园还吸引了金融服务、信息通信技术和物流企业入驻，如，世界500强金融保险公司Genworth。2014年，国际租赁金融公司（ILFC）也落户香农。此外，作为整个国际航空服务中心计划，香农集团还重点在复合材料、组装完工、航线网络、货物、租赁、飞行员和技术培训等领域积极寻求新增业务。

从60年代到现在，经历了4个发展阶段的香农自贸区已经发展成为以航空运输、信息通信技术、工程技术设计、国际金融及财务服务、国际物流服务与管理、医疗设备和软件开发等高技术产业等产业为主的知识经济型自贸区。

（二）德国汉堡自由港（Hamburg）

德国汉堡自由港是欧洲自由贸易的典型，依托德国最大的港口——汉堡港而建的自由港，被誉为"通往世界的门户"。自由港于1888年10月15日正式建立，原先由一条被称为"关界围墙"（长23.5公里，高3米）的金属栅栏与其他港区隔开，2012年"关界围墙"被拆除，9个进出口关口也全部取消。2013年1月1日起，整个汉堡港完全融入了汉堡市，所有汉堡港区内的公司同其他欧盟关税区内的海港一样，根据同样的海关管理规定进行运营，这意味着自由港124年历史的终结。虽然，汉堡自由港已不复存在，但汉堡港高效的管理手段仍然值得我们研究和借鉴。

曾经的汉堡自由港自由度是一大优势。原先在"关界围墙"之内，是一片不属于海关管辖的特殊经济区域，采取关内关外的分离管理方式。与外界的沟通则靠辖内的通道关卡实现，包括陆上通道关卡25个，海路通道关

---

① 爱尔兰政府期望集结香农当地航空业和海运业优势，打造一个世界级的航空业聚集区，连接欧洲最西端和美国最东端的海空良港。加入香农集团宏伟发展计划的还有港口管理公司香农福因斯港口公司（SFPC）。

卡 12 个。通过取消大量管制、充分降低成本、提升物流效率等一系列措施来吸引贸易，开展货物转船、储存、流通以及船舶建造等业务。现在，在港内，船舶制造业、机械加工业和石油业的生产能力约占整个自由贸易区生产能力的 90％。100 多家船具公司总部设在自由港内，为进出港区的船舶提供和装配各种船具。在大力发展工业的基础上，服务业也得到了快速发展。金融、保险、船代、货代以及电脑软件开发等服务业十分繁荣。汉堡自由港已是德国保险业中心和德国仅次于法兰克福的第二大金融中心。

区位优势方面。地理位置上，汉堡地处欧洲东西、南北两大贸易线的交汇点，毗邻欧洲主要市场，且有纵深的腹地，是德国重要的铁路和航空枢纽，成为各类货物的集散地。工商业发达，为德国的造船工业中心。而其中始建于 1189 年的汉堡港位于北部易北河下游的右岸，濒临黑尔戈兰湾，是德国最大的港口，也是欧洲第二大集装箱港。此外，由于位于欧洲共同体、欧洲自由贸易联盟和经济互助委员会的中心，它成为区域最佳的货物配送和物流集散点、欧洲最重要的中转海港；交通集疏运网络上，汉堡与欧洲各大城市间都通有高速列车或飞机航线，到巴黎、布拉格等地仅需 90 分钟。远洋轮、内河船、卡车、火车甚至飞机，各种运输工具在这里组成一个四通八达的运输网。配套上，在汉堡自由港的中心有世界最大的仓储城，面积达 50 万平方米。货物构成中，65％～70％的货物来自腹地，30％～35％的货物来自中转，即其他国家经汉堡港中转到波罗的海和东欧等地的货物。

优惠政策方面。主要包括：①船舶进出自由。汉堡自由港对进出的船只和货物给予最大限度的自由，提供自由和便捷的管理措施。例如，船只从海上进入或离自由港驶往海外无须向海关结关，船舶航行时只要在船上挂一面"关旗"，就可不受海关的任何干涉；凡进出或转运货物在自由港装卸、转船和储存不受海关的任何限制，每批货物进出不要求立即申报与查验，45天之内转口的货物无须记录。这种自由也贯穿于货物卸船、运输、再装运的整个过程中；货物储存的时间也不受限制。这样的自由和便捷程度，在世界所有自由港和自由贸易区中是少见的。②贸易自由。外国货物免税进口，取消对进口货物的配额管制；货物只有从自由港输入欧盟市场时才需向海关结关、交纳关税及其他进口税；加工贸易以及综合贸易便利。例如，只要能提供有关单证证明，海关就进行区分管理，视同在欧盟境内其他口岸已完成进入欧盟手续，到汉堡只是为了完成物流流程。③金融自由。自由港的金融自由度很大，如外汇兑换自由、资金进出和经营自由。④投资自由。如雇工、经营自由，无国民与非国民待遇之分等。⑤税收优惠。港区通过向制造企业和经销商提供欧洲最优惠的税收待遇，吸引了很多企业入驻。

海关监管模式方面。通过围网实行封闭管理，海关监管的重点是避免走私、毒品交易等；查验率较低，不到1%。对于港内企业行为，如货物的交易及位移等，海关不进行监管，只有当货物进出自由港时，海关才进行相应的监管。

配套服务方面。汉堡港进出口货物种类包括化学品、各种消费品、电子产品、汽车、保健品、食品和各种干杂货，对于各类货物，汉堡港以最专业的知识、最恰当的储存和运送方式处理，力争为客户、货主提供最佳的服务。汉堡的配送和仓储公司提供由计算机控制的高端仓储服务。计算机辅助调度系统使货物能够及时迅速地抵达目的地，其仓储设施可存放各种高价值的进口货品。还有适用于存放易腐烂食品货物专用的空调库、冷库及冷冻仓库，当然还有其他特殊仓库，用于存放和处理危险货物。

尽管汉堡自由港是世界自由港发展的典范，但是，汉堡自由港的发展也遭遇了来自两方面的挑战。一方面，对外贸易货物装卸与存储一直是汉堡自由港的主要产业，顾客急需的现代服务业功能较为薄弱。例如，包装服务业、信息业、通信业以及综合物流运输和物联网等亟须拓展，区域内加工业萎缩，促使港口经济结构转变。另一方面，欧盟各国自由区和海关立法的一体化，削弱了自由港的优势。

德国联邦政府表示取消汉堡自由港的目的是为了更好地服务于港口业，简化通关程序，也更有其背后的原因。第一，欧盟始于2009年的海关改革，使自由港逐渐丧失了原享有的多个优势，包括了汉堡港那令人惊讶的自由度①以及保税功能②；第二，欧洲一体化进程的加快，关税同盟国的增加，导致自由港转口贸易模式下，转口至其他非关税同盟国的保税红利丧失；第

---

① "20世纪90年代，自由港仍旧像一个黑洞。"汉堡市经济部（汉堡市级别相当于联邦州，设有部级政府部门）欧盟事务处迈克尔·厄克特（Michael Eckert）接受《21世纪经济报道》专访时说，进入自由港内的货物，不需要告诉任何监管机构；运出自由港到第三地，也不需要告诉任何监管机构。只有当你要从自由港通过海关进入汉堡、欧洲市场的时候，才会和海关等官方机构接触。港口安全问题和管理压力随之逐渐累积。海关改革后，所有进入自由港的货物在离港前24小时内都要进行登记，"现在所有货物都是透明的"。这使得原本依赖"黑洞"的物流、仓储企业对自由港的兴趣大大降低。

② 海关改革后，受到海关监管的保税仓库同样具备保税功能，继而影响了自由港内拥有保税仓库业务的物流企业。从事转口贸易的企业无须依靠自由港，就可以在海关保税仓库里实现保税。也就意味着自由港保税优势削弱。

三,港口经济结构的转变,以及不断演进的共同市场政策对城市的影响;第四,汉堡自由港 9 个进出关口造成的交通拥堵,以及人力的高消耗和效率的低下;第五,联邦德国政府和汉堡地方政府的权力分配问题等。就如天津师范大学城市与环境科学学院教授孟广文所说,"汉堡自由港关门了,镜鉴之一是,在欧洲自身贸易自由化程度已经非常高的前提下,依靠关税优惠吸引贸易的时代已经过去,物流和服务效率成为港口竞争力之关键。"①

(三)荷兰的鹿特丹港(Rotterdam)

区位条件方面。作为欧洲第一大港口,鹿特丹港的区位条件优越。地理位置上,位于莱茵河与马斯河河口交汇处,西与北海相连,东与莱茵河、多瑙河相接,与里海相通,濒临世界海运最为繁忙的多佛尔海峡,是西欧水路交通要塞,以及荷兰和欧盟的货物集散中心。运往西欧各国的石油、煤炭、金属、矿石、谷物和化肥等都经过这里,因此,素有"欧洲门户"之称。港口条件上,港口天然条件优越,港深水阔,拥有广阔的腹地与丰富的货源。企业类型齐全,物流企业多。发达的腹地经济为其港口物流的发展提供强大的支撑。现在的鹿特丹港不仅是货物周转的口岸,还是国际贸易中心以及工业基地。基础设施上,鹿特丹港很是注重集疏运系统的构筑。该系统不仅包括其服务腹地的运输网络,还包括港口本身内部的运输系统。整个港区建设以新航道为主轴,由上游向下游、由北向南、由东向西、由近市区向大海延伸。港池多采用挖入式,位于主航道两侧。按功能分为集装箱、石油化工、煤炭、矿石、农产品、滚装船等专用和多用码头,构成由港口铁路、海运、公路、内河、管道和城市交通系统及机场连接的集疏运系统。此外,鹿特丹港多式联运体系健全,各种运输方式或直接与集装箱码头相连,或在码头附近,并有铁路服务中心以及班列提供便捷的铁路运输。从而便于为客户提供个性化运输,以及中转服务与多式联运相结合的服务。不仅如此,鹿特丹港的配套基础设施也十分完备,在硬件设施方面,码头、堆场、仓库、道路、环保设施十分齐全,支持保障系统健全。例如,配置有与最新一代集装箱船相配套的装卸设施。服务特色上,港口服务措施完备,生产效率高。鹿特丹港的管理设备和操作手段高度现代化,如 EDI 服务系统除了传统的信息传送功能外,其子系统"INTIS"已成功推广了"电子商务网络"。港区服务的最大

---

① 参见澎湃研究所(http://www.thepaper.cn/newsDetail_forward_1256775),孟广文:《"欧洲门户"汉堡自由港之变》2014 年 7 月 18 日。

特点是储、运、销一条龙,通过保税仓库和货物分拨中心进行储运和再加工,提高货物的附加值,然后通过公路、铁路、河运、空运、海运、管道等方式把货物运送到目的地。

管理模式方面。鹿特丹港因港口面积比较大,管理上的特点,一是港口管理局对岸线拥有所有权,即港口主管部门拥有对临港陆域的统一开发管理权。这有利于港口邻近区域的产业与港口发展相协调,使港口发展与临港产业之间产生良性互动,进而促进港口与城市经济的良性互动发展。二是港口管理局对港区后方大范围的临港陆域土地也拥有开发建设权和管理权。这有利于港口集疏运设施与港口统一建设,从而优化集疏运体系。鹿特丹市港口管理局是鹿特丹市政府的一个部门,它向市长和市政委员会报告工作。由国家和市政府共同参与的港口管理局董事会由 5 人组成,其中执行董事并兼任港务局总裁 1 人,副总裁 3 人,港务监督 1 人(直接向政府负责)。

优惠政策方面。鹿特丹港自由贸易园区属于保税仓库区,拥有完善的海关设施、优惠的税收政策。在保税政策下,进入保税仓库区的货物不受数量、种类及配额限制,且免征关税,无须办理报关手续。因而使外国厂商或贸易商能够把握最有利的时机,将其仓储的货物转销到其他国家和地区,以获得最佳利润。保税仓库区域内,企业在海关允许下可进行任何层次加工。在保税仓库区内,外国厂商或贸易商可对当地或他国进口的零部件、中间产品等进入保税仓库区的货物,进行拆包、改装、加换标签,或将不良、损坏的产品加以整修更换等作业,使产品更能适应国际市场的需要。

临港工业方面。鹿特丹港以炼油、化工、食品为代表的临港工业非常发达。2010 年,提出了"加强港口工业职能,以大规模的港口工业带动港口物流业的发展"来应对新经济增长下港口物流的进一步繁荣,从而使港口工业得到迅速发展,成为鹿特丹港经济的重要构成部分,约有 50%的增加值来自于港口工业。此外,贸易和投资的聚集,带动了周边的产业发展。鹿特丹市炼油、化工、造船等工业主要是依托鹿特丹港发展起来的,分布于新水道沿岸,拥有一条以炼油、石油化工、船舶修造、港口机械、食品等工业为主的临海沿河工业带(即临港工业区),并形成了存储、加工、运输、贸易一条龙的物流链,从而吸引了大量世界著名公司在这里聚集。例如,鹿特丹石化区是世界最重要的石油化工中心之一,作为欧洲最大、世界三大炼油基地之一,拥有 4 个世界级的精炼厂、40 多家化学品和石化企业、4 家工业煤气制造企业和 13 家罐装贮存、配送企业,石油精炼和石油化工已成为鹿特丹临港工业的主导产业。鹿特丹地区许多农产品的加工基地也建在临港工业区内,这些农产品加工包括半成品的加工和成品加工。

便利化措施方面。首先,就通关方式而言,海关可以提供 24 小时通关服务(周日除外)、先存储后报关、以公司账册管理及存货数据取代海关查验,企业可以选择适合的通关程序,运作十分便利。其次,提供完善的物流服务。对集装箱货物的仓储和配送来说,坐落在港区和各个工业区内的物流配送基地可以为其提供最完善的各种增值服务。为了引导和鼓励到港货物进入物流园区,开展增值物流服务,而不是快速转运离港,鹿特丹港在货运码头和联运设施附近大力规划建设物流园区。这些物流园区规模庞大,功能齐全,设备先进,专业化程度高。功能主要有拆装箱、仓储、再包装、组装、贴标签、分拣、测试、报关、集装箱堆存与修理以及向欧洲各收货点配送等一体化服务。如主要为大宗产品木材、钢材等提供储存和配送服务的埃姆物流园区,以及石油、化工产品的专业配送中心博特莱克物流园区。

运营模式方面。鹿特丹采用"地主港"物流中心模式①。港口的经营管理自主权和土地使用权主要集中在港口管理局手中,由其统一港口地区的码头公用设施和临港工业设施以及其他设施的用地管理,但其本身不直接参与物流中心的经营管理。当公共型物流中心初步建成后,再由港口管理

---

① "地主港"物流中心模式最先由鹿特丹港创造并发展,所以亦称鹿特丹港物流运作模式。其主要特点有:第一,政府统一规划,企业自主经营。土地及基础设施所有权属于市政府,港务局负责港口的开发建设和日常管理,入驻的企业自主经营、照章纳税,依据自身需要建设相应设备和设施。第二,与港口腹地工业链接,形成物流链。鹿特丹是整个欧洲的物资中心,原油、石油制品、谷物、煤炭、矿石等都经过这里运往欧洲内陆,与这些物资产品相关的港口工业迅速发展起来。至此,这些港口工业已成为鹿特丹港经济的重要组成部分,大约 50%的增加值来自港口工业。此外,食品工业是港口另一个非常重要的工业,欧洲各大超市进货方都会到此采购。鹿特丹港坚持把港口发展同腹地工业发展相结合,港口的高速发展会辐射到相关港口腹地工业的发展,腹地工业的繁荣会促进港口的发展和经营效率的提高。第三,物流中心规模化、专业化。鹿特丹港早在 1998 年就建立了"配送物流园区",提供专业化的物流服务,目前,鹿特丹港区及腹地设有 Eemhaven、Botlek 和 Maasvlakte 三个专业化的大型物流中心,处理的货物已占到全港集装箱吞吐量的 7%左右。第四,配套设施齐全,运作效率高。鹿特丹港大量的货物通过水路、铁路与高速公路网将货物转运欧洲各个工业区和美洲等地。先进的电子数据交换系统和自动化导航系统以及高度现代化的管理设备和操作手段,使货物在 24 小时内便可送达以鹿特丹为中心,半径 500 公里范围内的目的地。第五,港城一体化的城市建设以及现代化的港口建设。鹿特丹港作为荷兰重要的国际贸易中心和工业基地,实行自由港贸易政策,成为典型的港城一体化城市。鹿特丹港现拥有约3700 家国际贸易公司,并且形成了系统化的一条龙服务,包括炼油、船舶机械、港口机械、石油化工等工业带。

局有重点地选择信誉好、业务基础牢靠、实力雄厚的物流经营方加盟,并逐步吸纳相关工商企业加入物流中心,使其将原材料采购、仓储、配送等职能交由物流中心负责,参与供应链管理。其港口收入主要来自租金,但是租金的来源并不仅仅局限于港口设施和岸线出租的租金,还包含与城市经济密切相关的铁路、高速公路、桥梁等各种基础设施的租金,以及其他产业的收入。例如,若鹿特丹港的海港业务存在亏损,可通过其他的业务部门盈利来填补亏空。其主要特点有:一是政府统一规划,企业自主经营;二是与港口腹地工业链接,形成物流链;三是物流中心规模化、专业化;四是配套设施齐全,运作效率高;五是港城一体化的城市建设以及现代化的港口建设。

事实证明,鹿特丹港采用"地主港"模式更能提高效率,港口经营者可以摆脱政治和官僚作风的约束,政府减轻了财政负担,减少了顾虑,可以把重点放在搞好港口的总体规划、实施港口法规上面,保证港口的作业安全。政府不仅投入较少,还可避免原来每年对企业的补贴和其他负担。此外,企业参与港口基础设施及服务能带来新的资金来源,也就带来了风险公摊的机会。

（四）比利时的安特卫普港（Antwerp）

比利时没有自由港或自由区,但在安特卫普港等港口和机场都有为过境商品和再出口商品设立的保税仓库区。这些仓库根据进口商品的性质、海关的分类和存储时间长短等分为三种类型:①海关保税仓库。此类仓库受海关当局管理,货品可在此无限期存放,且存放期间不用付关税。存放在该仓库的物品在经过当地海关批准后,可以进行重新包装、分类等加工。②私人仓库。可存放海关已检查但未征税商品,存放期间也受海关管理,且须缴纳进口税保证金。③自由过境仓库。此类仓库是专为进口免税而待转运的物品,即过境商品所设的仓库,如主要服务于国际中转和转口贸易需要的 Free Zone 和 Free warehouse 区域可以实现货物长期的保税中转存放。海关以临时检查方式对所存物品进行管理。

安特卫普港和鹿特丹相似,都是以保税仓库和物流为特征的自由贸易区。安特卫普港总面积 13057 公顷,分为两个区域,左岸区 5818 公顷,右岸区 7239 公顷。它充分整合了货物集疏、工业生产附加值加工及物流三大功能,港内工业区面积达 3134 公顷,从而以港区工业高度集中著称于世,特别是在物流附加值方面远远超过了欧洲其他港口。港口腹地广阔,是世界海运网络的重要节点,其货物包括集装箱货物、液体散货、干散货、件杂货和滚装货物等五个类型,每种产品都有其独特的运输或包装方法。

区位条件方面。第一,良好的基础设施。安特卫普港拥有现代化的信息服务体系。除了电子数据交换系统外,安特卫普港港务局使用信息控制系统(APICS)来计划安排船舶抵离港和掌握国际海运危险品的申报,并于多年前在 30 个散货码头安装了最新的交通疏导管理系统,大大提高了港口的货物装卸效率。可靠的引航技术和装卸服务使港口具备接卸超大型集装箱货轮的能力。"有所为"的积极态度和不断提高接卸服务质量,是安特卫普港吸引马士基航运、地中海航运和达飞轮船三大航运联盟,并使安特卫普港成为北欧集装箱枢纽港的制胜法宝。第二,拥有广阔的腹地资源。由于处于欧洲的中心位置,安特卫普的腹地还包括法国北部、阿尔萨斯地区、洛林地区、卢森堡、莱茵河—美茵河流域、鲁尔地区、荷兰、意大利北部等。第三,具备便利完善的集疏运网络。安特卫普港与欧洲的其他几条主要高速公路相连,还直接同北欧主要的内陆水路网络相连。凭借港区这样优越的地理位置,安特卫普港发挥腹地广阔的优势,将铁路、公路、管道和内河运输与港口融为一体,组成了一个向欧洲大陆内部延伸的运输网络(见表 3-1)。为提高港口的运输效率和通畅性,改善港口与腹地的连接,安特卫普港务局与其合作伙伴一起不断寻找新的解决办法和服务。例如,港务局通过转变运输模式的项目来改变港口内部和进出港的运输流,以达到改善内河航运的目的。

表 3-1　安特卫普港集疏运系统的连通性

方式	优势条件	战略	具体措施
铁路运输	欧洲内外主要铁路通道的中心交接点;所有码头都有铁路连接,每天装卸 250 列货运火车,往来于 23 个国家的 920 个目的地;每周有200 列集装箱穿梭列车通往 19 个国家的 70 个目的地;每年有超过 2400 万公吨货物由铁路运输	致力于提高铁路货运的份额,推进基础设施的发展	建设 Liefkenshoek 铁路隧道[①]、铁路通道扩容、新的铁路码头等,促进新的铁路连接。推出联运解决方案;港务局积极与腹地枢纽紧密合作;开通绿色贸易通道[②];"铁路咖啡屋"聚会[③]等
内陆航运	位于欧洲内河航道网的中心,驳船运输机会绝佳;每周超过 200 班集装箱穿梭驳船往返欧洲 67 个目的地	通过创新解决方案和服务,有效、迅速处理驳船运输量,积极支持和开发可持续发展和富有成本效益的运输方式	进一步改善通航性的更新项目,如改进驳船运输系统(BTS)[④]和自动识别系统(AIS)[⑤];转变运输模式,提供优质驳船运输服务(Premium Barge Service)[⑥]等

续表

方式	优势条件	战略	具体措施
公路运输	地处中心位置,其周围公路网络四通八达,为欧洲客户运输货物提供了便捷、可靠和灵活的运输方式	通过政策和商业举措,持续不断地优化港口内部和连接港口周围的流通性,为公路运输提供优质的服务	采用电子预先通知系统,提高效率;动态交通管理;改善基础设施;安全方面的改进,如隧道安全和安全的卡车停车场等
近海	深处内陆 80 公里,能在更接近消费者和生产商的近海装卸货物,堪称欧洲到门运输中最重要的近海港;每周提供 200 多次往返欧洲和北非目的地的固定近海和支线航班	以可靠的质量、灵活和全面的服务为核心,确保货物每天都能通过可靠的方式,及时地送达欧洲最终目的地	利用 APCS 系统⑦建立一站式服务体系;为可持续发展,响应欧盟委员会的"蓝色能源"项目,推进为船舶提供液化天然气燃料计划
海外航运	300 多条定期服务航线往来 800 多个目的地,提供通往世界各地港口的灵活可靠的海运航线;港口本身优良的航运优势和物流优势	注重航道通航能力、航海效率、安全港口,通过优化航运和物流链,以及提供各种航海服务来确保所有航运的快速和安全	提升航道通航能力,例如斯海尔德河浚深工程(2010)、上下航行的新规定⑧;应用信息和控制系统(APICS),大部分码头受 ISPS 保护;24/7 全天候观测,使用扫描电子通道控制

注:①Liefkenshoek 铁路隧道将连接斯海尔德河两岸,以保证更快和更高效的运输。该隧道将通过铁路优化左岸的流通,并保证到腹地的北部和东部的连接。②铁路运营 Hupac 协同省发展组织(POM)安特卫普、比利时海关和税务局以及港口局,组织建立连接至重庆(中国内地重要的物流中心)的货运铁路。货运列车行走 12000 公里,需要大约 23 天,是海运运输时间的一半。比利时海关正在与俄罗斯和中国海关进行谈判,以连接世界上第一个绿色贸易通道,从而使过境时间大大缩短。③港务局与 Alfaport 安特卫普、港口有关的私营企业的统筹机构一起,每年举办两次"铁路咖啡屋"聚会,从而铁路运营商、铁路客户和其他利益相关者能一起讨论高效运行铁路的举措。④驳船运输系统(BTS)是码头和驳船运营商之间的一个通信平台,以便更加严格地执行集装箱码头的预通知和相关计划,从而起到优化航运的作用。⑤自动识别系统(AIS),港务局就能够通过 AIS 清楚地掌握港口内航运状况,并能快速地调度航运流量,起到优化运输的作用。该系统下,每艘驳船必须配备一台 AIS 收发机,以便能自动向港口传输本船舶的信息。这样,港务局就能够准确地估算每艘船进港时间。⑥优质港内驳船运输服务是安特卫普港穿梭航运公司 APS 和港务局共同创立的,其出发点是"固定巴士服务"的原则。根据时间表在固定的时间挂靠固定的码头,驳船每天在 5 个码头之间按固定航线往返。该定时定线服务以具有竞争力的价格为企业提供了保障,赢得了大量时间并提高了效率。此外,该运输模式为内河航运提供了有价值的公路运输可替代方案。⑦APCS 系统指的是安特卫普港社区系统(Antwerp Port Community System),安特卫普港通过提供覆盖极广的电子服务,形成了一站式的服务体系。⑧斯海尔德河通航常设监管委员会于 2011 年 9 月更新了上、下行通航条例。新条例大大地改善了长达 360 米、最大的船舶的航运条件;甚至长于 366 米的大船舶也能停泊安特卫普港。

资料来源:作者根据比利时安特卫普港官网(http://www.portofantwerp.com)的资料整理所得。

监管模式方面。考虑到开放式港口的管理难度，安特卫普港对整个港口实行更加灵活的管理制度，注重单证管理而非实物管理，并认为其港口操作与自由港相比弹性要更大一些。该港在邻近区域设有6种类型的保税库区，而且海关允许在一个仓库区里设立各种类型的保税仓库，物流企业的操作更加灵活。安特卫普港还实行一种叫作临时存储（temporary storage）的管理方式。这种海关临时存储区也可以不设在港区内，只需要提前作简易申报即可进行临时存储，而不必得到海关批准。经过海运到达的货物，可以在海关指定位置暂时保存45天，而以其他方式进入的货物，保存期为20天。

基于上述分析，对于安特卫普港的成功可以归结为这么几点：①拥有欧洲中心海港的地理位置优势，外加能运送任何货物的能力，使其成了连接全世界的最佳选择；②卓越的腹地连接、大量固定的（石化）产业确保了港口基本货源的稳定；③以最先进的现代化港口及经验丰富的专业人员为支撑，使其具备了高装卸效率的强大处理能力；④发达的集疏运体系保障，港口内工业、转运和物流企业间紧密合作，使其成为多功能的港口；⑤支持绿色能源、环保发展的理念，确保了发展的可持续性。

二、美国的自由贸易园区 —— 对外贸易区（Foreign-Trade Zones）

美国把自由贸易园区称为对外贸易区。1934年5月，美国根据国会通过《对外贸易区法》，并于1936年在美国本土临近海关的地区设立了第一个对外贸易区，其目的是为了抵消劳动力和其他成本上升，避免美国企业大量向海外转移，通过降低企业生产经营成本以提升美国产品的贸易竞争力，并创造就业，吸引投资，促进国际贸易。20世纪60年代末70年代初，美国在全球经济中的地位开始下降，与此同时，美元贬值，失业人数增加。在此情况下，为了刺激对外贸易发展，各州纷纷设立对外贸易区，对外贸易区得到迅速增长。区内产品的国内加工成本免予关税，从而极大地促进了美国对外贸易区的发展。到20世纪70年代中期，全美对外自由贸易园区猛增到274个，成为发达国家中设立自由贸易园区最多的国家。截至2013年，美国已批准设立了256个对外贸易区，遍布美国50个州和几乎所有主要港口城市，已有174个启动运营，共吸引3200家企业入驻，吸纳就业总人数达37万人。[①]

法律规章方面。1934年5月29日，美国国会制定了《1934对外贸易区

---

① 《剖析美国自由贸易区特点，发展我国优势自贸区》，http://www.drcnet.com.cn/DRCNET.Channel.Webgylt2014/index11.aspx，访问时间2015年6月26日。

法(Foreign-Trade Zones Act of 1934)》,作为自由贸易园区设立、运行等相关事项的基本法律依据,后制定了《对外贸易区委员会条例》(Regulations of the Foreign-Trade Zones Board),围绕有关做法和程序方面的规则提供具体的操作细则。这两部法构成了美国自由贸易区基本法规体系。并于1950年和1980年对《对外贸易区法》作了两次修改和补充。1950年通过《对外贸易区法》的修正案允许对外贸易区扩大经营范围至制造业,即允许在区内进行制造加工活动。1991年10月,美国对外贸易区管理局发布新条例,对对外贸易区的通用准则、制造和加工活动的审查标准和程序,申请方式等作了具体的规定,为对外贸区的活动提供了新的法律框架。1999年,美国国会对《对外贸易法案》进行了再次修订,对外贸易区管理局发布第29号法令,允许为特定企业专门建立对外贸易区"分区",以安排在总区内无法进行的加工制造项目,从而鼓励进口深加工发展。

对外贸易区通常设立在港口、码头、机场或工业区,主要以进出口贸易为主导,兼顾加工制造与装配的商贸模式,通过提供完善的基础设施和便利服务,实现免税进园区存放商品,园区内提供商品的加工、装配、销售和展览的场所等功能。根据美国1999年《对外贸易区法案》的规定,包括外国公司在内的任何公共机构和私人公司,都可以在港口或附近申请建立、管理和经营一个对外贸易区。该区域虽在美国境内,但其是不属于美国关税法管辖的特殊区域,有主区(General Purpose Zone)和分区(Subzone)之分。前者为综合型、多元型区域,一般设在港口或工业区,通常为多家企业服务;后者则多由一个公司进行有特定用途的生产和经营。由于分区一般经批准为某个生产企业设立,是单一目的的区域,将重复使用同样的材料,给美国海关传送信息的系统也更加复杂,所以美国对外贸易分区的设立并不要求必须设在港口内或邻近港口,一般建在制造厂内。对外贸易分区的这一特点使得大量的企业使用对外贸易区成为可能。从2009年开始,美国对外贸易区委员会对对外贸易区的空间布局实施了新的管理框架,称为"地点可选择框架(ASF)"①,对主、分区的设置和管理方式进行调整,其目的在于在激励设立更多对外贸易

---

① ASF的内容主要有三方面:一是将主区分为两个种类,即位于海关关内或海关附近的"磁石地点"类和在原企业厂区内设立的"使用驱动地点"类;二是鼓励"磁石地点"类主区,在海关方圆60英里范围内申请设立虚拟服务区,以此打破主区的物理边界,为企业提供更为便捷的服务;三是所有主区中的仓储和分销运作功能无须审批,以便更多地促进仓储和分销运作中心的建立。

区的同时,积极鼓励现有对外贸易区的重组。

管理体系方面。美国对外贸易区的管理体制分为两级,一级是全国性的管理体系,以美国商务部国际贸易局进口管理局下设的对外贸易区委员会(Foreign-Trade Zones Board,FTZB)为主体;另一级是对外贸易区内的管理体系,以被授权人和运营者为主体。第二级作为运营模式在下段文字中进行说明。第一级主要体现在政府监管职能。作为主管机构的美国对外贸易委员会由商务部部长、财政部部长或他们指定的其他成员组成,其总部设在商务部内,同时任命执行秘书(Executive Secretary) 担任主要管理官员,主要负责对外贸易区的审批、协调和监督。[①] 而海关在对外贸易区内扮演一个中立的执法角色,它的主要任务是对货物进出对外贸易区进行控制,征收有关税收,并确定对外贸易区的所有手续符合《对外贸易区法案》及相关法律规章的要求,但海关不得代表财政部部长处理属于政策制定性质的事务和属于财政部其他机构权限内的事务。在具体运营中,美国海关与边防局(CBP)有三个主要的监管对象:受让人(Grantee)、经营人(Operator)和使用人(Users)。[②]

美国对外贸易区的法规与管理体系如图 3-1 所示。

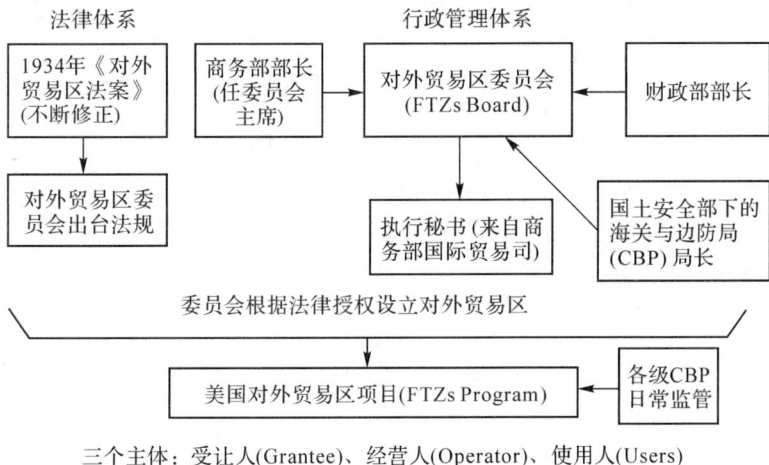

图 3-1　美国对外贸易区的法规与管理体系

资料来源:刘奇超《欧美自由贸易区贸易便利化经验及对中国的启示》,《西南大学学报》(哲学社会科学版)2014 年第 6 期,第 77 页。

---

① 周阳:《美国对外贸易区制度及对我国保税港区的启示》,《水运管理》2009 年第 1 期,第 17 页。

② 周阳:《美国海关法律制度研究》,法律出版社 2010 年版,第 221—225 页。

运营模式方面。管理体制的第二级,对外贸易区委员会授权法人团体或私人公司对对外贸易区进行管理运营,被授权人执行部分政府管理职能。通俗一点理解的话,美国对外贸易区的运营模式就是一种"企业管理"的模式,由一个专注于贸易或经济发展的公立机构或非营利性组织作为"被授权组织"(Grantee Organization)来运作管理。申请机构需要获得对外贸易区委员会授权,才能出资建立园区。管理者要根据法律制定园区规划并监督园区运营,进行公共设施有效维护,对区内所有企业一视同仁,并向对外贸易区委员会提交年度报告。同时,管理者要对园区的启用、停用或变更提交书面同意书,授权园区零售或其他商业活动,并对园区违法行为承担相应责任。由此,在园区内管理机构可依法放松部分经营和管理权限,最大限度地激发企业的积极性。

功能定位方面。美国的对外贸易区有制造、仓储、加工、销售和展示等多种功能,其中,以加工制造和仓储为主。2012财年,美国对外贸易区的仓储和分销运作所接收的货物价值超过1818亿美元,占比24.5%,排名前五位的产业依次为石油、汽车整车、消费类电子、纺织业和鞋业;制造和生产运作所接收的货物价值超过5604亿美元,占比75.5%,排名前五位的产业依次为石油、汽车零部件、消费类电子、制药和机械设备。而在区内产品出口总额中,仓储和分销运作出口167亿美元,占比23.9%;制造和生产运作出口532亿美元,占比76.1%(见表3-2)。因此,制造业和以物流为主的生产性服务业是美国对外贸易区的两大支柱产业,且其中以加工制造产业为主。[①]

表3-2　2012财年美国对外贸易区统计数据

	接收货物(亿美元)			占比(%)	排名前五位产业	出口货物(亿美元)	占比(%)
	合计	外国投入品	国内投入品				
仓储和分销	1818	919	899	24.5	石油、汽车整车、消费类电子、纺织业和鞋业	167	23.9
制造和生产	5604	2218	3386	75.5	石油、汽车零部件、消费类电子、制药和机械设备	532	76.1

资料来源:《剖析美国自由贸易区特点,发展我国优势自贸区》,国研网。

---

① 《剖析美国自由贸易区特点,发展我国优势自贸区》,http://www.drcnet.com.cn/DRCNET. Channel. Webgylt2014/index11. aspx,访问时间2015年6月26日。

　　优惠政策方面。对外贸易区不属于美国关税领域,即进入对外贸易区的货物不受关税及进口配额的限制。美国对外贸易区实行"境内关外"的监管政策。一是货物转移关税延迟,即进口货物最终进入美国海关境内,其关税的缴纳可推迟到货物从最后一个对外贸易区进入美国境内时缴纳。二是税率转换,即经对外贸易区委员会同意,管理者可以选择园区生产的最终产品或进口零部件、原料税率中较低的税率,作为产品进入美国境内时应缴纳的税率,从而减少应缴税款。三是关税减免和出口退税手续减免,即对园区内进口货物免除部分地方税,并省去出口退税环节手续。四是海关报关手续电子化、一周集中报关制度、直接通关与入园手续减免等便利化措施。

　　另外,为了鼓励企业出口,美国对外贸易区针对出口商提供了诸多优惠。例如,①对外贸易区为美国出口商提供国产税回扣或退税的优惠。凡进入贸易区的货物,经海关确认为出口商品,出口商可以享受国产税回扣或退税的待遇。对外贸易区主要是通过减免、退还工业制品中外国零件或材料的关税,或联邦货物税来降低出口成本,提高其在国际市场的竞争力。对外贸易区获益最大的是技术密集型产品。美国商会提倡通过对外贸易区进一步提高计算机、机床、保健用品、通信设备、汽车、航空、工艺设备等商品的竞争力。②对外贸易区为出口商提供完善的设备。对外贸易区提供水陆空运输设施、装卸设施、储存设施和生产加工设施。对外贸易区还为出口商陈列展销货物,如果出口商认为对外贸易区不能满足其特殊加工需要,还可申请使用附属贸易分区①。③对外贸易区提供良好服务,仅收取低廉的管理费用。美国国会认为,有关领导机构对对外贸易区进行管理和监督的目的,是为了向使用者提供优质服务。例如,对外贸易区管理局对使用区内设施规定统一的收费标准,不准经营者或管理者乱收费,以免损害使用者利益。

　　此外,美国对外贸易区对主导产业的发展和吸引外资有显著的促进作用。由于对外贸易区对加工原料和中间产品提供税收转换优惠,大量产业链长、规模经济明显的产业和行业充分利用这一优势开展生产经营活动,特别是汽车制造和能源加工行业。几乎所有全球主要汽车制造商和能源巨头企业均成立了自己的对外贸易分区,对促进产业集群形成、巩固本土企业和扩大对外出口起到重要作用。

---

　　①　附属贸易分区是与对外贸易区分开的专业性贸易区,通常供某出口商单独使用,它配备了工业设备厂房等,以满足某种特殊需要。

三、东南亚的自由贸易园区

随着东亚区域贸易经济的快速发展,争夺港口国际中转量成为该区域内国家和地区促进经济发展的重要战略。而在国际枢纽港的竞争之中,在港口及附近区域设立自由贸易港区,提供货物进出口、加工等便利,吸引国际港口物流,成为重要的竞争策略与港口发展战略。这使得自由贸易港区在东南亚地区蓬勃兴起,东南亚的自由贸易港区多为港城融合型。这类自由贸易园区的共性是地理位置优越,邻国或地区的经济处于工业化的初期或成形中,扮演着"联系人"和"窗口"的角色,与周边国家和地区互补开展对外经济贸易,其经济活动和发展目标呈现显著的国际性。园区包括了整个港口城市,由若干工业区组成,兼具转口贸易、出口加工及金融、商业、旅游等多种功能。园区内允许居民居住、生活、娱乐,并可享受免税进口消费品。主要以新加坡、中国香港为典型代表。

（一）新加坡

新加坡位于马来半岛南端、马六甲海峡东出入口,优越的地理位置为新加坡的海上运输和进出口贸易提供了得天独厚的条件。

新加坡在 1819 年殖民统治时期,宣布为自由港。1965 年新加坡脱离马来西亚独立后,抛弃了所谓自由港制度。1969 年,重新制定并颁布了《自由贸易区法案》,再度实施自由贸易区。根据该法案规定,授权政府可以根据地区发展需要,在采用"境内关外"的制度前提下,宣布可成为自由贸易园区的地区。不同于先前的"自由港",新出台的"自由贸易区"是单独划出的隔离区域。1969 年 9 月,新加坡在裕廊工业区的裕廊码头内划设了第一个自由贸易园区。在园区内,货主可免缴相关租税及规费,即可将货品在该区内储存、重新包装及再出口。园区为仓储和转口贸易提供了便利,从而推进了裕廊工业区的发展。自 1996 年 9 月起,新加坡政府又在机场及港口附近设置自由贸易园区。

新加坡自由贸易园区概况如表 3-3 所示。

目前,新加坡境内共有 7 个自由贸易园区。除坐落于樟宜机场的自由贸易园区主要负责空运货物外,其余 6 个自由贸易园区均负责海运货物。樟宜机场自由贸易园区由新加坡民航局掌管,裕廊港口的自由贸易区由 Jurong Town Corporation 管理,其余港口的自由贸易区均由新加坡港务公司掌管经营。自由贸易园区均以围围墙方式与外界相隔,自由贸易园区的出入口都有海关检查站加以管理。除自由贸易园区以外,新加坡还有 70 余座保税仓库,以增强自由贸易区功能。

表 3-3　新加坡自由贸易园区经验概况

设置目的	便利转口贸易,强化新加坡货物集散地功能	
最高管理	最高管理机构新加坡交通部	
经营机构	新加坡国际港务集团 (PSA Corporation Limited)	布拉尼货物码头 Brani Terminal
		炭巴集码头 Keppel Distripark
		巴西班让码头 Pasir Panjang Terminal
		三巴旺码头 Sembawang Wharves
		丹戎巴葛和炭巴货物码头 Tanjong Pagar Terminal & Keppel
	新加坡民航局	樟宜机场 Changi Airport
	裕廊海港管理公司(Jurong Port Pte Ltd)	裕廊港口
招商	新加坡经济发展局负责招商	
主要功能	以转口贸易为主,允许进行简单加工,限制深加工	
通关时间	24 小时通关	
仓储服务	为散货进出口提供 72 小时免费储存服务,为等待复运出口或转口的货物提供 28 天免费储存服务	
信息网络	贸易网、港口网和码头作业系统	
金融投资自由化	全面取消外汇管制;完全对外资放开商业、外贸、租赁、直销广告、电信市场等领域	
法律环境	自由贸易园区法案;新加坡关税法;新加坡货物和服务税法	
商品税费	除酒类、烟草产品、石油产品以及车辆等四大类商品外,其余货物可以自由进出新加坡而不需要缴纳关税,应税货物和非应税货物进口到新加坡都要征收 7% 的税	
企业税费	17% 的企业所得税,航运企业、地区总部企业所得税为 10%,对航运企业免除经营外币船舶所得税等	

资料来源:高娟等《新加坡自由贸易园区运营的经验及启示》,《航运经济与管理》2014 年第 3 期,第 5 页。

　　一般而言,货物以空运、海运或陆运方式在国际流通。由于新加坡为世界第二大集装箱处理港,进入新加坡境内的国外货物,约有 89% 以上是以再转运出口至其他国家为目的的准运货物,因此,就整体交易而言,新加坡实为一国际货物转运的枢纽站。也就使其自由贸易园区的功能不是以进出口为导向,而是以吸引转口贸易,以及提供物流附加价值为实施目的。新加坡的自由贸易园区顺应世界潮流对政策进行调整,允许外商在区内直接投资经营工商业,对多数进出口商品提供免征关税的优惠,及在金融服务、人员,资金、物资的进出方面提供相当的自由范围,使得新加坡成为世界第一大整合型集装箱港口、亚太地区的航运和商业枢纽。其主要优势体现在以下几个方面:

法律规章方面。为进一步打造国际级货物集散基地,吸引世界各地销往亚太地区的商品到新加坡中转,新加坡在《海关法》《进出口商品管理法》等基础上,制定了《自由贸易区法案》。该法案于 1970 年、1985 年进行了修订。法案规定,新加坡自由贸易园区的制度,采用"境内关外"制度,授权政府视地区发展需要,在政府公报中宣布可成为自由贸易园区的地区。主管或经营机关可核发给个人以兴建符合自由贸易园区需求的建筑物,并可依法指定政府某单位或公司作为自由贸易园区的主管或经营机关,并在政府公报中任命自由贸易园区的咨询管理委员,由咨询管理委员成立咨询管理委员会,作为经营机关的咨询机构。

优惠政策方面。新加坡自由贸易园区内基本没有制造业,自国外进口的货物,可以暂时免征消费税和关税;企业可以在海关监管最少的情形下,在区内从事存储、加工、分类、重新包装、销售以及制造活动;在自由贸易园区的储存区,货物无须递送任何通关文件,譬如由停泊在码头船舶直接卸存区内的应税货物和转口货物可直接凭过境提单办理通关;经海关及港务单位许可,在同一自由贸易区园内,货物可以自由运送,海关多不加以干涉。税收优惠上,全球超过 90% 的货物可以自由进出新加坡而不需要缴纳关税,应税货物只有酒类、烟草产品、石油产品以及车辆等四大类商品;个人和企业的税费水平低,且不征收遗产税;对内外资企业实行统一的企业所得税政策。自 2010 年起所得税税率调整为 17%,并且所有企业可享受前 30 万新元(约合 24 万美元)应税所得的部分免税待遇;居民个人所得税率也为 0%~20% 的超额累进税率①。

物流服务方面。新加坡的自由贸易园区及物流园区里都提供集中的物流服务,在运输、通关、货物跟踪等各方面的效率都比较高,高效已经成为核心竞争力。根据世界银行对全球贸易物流的最新调查显示,新加坡、中国香港和芬兰在全球物流绩效排名中位列前三,中国大陆排名第 26 位。新加坡港口、机场附近的自由贸易园区内,已经云集了全球诸多物流企业,根据新

---

① 超额累进税率是指将应税所得额按照税法规定分解为若干段,每一段按其对应的税率计算出该段应交的税额,然后再将计算出来的各段税额相加,即为应税所得额应交纳的个人所得税。

加坡经济发展局公布的数据,全球前 25 家物流公司中,有 20 家在新加坡有业务,而像德国 DHL、瑞士德讯集团(Kuehne Nagel)、Sankyu、德国 Schenker、美国 UPS、日本邮船(Yusen),更是将区域或全球总部设在新加坡①。在自由贸易园区内,有 Pasir Panjang、Sembawang Wharves 和 Keppel Distripark 3 个配送中心。Keppel Distripark 提供拆拼箱、仓储、运输以及货物取样、测量、贴牌、包装等服务,是港区内最便捷的集装箱配送中心;Sembawang Wharves 为散货分拨中心;Pasir Panjang 为专业汽车转运中心。据统计,自由贸易园区内货物的卸货时间为 4 到 6 个小时,拥有 UPS、FedEx 等大型快递公司,货物从卸货到运出自由贸易园区所需的时间,只有大约 1 个小时②。坐落于港口腹地的物流中心(Kepple Distripark、Pasir Panjang Terminal),不仅提供 CFS③ 功能,也能够支持分类、加工、包装等附加价值活动。

金融服务方面。早在英国殖民地时期,新加坡银行业通过为英国贸易活动提供服务逐渐繁荣。伴随着自由贸易园区及其周边物流中心的发展,带来的是丰富的资金流,更是有效助推了新加坡金融服务业的发展。同时,随着新加坡逐步成为世界贸易中心,一些金融机构为贸易活动提供授信、结算、证券、保险、租赁、衍生品交易等金融服务,又反过来繁荣了新加坡的金融服务业,使其成为区域乃至全球重要的金融中心。根据国际结算银行的调查,2013 年新加坡超越东京,成为仅次于伦敦和纽约的全球第三大外汇交易中心,成为亚洲最大的外汇交易中心。

便利化措施方面。以电子报关和电子审单为基础建立起的无缝"一站式"电子通关系统贸易网(TRADENET)是新加坡自由贸易园区的精髓。该系统打通了海关、检验检疫、税务、军控、安全、经济发展局、企业发展局、农粮局等与 35 个进出口贸易相关的政府部门,所有通关程序统一经过贸易网执行。这个贸易网 24 小时运行,自动接收、处理、批准和返还企业申报的电子数据。若是需要农兽局、卫生部、贸易发展局等政府部门管制的申报,系

---

① 柯白玮:《新加坡自由贸易园区探访记》,《东方早报》2013 年 9 月 28 日。

② 《新加坡自由港竞争之道:开放·高效·低税负》,《珠江水运》2013 年第 16 期,第 63 页。

③ CFS 指的是集装箱货运站(Container Freight Station),是处理拼箱货的场所,在办理拼箱货的交接,配载积载后,将箱子送往 CY(Container Yard,集装箱(货柜)堆场),并接受 CY 交来的进口货箱,进行拆箱、理货、保管,最后分拨给各收货人。同时也可按承运人的委托进行铅封和签发场站收据等业务。

统则会自动向这些部门提出申请,通过系统进行审查核准。通过电脑终端,商家 10 秒钟即可完成全部申报手续,10 分钟即可得到批准与否的答复,若获得监管部门和海关的批准,则可以通过系统打印出通关的准证。到达的货物,由海关核查准证,核对货柜号码或扫描准证条形码,由 TRADENET 系统来确定是否需要检查货物。此外,另一个系统港口网(PortNet)能够使港口相关方获得船只进出港信息、舱位安排、货物在港所处的状态、预定舱位、指定泊位、起重机布置、集装箱实时跟踪等信息,从而简化、整合了货物转运和跟踪的复杂过程,有效提高了港口管理的效率。

如今,新加坡自由港已发展成为一个高度开放的贸易自由港。同时,除依法设定的自由贸易园区区域外,新加坡整个港口城市就兼具出口贸易、转口贸易、商业、金融及旅游等多种功能。可以说,新加坡名副其实地构成了一个综合性的自由贸易园区,在亚太经济活动中扮演着重要的中介角色,正逐渐向更具科技含量的综合性自由贸易园区靠拢。

(二)中国香港

中国香港是亚太地区最重要的国际金融、贸易、航运、信息服务枢纽之一,是跨国公司云集的地区总部。香港的自由港制度始于 1841 年的殖民统治时期,1997 年香港回归祖国后,仍然保持着其自由港的政策制度。香港是一个完全意义上的自由港城市,自由港范围覆盖了整个香港地区,其内涵主要包括了自由贸易、金融市场开放、资金自由进出以及自由开办企业、自由市场调节等方面。在 20 世纪 40 年代末以前,香港的贸易关系虽然已经扩大到了日本、美国以及英国以外的其他欧洲国家,但在功能上,转口几乎还是香港的唯一功能。而现如今,金融服务、贸易物流、旅游、专业服务已成为香港服务业的四大支柱产业。

地理位置方面。香港能发展成为国际贸易、航运和金融中心,首先依靠的是维多利亚港。维多利亚港水深港阔,海港面积达 5000 公顷,与美国的旧金山、巴西的里约热内卢并称为世界三个最优良的天然深水港。香港的航线通达五大洲四大洋,已形成一个全球的枢纽运输网络。其次利用的是优越的经济地理位置。除了港口资源,被称为"弹丸之地"的香港本身自然资源贫乏,无法满足其他工业的发展需要,但它的经济地理位置却非常有利。具体来看,在中国版图上,香港位于珠江内河与南海交通的咽喉,是南中国的重要门户。背靠的中国内地,是一个人口众多、资源丰富的大市场;在世界板块上,香港又处于欧亚大陆东南部、太平洋西岸中央,通往世界各地都十分便利,是亚洲及世界的航道要冲。除了优越的地理位置外,香港在区内提供各项便利设施,海、陆、空运输硬件设备与相关软件配套齐全。

优惠政策方面。香港是一个独立的关税地区,税负低、税种少[①],且不断进行着精简。有关货物优惠政策包括,对进出口贸易不设置管制和关税壁垒,海关手续简便,物流体系流畅;除酒类、烟草、碳氢油类及甲醇等4类商品外,一般进出口货物均无须缴纳关税,也无任何关税限额或附加税;无任何增值税或一般服务费;转口货物视同进口出口等,进出口环节相关手续也很简单。有关外汇优惠政策包括,外汇、黄金、证券、期货等市场开放;各类外汇形式均可自由进出香港,任何货币都可在香港自由买卖汇兑等。有关投资的优惠政策包括,企业自由进入及自由经营制度。绝大多数经济领域由投资者自己决策进入经营与否,特区政府只直接经营部分公共事业。新开办企业注册手续简便,缴费低廉,只征收16%的公司所得税。无论资金来源为本地还是海外,资产所有形式如何,均享受"平等居民待遇";外商投资可拥有100%股权,资本和利润100%返还;可投资、经营任何行业(特殊的博彩业除外)。有关人员的出入境政策包括,出于限制移居香港的人数、方便优秀的国外专业人士及投资者以及促进旅游业等目的,香港实施宽松的签证政策,全世界约有170个国家和地区的人士可免签证到香港停留7天到6个月不等。

海关监管方面。香港有非常完善的海关出入管理制度,对货物进出管制得当。为便利货物流通,海关采取风险管理的方式,利用产地来源、国家分类等经验值,挑选查验标的,集中打击一小部分不法商人或物品,让所有合法贸易物流畅通无阻。具体特点:①通关时间:香港通关方式为"先通关,后申报",且24小时通关。②通关便利程序:商品自由进出,自主管理。除少数贸易受管制的商品须进行事前申请并获批准后才能进出口外,一般商品的进出口无须报批,手续上只须于14天内向香港海关递交一份报关表即可。但为方便贸易文件处理及复核工作,进出口商或货运业者仍须在货物仓单上清楚注明豁免物品所属类别。早自2000年起,所有报关已采用电子数据交换系统(EDI)。船运业者或代理商只需在船只抵达香港前24小时内,向香港海事处递交有关船只的动向资料,即可入港。

管理体系方面。香港机场和港口管理机构各异(见图3-2)。香港国际

---

①　目前,香港只存在3类直接税:利得税、薪俸税和物业税;8类间接税:博彩税、印花税、飞机乘客离境税、一般差饷税、车辆税、专利及特权税、费项税以及应课税品税项。

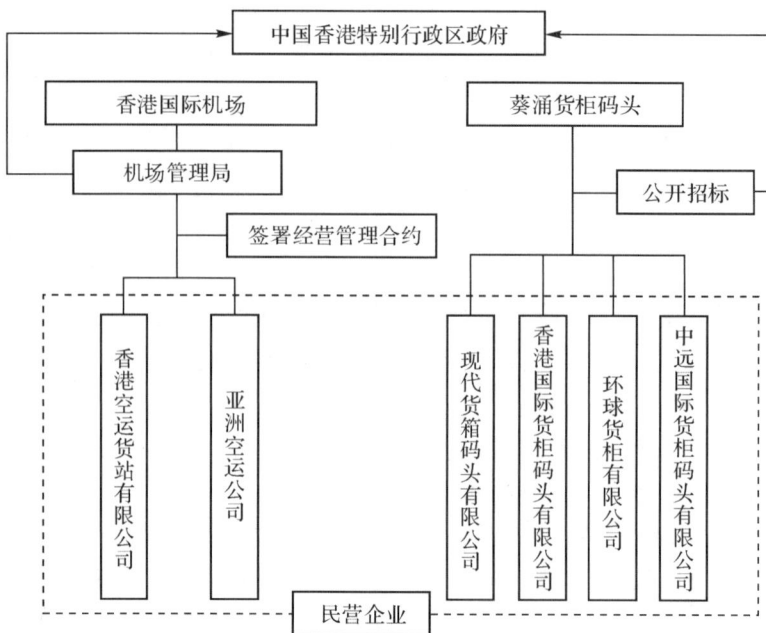

图 3-2　香港机场与港口的管理体系

机场由香港机场管理局管理和运作,有关货物的处理委托空运站①负责。所有经香港国际机场的空运货物都由香港空运货站有限公司(HACTL)或亚洲空运公司(AAT)处理。这两家公司均属民间公司,与香港机场管理局签署经营管理合约。空运站的区域内均属于租户禁区,日常管理由租户(HACTL 及 AAT)自行负责,机场管理局不进行干预。香港港区内码头的管理和运作则以香港政府公开招标的形式,全部外包民营企业经营。香港的货柜码头都集中在葵涌货柜码头②,民营企业主要是现代货箱码头有限公司、香港国际货柜码头有限公司、环球货柜有限公司、中远国际货柜码头有限公司等 4 家。

　　自 1841 年以来,香港成为自由贸易港的历史已超过 173 年。香港在自由贸易园区建设和制度安排上积累了很多经验,"低税负、自由开放、公平竞

---

　　①　在香港国际机场运作的空运站有:超级一号货运站,由香港空运货站有限公司(HACTL)管理;亚洲空运货运站,由亚洲空运公司(AAT)管理。

　　②　葵涌货柜码头位于香港葵青区醉酒湾,是香港最主要的货柜(集装箱)物流处理中心,共有 9 个货柜码头,泊位共有 24 个。2014 年香港集装箱吞吐量为 2228 万 TEU,全球排名第四。而葵涌货柜码头的集装箱吞吐量为 1758.7 万 TEU,占了全香港的 78.9%。

争"的经济政策,有效吸引了全球的资本、人才和企业,推动了香港经济的繁荣与发展,使地域狭小、资源匮乏的香港创造了经济奇迹,造就了其在全球的国际金融中心、航运中心、贸易中心和物流中心的地位。目前,香港已成为全球公认的最自由、最开放、具有最多功能的自由港。

（三）韩国的自由贸易园区

韩国的自由贸易园区可以分为两个种类:一类称为自由贸易区;一类称为经济自由区。前者指的是允许对经济活动实施例外措施的特定区域。具体而言,是指在制造业领域,为了吸引外商的直接投资,在韩国国内,允许对贸易、生产、投资等经济活动实施非关税等例外措施的特定区域。在该区域范围内,对符合国际经济规范（Global Standard）的外商投资提供良好的环境。后者指的是为改善外国企业的经营环境和生活条件而放宽各种限制及制度,以积极吸引外商投资为目的而设的经济特区,涵盖了经济、文化、福利等全方位的领域,对各种捐税进行减免。韩国自由贸易园区两个种类的比较如表 3-4 所示。

表 3-4　韩国自由贸易园区两个种类的比较

种类	自由贸易区		经济自由区
设立目的	吸引外商对制造业领域的投资		吸引外商投资
领域	制造业		经济、文化、福利等全方面
方式	对经济活动实施优惠政策		为改善外企的经营环境和生活条件而放宽各种限制和制度
类型	产业园区型(生产中心型)	物流型（交易中心型）	—
管理机构	自由贸易园区管理院	港湾公社及航空公社	经济自由区委员会
隶属部门	产业通商资源部	国土海洋部	产业通商资源部
法律规章	《关于自由贸易区指定及运营的法律》(2004)、《关于自由贸易区指定及运营法律的施行规则》(2004)、《关于自由贸易区指定及运营法律的施行令》(2004)		《关于经济自由区指定及运营的特别法》(2014)、《关于经济自由区指定及运营特别法的实施规则》(2014)、《关于经济自由区指定及运营特别法的实施令》(2015)
设立情况	马山、金堤、群山、大佛、栗村、东海、蔚山等	釜山、仁川国际机场、浦项、光阳等	仁川、釜山·镇海、光阳湾圈、大邱·庆北、黄海、新万金·群山、东海岸、忠北

资料来源:作者根据相关资料整理而成。

　　韩国的自由贸易区又可以分为两个类型。一种是产业园区型(生产中心型)自由贸易园区,其目的是制造业领域外商直接投资的吸引。目前共有7个,分别是马山、金堤、群山、大佛、栗村、东海、蔚山等7个自由贸易区;另一种是物流型(交易中心型)的自由贸易区,它是以通过减少对国际贸易活动的制约,促进贸易发展为目的设立的区域,如釜山、仁川国际机场、浦项、光阳等。在管理体系上(见图3-3),产业园区型自由贸易区的最高权力者是产业通商资源部长官,由隶属产业通商资源部的自由贸易园区管理院直接管理;物流型经济自由区的最高权力者是国土海洋部长官,海港公社及航空公社等机关受委托,对自由贸易园区的相关业务进行管理。

```
┌──────────────────┐          ┌──────────────────┐
│   产业通商资源部   │          │     国土海洋部     │
└──────────────────┘          └──────────────────┘
        │ 直属                       ┊ 委托
        ▼                            ▼
┌──────────────────┐          ┌──────────────────┐
│   自由贸易区管理院  │          │  海港公社及航空公社 │
└──────────────────┘          └──────────────────┘
        │                            │
        ▼                            ▼
┌──────────────────┐          ┌──────────────────┐
│ 产业园区型自由贸易园区│          │ 物流园区型自由贸易园区│
└──────────────────┘          └──────────────────┘
```

图 3-3　韩国自由贸易区的管理体系

资料来源:作者根据相关资料绘制而成。

　　韩国自由贸易区的相关法律包括《关税法》、《对外贸易法》,以及以这两部法律为基础,专为自由贸易区制定的《关于自由贸易区指定及运营的法律》[①](简称《自由贸易区法》)、《关于自由贸易区指定及运营法律的实施规则》[②]、《关于自由贸易区指定及运营法律的实施令》[③]。从《自由贸易区法》第1条"制定的目的"中可以看出,韩国设立自由贸易园区的目的是为了吸引外国人投资、振兴贸易、疏通国际物流及区域开发等;第2条指出,自由贸易区指的是通过对《关税法》、《对外贸易法》等相关法律的特例和支持,为保障自由的制造、物流、流通及贸易活动等而指定的区域。《关于自由贸易区指定及运营法律的实施令》对自由贸易园区的指定、园区的管理和入驻、物品的进

---

　　① 《关于自由贸易区指定及运营的法律》最早是在2004年6月23日开始实施,现行的是经过了23次修订后的2014年1月21日实施的〔法律第12301号〕。

　　② 《关于自由贸易区指定及运营的法律实施规则》最早是在2004年6月23日开始实施,现行的是经过了8次修订后的2014年12月31日实施的〔产业通商资源部令第108号〕。

　　③ 《关于自由贸易区指定及运营的法律实施令》最早是在2004年6月23日开始实施,现行的是经过了26次修订后的2015年1月6日实施的〔大总统令第25985号〕。

出及管理、关税等的征收及减免等作了明确的规定①。

而有关经济自由区专门制定的法律主要是《关于经济自由区指定及运营的特别法》②、《关于经济自由区指定及运营特别法的实施令》③和《关于经济自由区指定及运营特别法的实施规则》④。目前韩国共有 8 个经济自由区（见表 3-5），分别是 2003 年设立的仁川、釜山·镇海、光阳湾圈，2008 年设立的大邱·庆北、黄海、新万金·群山，以及 2013 年设立的东海岸圈、忠北经济自由区。这 8 个自由经济区各有侧重，同一经济自由区内不同区域的发展目标也有不同。

表 3-5　韩国经济自由区的设立情况

名称	指定日期	面积 (平方公里)	开发区域	目标定位
仁川 经济自由区	2003.08	132.90	仁川	集国际贸易、金融、物流、商住和旅游于一体的东北亚经济中心
釜山·镇海 经济自由区	2003.10	11.10	新港湾地区	物流/制造及流通中心
		13.00	鸣旨地区	国际业务、外国教育机关、居住中心、外国医疗机关等
		19.30	永洞地区	宾馆、高尔夫球场、外国人学校
		22.90	旨士地区	尖端生产、R&D 中心
		16.80	头洞地区	机电一体化、R&D、大学分校
		83.10（总）		
光阳湾圈 经济自由区	2003.10	83.83	光阳、栗村、新德、华阳、河东	东北亚的商务中心据点

① 两部法律来源于韩国法令信息中心（http://www.law.go.kr），内容是作者根据法律条例翻译整理而成。

② 《关于经济自由区指定及运营的特别法》制定于 2002 年 12 月 31 日，于 2003 年 7 月 1 号开始实施，原名称为《关于经济自由区指定及运营的法律》，后在 2009 年 1 月改为"特别法"，从 2003 年实施到现在，该法律已修订多达 64 次。

③ 《关于经济自由区指定及运营特别法的实施令》制定于 2003 年 6 月 30 日，于 2003 年 7 月 1 号开始实施，原名称为《关于经济自由区指定及运营法律的实施令》，后在 2009 年 1 月改为"特别法实施令"，从 2003 年实施到现在，该法律已修订 31 次。

④ 《关于经济自由区指定及运营特别法的实施规则》制定并实施于 2008 年 12 月 26 日，原名称为《关于经济自由区指定及运营法律的实施规则》，后在 2011 年 8 月改为"特别法实施规则"，从 2003 年实施到现在，该法律已修订 6 次。

续表

名称	指定日期	面积 (平方公里)	开发区域	目标定位
黄海 经济自由区	2008.05	13.84	忠南(唐津、牙山)、京畿(平泽)	知识创造型经济特区;以培养对中国进出口先进基地为核心目标,开发尖端产业功能和国际物流功能
大邱·庆北 经济自由区	2008.05	30.04	大邱及庆北(浦项、龟尾、永川、庆山市)一带	国际知识创造型FTZ,知识基础制造业及知识服务产业中心
新万金·群山 经济自由区	2008.05	50.40	群山国家产业园区、新万金产业园区和观光园区	未来型新兴产业的核心生产基地,东北亚最顶尖的综合观光地
忠北 经济自由区	2013.02	9.08	五松、清州、世宗市、忠州	构建东北亚生物医学中心,以清州国际机场为中心,培养复合航空产业,建设国土中心的环保生态集群。
东海岸圈 经济自由区	2013.02	8.25	江原道东海岸(江陵市,东海市一带)以东海港中心	通过培育高科技环保园材料产业,来建设东北亚岸圈经济中心区域

资料来源:作者根据韩国经济自由区官网(http://www.fez.go.kr)的相关资料整理而成。

自2002年以来,为促进经济发展,韩国在国内设置了诸多自由贸易区,但并非园区都取得了很好的成效。而经营不利时,在韩国,自由贸易园区免不了被撤的命运。例如,益山自由贸易园区(Iksan Free Trade Zone)是韩国设立的第二个自由贸易园区,它的前身是在1973年设立的裡里出口自由区,2000年7月转型为自由贸易园区。2010年,因引资困难,益山自由贸易区被撤,于2011年并入了益山国家产业园区。2010年9月,黄海经济自由区的汉中区被撤。下面就韩国首个自由贸易区——马山自由贸易区和首个经济自由区——仁川经济自由区进行分析。

1. 马山自由贸易区(Masan Free Trade Zone)

马山是韩国自由贸易区的先行者,其前身为马山出口自由区(Free Export Zone)。马山出口自由区是当时韩国政府为了吸引外国人投资、振兴出口、扩大就业、提升技术,以达到国家和地区经济的发展目的,根据1970年1月的特别法《出口自由地域设置法》而设立的第一个外国人专用工业园。根据韩国有关自由贸易区指定等的法律,2013年7月13日起,该出口自由区扩建整合为自由贸易区(Free Trade Zone)。在原有的生产功能基础上,拓展了贸易、物流、流通、服务等新功能。马山自由贸易区总面积953576

平方米,由 3 个区域组成。企业的类型为本国企业、外国企业(独资企业和合作企业)。截至 2015 年 4 月,马山自由贸易区入驻的企业有 103 个,其中外国企业为 58 个,占比 56.3%。外国企业中数量最多的是日本,为 35 个,其次是美国(11 个);总雇佣人数为 6358 人。2014 年全年的总投资额约为1.88 亿美元,出口额达到 11.65 亿美元。①

　　优惠政策方面。马山自由贸园区提供的政策优惠包括税收减免以及放松监管限制等。在成立之初,马山出口自由区就致力于为外国企业创造优良的投资环境,向入驻园区的外企提供税务减免、低廉租金、设施支援等各种优惠政策。2000 年之后,自贸区实践了“吸引外国直接投资,建立出口商品基地”的建区宗旨,被世界加工贸易协会评为成功范例。自贸区为制造业企业和物流企业分别设置了 1000 万美元及 500 万美元的进驻门槛,符合条件的企业能享受前三年免征 100% 企业所得税,第四、第五年免征 50% 所得税的优惠。在自贸区内建立的合规企业,可以享受当地收购、登记、产权和土地税的全额减免,进口到自贸区的商品暂免征收关税及增值税。

　　2. 仁川经济自由区(Inchneon Free Economic Zone,IFEZ)

　　仁川经济自由区(以下称仁川自由区)可以算是韩国运营最成功、最为人所熟知的自由贸易园区。为了推进东北亚经济中心的计划,韩国在建设经济自由区时,把外资企业的经营环境和外国人生活条件的改善作为重点。因此,韩国的经济自由区是在与韩国国内其他地区差别化的制度和条件的基础上,为外国投资者经济活动提供保障的区域,区域内可享有自由化的经济活动、高质量的行政服务以及便利的生活环境。仁川自由区设立于 2003年 8 月,是韩国政府力推的东北亚经济中心实现战略的核心地区,位于韩国仁川广域市,总面积为 132.9 平方公里,由松岛区(53.4 平方公里)、永宗区(61.7 平方公里)和青罗国际都市(17.8 平方公里)组成,3 个区块的产业定位各不相同,松岛区以商业、IT、BT 为主;永宗区是物流和旅游;青罗国际城则以国际业务、金融、旅游休闲、高端产业为主。仁川自由区设立目的是旨在建设一个可持续发展的集国际贸易、金融、物流、商住和旅游于一体的东北亚经济中心,其优势在于区位、物流、IT 以及优惠政策四个方面(见表 3-6)。

---

　　①　作者根据韩国马山自由贸易区管理院官网(http://www.ftz.go.kr)的资料翻译整理而成。

表 3-6　仁川经济自由区的功能定位

仁川经济自由区		面积（平方公里）	功能定位
		132.9	集国际贸易、金融、物流、商住和旅游于一体的东北亚经济中心
其中	松岛	53.4	商业、IT、BT
	永宗	61.7	物流、旅游
	青罗	17.8	国际业务、金融、旅游休闲、高端产业

资料来源：作者根据仁川经济自由区官网（http://www.ifez.go.kr）资料翻译整理而成。

区位条件方面。仁川自由区作为东北亚经济圈的中心，位于世界主要干线航路上，是连接东北亚、东南亚和北美的北太平洋航路，以及连接欧洲和东北亚的西伯利亚航路的最前方，地理位置条件优越。在距仁川国际机场 3 小时的航程内，有 61 个人口 100 万以上的城市及 20 亿的人口分布，辐射范围大。

基础设施方面。仁川国际机场具备最高端的基础设施，世界水平的航空安全设施，并拥有航空公司 63 个，城市数为 142 个的通航网络，从而给仁川自由区带来了世界排名第一的机场服务以及世界第二的国际货物运输量的航空物流网络。此外，还拥有物流量年增长高达 20% 的仁川港、连接欧亚大陆的铁路网络以及直接与韩国国内市场连接的集疏运体系等。截至 2013 年，约有 700 多家物流运营商选择使用仁川自贸区，其中包括国际货运巨头敦豪（DHL）、大韩航空、三星物流等，且敦豪、泛韩物流和三星物流已将仁川机场作为其洲际物流集配枢纽。

物流方面，仁川自由区依托区位、基础设施等方面的优势，积极鼓励货运航空公司入驻或拓展新货运航线，并不断完善机场物流配套设施，提升物流服务水平，提高物流效率，降低物流成本。同时，发达的信息平台也极大地提高了仁川自由区的清关效率。

优惠政策方面。仁川自由区用税收减免、现金补助、土地租赁优惠等政策吸引企业入驻。①关于税收减免。首先，所有企业进口固定资产 5 年关税全免。其他，则根据不同的投资金额给予各种减免。例如，5 年内法人税、所得税全免的企业包括：制造业投资额 3000 万美元以上、旅游业 2000 万美元以上、物流业 1000 万美元以上、R&D 200 万美元以上。对投资额达到 1000 万美元以上从事制造业和旅游业的企业给予 15 年取得税全免，10 年财产税全免的优惠。②关于土地租赁优惠。国有地、公有地可租赁 50 年，租赁费用分 100％、75％、50％三档进行减免。以租赁费全额减免为例，符合条件的企业包括 100 万美元以上的高新技术企业，外商投资额 2000 万美元以上、每日平均雇佣 300 人以上、全部生产量的 50％以上出口，且韩国国内零件及原材料达到 100％的企业，生产量 100％出口的企业。③关于现金补助。根据高科技、技术转移和就业规模的不同，提供不同额度的设施补助金、资金支持、教育培训补助金、雇佣补助金等多种补贴。例如，企业新雇佣韩国国民 30 人以上，向企业提供 6 个月内每人 50 万韩元①（约 2800 元人民币）的教育培训补助金支持，一个企业最高上限是 2 亿韩元（约 112.3 万人民币）；外国人投资企业在新设时，雇佣人数超过 20 人，提供每人每月 50 万韩元的雇佣补助金支持，5 年内增加雇佣人员时，也同样给予支持。

人力资源方面。仁川自由区位于首都圈附近，首都圈知名大学及大学院培养出的尖端产业从事者为其提供了充足的人才资源，区内 IT、BT 领域的高级人才集聚，拥有 IT 产业基础研发中心，这也是其吸引外商投资的一大魅力所在。此外，仁川自由区为了提高投资企业与负责部门间的沟通效率，改善投资环境，提供一站式（One-Stop Service）服务②，对吸引外商投资和相关事项进行系统的管理。在从 IR 计划阶段到投资探讨及实行阶段，再到事后的管理阶段的整个过程，为外国投资者提供便利。

（五）阿联酋迪拜——杰贝阿里自由贸易园区

杰贝阿里自由贸易园区（Jebel Ali Free Zone）建于 1985 年，是迪拜乃至世界知名的自由贸易园区。而它所属的迪拜自身就是由港口和自由贸易区组成，面积 135 平方公里。目前，迪拜有 22 个各类自由贸易园区，分别承担不同的产业功能，主要有港口装卸、仓储物流、贸易及加工制造等，贸工结合、以贸为主，例如，迪拜互联网城、迪拜金融城以及迪拜健康城等。在《金融时报》2012 年对世界上 1200 个自由贸易园区进行评比时，迪拜自由贸易

---

① 按照 2015 年 6 月 23 日的基准汇率，人民币兑韩币的汇率为 1：178.11。
② 仁川经济区实行的一站式服务其内容包括：(1)向外国投资者提供 IFEZ 相关信息；(2)给予外国投资者新的投资机会；(3)回答法律、税务、会计相关问题；(4)为外国人充分利用投资鼓励政策的方案提供咨询；(5)对投资者的条件进行评价，并提供给投资者；(6)帮助物色理想的投资伙伴；(7)代为办理与外国人投资相关的行政等各种国民业务；(8)协调与相关行政当局或机关的业务；(9)对投资者在事业过程中经历的困难进行援助。(资料来源：作者根据仁川经济区官网：http://www.ifez.go.kr 的内容翻译而成)

园区排名第一。

地理位置方面。迪拜位于阿拉伯半岛中部、阿拉伯湾南部，优越的地理位置决定了它无论在时区上还是交通上都能成为连接东西方世界的纽带。长达734公里的海岸线为其提供了丰富的港口资源，使其成为世界最繁忙的货物集散地之一。迪拜政府着力打造了"4小时经济圈"和"8小时经济圈"的航空线，将迪拜与世界主要中心城市相连接，形成海陆空全方位的地域优势。而杰贝阿里自由园区位于迪拜市西南50公里处，总面积57平方公里。自由贸易园区毗邻世界最大的人工港——杰贝阿里港，该港口年吞吐量达1440万TEU。且自由贸易区距离迪拜国际机场约30分钟车程，海陆空运输中转便利，能快速将货物运送至中东周边、非洲和欧洲等各大消费市场，主要从事进出口贸易以及物流服务。

基础设施方面。迪拜政府在自由贸易园区的基础设施上进行了大量的投入，包括交通、通信和高速数据传输。杰贝阿里自由园区内有较好的基础设施，现代化的高效通信设施，货物装卸实现精密机械化；员工住宅区、超市、药店、银行、保险和休闲场所等配套设施一应俱全；能源供应充足，工作环境优美；园区有众多大型物流公司，物流服务便利。杰贝阿里自由贸易园区正是通过最新的技术来确保给用户提供所有的物流和基建支持，使客户专注于业务和成长。

管理模式方面。阿联酋对港口、自由贸易区、海关采取三位一体的管理模式，其管理机构是迪拜港董事局，为政企合一的实体，统一管理、经营港口和自由贸易区，董事会主席为皇室指派，对协商事宜具有最终裁定权。在土地运营管理方式上，土地采取出租不出售政策。杰贝阿里自由贸易园区出租的土地可由企业自主建厂房或仓库；一旦企业决定撤离，遗留的厂房等或招租或拍卖，尽量避免拆除而造成资源浪费。而土地、办公室、仓库等硬件设施的租金反而成了该管理机构的主要收入来源之一。

运行模式方面。杰贝阿里自由贸易园区实行企业化运营，管理机构是杰贝阿里自由区管理局(JAFZA)①。该管理局是在政府法令下建立的，作为政府性质的服务机构，独立管理整个自由贸易园区，承担全部的招商、服务和管理工作。

服务方面。为客户提供行政管理、工程、能源供应和投资咨询等多种高

---

① 杰贝阿里自由区管理局(JAFZA)名字中虽带有"管理局"字样，但却是家实打实的公司，JAFZA的母公司是迪拜世界集团(DWP)旗下的经济区世界(Economic Zone World)。

效和简便的一站式服务。这些服务具体包括，早期提供未来发展和投资的建议，协助客户挑选理想的投资场所，以及确定运营必备设施；企业入驻后，帮助企业在本地和国际市场上获得合资机会或共同商业机会；其间，JAFZA 组织商务代表团并陪同客户到其他国家进行商业考察，并随时通过 JAFZA 咨询办公室为客户就商务事宜提供建议；还定期为园区企业组织商务配对活动，为入驻企业创造更多的商业机会。

优惠政策方面。杰贝阿里自由贸易园区的所有政策以客户为导向，具体包括：①税收优惠：进口完全免税，企业生产所需的原材料和设备免税进口；货物在区内存储、贸易、加工制造均不征收关税及其他税收（若进入阿联酋关税区，则须征税）；无个人所得税。②投资优惠：自由区企业拥有 100% 的所有权，无须当地保人；外资可 100% 独资，不受阿联酋公司法中规定的外资 49%、内资 51% 条款的限制；外国公司享受 50 年免除所得税，期满后可再延长 15 年的免税期；企业资本和利润可自由调拨回国，不受任何限制；无外籍员工雇佣限制，提供充足的廉价能源；区内除中转贸易、加工制造业务以外，其他与之相关的中介服务行业等也可进入，但此类企业均须为阿联酋本国所有，外资企业不得进入。在公司注册方面，客户有多种选择，可以选择成立免税区个人有限责任企业（Free Zone Establishment，FZE）或免税区有限责任公司（Free Zone Company，FZCO）。③外汇政策：无外汇管制措施，货币可自由兑换，不受限制。

通过近 30 年的发展，杰贝阿里自由贸易园区内的企业已经从最初的 19 家，增加至目前的 7300 多家，阿联酋 20% 的外国直接投资来自杰贝阿里，迪拜 50% 的出口额也是经过杰贝阿里运往全球各地，它每年对迪拜 GDP 贡献率超过 25%。杰贝阿里自由贸易园区被誉为迪拜乃至阿联酋经济增长发动机，实乃当之无愧。

四、拉美的自由贸易园区——巴拿马科隆自由贸易园区

科隆自由贸易园区（Colon Free Zone of Panama）成立于 1948 年，位于科隆市东北部，初期建区面积为 49 公顷，是西半球最大的自由贸易园区，也是仅次于中国香港的世界第二大自由贸易园区，与美国迈阿密并列为中南美洲转口中心。同时，园区从事进出口贸易和转口贸易的企业与世界上 120 多个国家和地区有贸易往来，使其成为全球转口贸易货物的第二大转口站。

区位条件方面。科隆自由贸易园区处于巴拿马主航道巴拿马运河的咽喉地带，既是沟通太平洋和大西洋的最佳通道，又是北美与中南美洲的连接

要点,并靠近巴拿马最大的港口克里斯托帕尔港,具有极其优越的转口贸易区位优势。由于科隆自由贸易园区设在巴拿马运河大西洋入海口处,所批发转口的纺织品、手表、电器和首饰等商品大多来自亚洲地区,而采购客户又主要来自中南美,这些客商不必远赴亚洲采购,只需来到科隆自由贸易园区,从而节约了时间和费用。凭借极佳的区位条件,科隆自由贸易园区成为世界航运中转枢纽,是世界上屈指可数的东南西北货物集散中心,货物流转量巨大。因而,园区把主体功能定位为转口贸易,辅助功能为保税仓储功能、金融功能和服务功能等。自由贸易园区吸引各国集散货物在园区大进大出,同时也带动了资金在自由贸易园区的大量流动,促进了金融服务业的发展,目前已设有多家外资银行及分支机构。

优惠政策方面。"免税"一词几乎可以应用于科隆自由贸易园区的所有商业活动。具体包括,园区货物进口自由,无配额限制、不缴进口税;货物销售巴拿马运河区或过境船只(用于转口的货物),视为出口,免税;对用于生产的机器、原材料、设备免进口税;免生产税和销售税;园区内货物自由流动;源于境外的股息、区内商品销售免税,投资税、地方市政税豁免;对持有两年以上的资产进行资本买卖时,无须交纳资本收益税;区内公司所得税采用累进制,税率为 2.5%~8.5%,两年内免利润所得税;若雇佣巴籍员工,再给予减免 0.5%~1.5%所得税的优惠;在巴拿马的银行存款不纳税,无外汇管制,利润汇出汇入自由等。此外,在科隆自由贸易园区,巴拿马的本国货币仅为辅币,其合法货币为美元,贸易结算也使用美元,投资者不用为货币的贬值和升值而担忧。

监管制度方面。科隆自贸区内设有海关官员办事机构,但海关对区内货物的储存、流通、销售等正常经营活动不加干预,海关业务只在进、出区与外界的通道发生。作为转口贸易非常发达的自贸区,科隆对进出商品的控制很少,豁免关税的范围相对较宽。除爆炸品、枪支弹药、麻醉品、易燃品和特别规定的商品外,其他商品一律自由进入区内免关税。为了保证区内经营者在尽可能短的时间内办理完货物进出手续,巴拿马海关将进口、出口和转口手续合并为统一的表格。这项措施极大地减轻了商人们的填单负担,加速了贸易速度和通关效率。

运营模式方面。科隆自由贸易园区基本经营模式是只征收管理费和摊位费。由于大量货品从东方、欧洲或北美的厂家和供应商处汇集而来,并从这里再辐射到整个中南美洲,因此,科隆自贸区内的转口商通常偏中、大型。并且园区进口量大,主要为亚洲商品,强调低价。其供货来源主要为中国大陆、中国香港、中国台湾、美国、日本、意大利和韩国；出口市场主要为委内瑞拉、哥伦比亚、厄瓜多尔、巴拿马、危地马拉、墨西哥、哥斯达黎加、美国、古巴、巴西等。自贸区注册公司手续简便、审批快，营运成本只有迈阿密的1/4。区内建有可供外商租用的数十座仓库，租期一般为20年，到期还可续租。允许外国公司从事各种商品、制成品、原材料、容器办理运入、储存、展出、开包、制造、包装、分装、装配、精制、净化、混合、改型、调配等业务。

在发展的同时，科隆自由贸易园区也存在着不足。其中一方面就是法律规章不够齐全，再加上巴拿马政府对自由贸易园区的监管相对宽松，因此，不管是在历史上还是在现在，各类法律问题层出不穷。法律实施的力度在科隆自由贸易园区内成为问题，监管当局对许多犯罪行为视而不见。美国智库 AEI 的研究员罗杰·贝特（Roger Bate）表示，巴拿马自贸区的非法活动暗流涌动，一方面军队与进口商勾结，强行减少货物的免税收益；另一方面不少走私者通过自贸区走私武器以及其他非法货品，并运送到南美一些犯罪高发的地方。[①]

第二节　世界主要自由贸易园区的比较分析

自由贸易园区是一国或地区对外经济活动中，在货物监管、外汇管理和企业设立等领域，实行特殊经济管理体制、政策的特定区域，包括自由港、自由港区、自由经济区、对外贸易区等多种类型。世界主要自由贸易园区在初创期，由于国家行政体制、经济发展规划和基础条件等的不同，功能各异。随着全球经济形势的变化，自由贸易园区的发展趋向规范化。如图 3-4 所示，国际成熟自由贸易园区在地理位置优越、贸易自由化、通关便捷化三个基本要素的基础上，对基础设施加以改善，积极围绕管理体制、投资、金融等方面进行制度创新。当下，自由贸易园区成了各国在全球范围内集聚生产要素、参与国际竞争、推动经济发展的重要载体，灵活的监管、自由的进出、发达的离岸金融和高效的物流是自由贸易园区的主要特征。

在对典型自由贸易园区分析的基础上，通过比较可以看出，世界主要自由贸易园区的建设经历了一个探索的过程，各国根据形势发展的需要和自由贸易园区存在的问题，以对法律规章和监管体制不断进行以调整和完善

---

① 《巴拿马科隆：传统自贸区的黄昏？》，《21 世纪经济报道》2014 年 1 月 4 日。

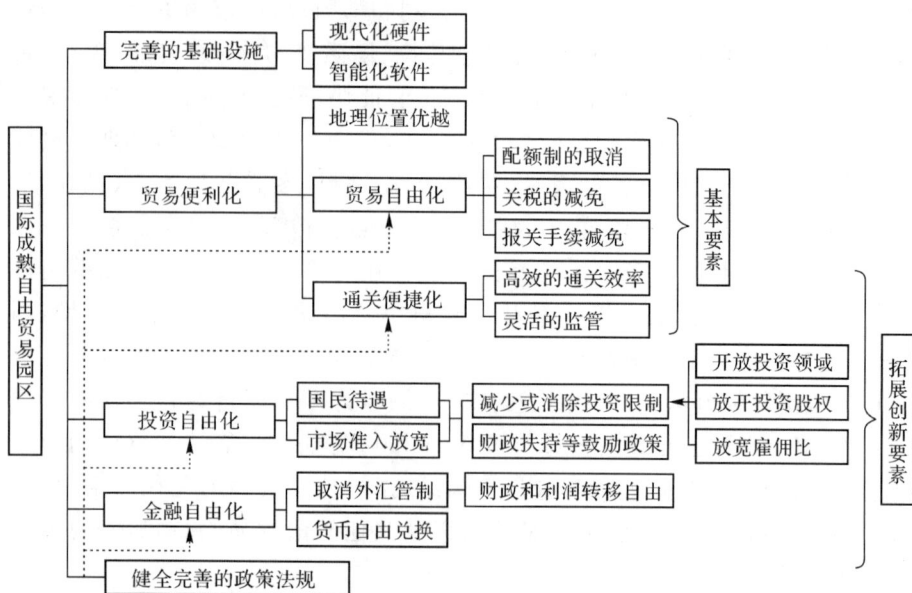

图 3-4   国际成熟自由贸易园区的构成框架

资料来源:作者根据相关资料整理绘制而成。

为核心,加上配套设施和服务的改善,来推进自由贸易园区的滚动发展。这些自由贸易园区诸多方面的成功模式值得我们借鉴。

区位条件方面。首先,地理位置优越。典型的自由贸易园区都位于港口、机场及其附近的交通要道上,集疏运网络发达、便捷。其次,拥有一定经济实力的腹地经济作为支撑,辐射范围广。第三,配套的基础设施齐全。除了硬件设施外,现代化、智能化、电子化的软件设施配套齐备。区位条件上的优势是国际成熟自由贸易园区的最基本条件,体现的是一种自然禀赋,而发展更多的是靠制度的创新(见表 3-7)。

表3-7 世界主要自由贸易园区的比较

自由贸易区	欧洲		北美	东南亚			拉美
	爱尔兰香农	荷兰鹿特丹港	美国	新加坡	中国香港	韩国仁川	巴拿马科隆
园区形式	自由贸易园区	自由港	对外贸易区	自由贸易园区	自由港	自由经济区	自由贸易园区
设立时间	1960年	—	1936年	1969年	1841年	2003年	1948年
地理位置	爱尔兰西部,距首都都柏林200多公里	莱茵河与马斯河河口交汇处,被誉为"欧洲门户"	—	马来半岛南端,马六甲海峡东入口	珠江口东侧,背靠中国内地,南中国的门户,欧亚大陆东南部、亚洲及世界的航道要冲	韩国仁川市	巴拿马科隆市东北部
园区类型	知识经济型	转口集散型	商贸结合型	自由港型	自由港型	综合发展型	商贸结合型、转口集散型
法律规章	《欧共体海关法典》(1992)、《现代化海关法典》(2008)、《联盟海关法典》(2016)		《对外贸易区法》、《对外贸易区委员会条例》(1934)	《自由贸易区法案》(1965)	《中华人民共和国香港特别行政区基本法》(1997)、《进出口条例》(1972)	《自由贸易地域法》、《自由贸易法的实施规则》(2004)	法律相对薄弱;监管宽松;且执法力度不够
区位条件	地理位置优越;航空运输、陆运与海运交通便利;基础设施先进	集疏运系统;现代化的基础设施及完备的配套	港口、码头、机场或工业区	机场、港口附近	基础设施先进;海陆空三栖物流便捷	东北亚经济圈的中心;仁川国际机场、港口、航空物流网络	处于巴拿马运河的咽喉港口
功能定位	航空业、信息通信技术、计算机软件和电子产品、国际服务、工程配送、化学及制药等	仓储、国际中转、包装、零件装配等简单加工,展示	兼具仓储、处理、销售、展示等功能,其中以加工制造和仓储物流为主	国际中转、仓储、展示、简易加工	贸易、国际中转	国际中转、仓储、销售、展示、加工	转口贸易为主,保税仓储、金融和服务功能为辅

续表

自由贸易园区	欧洲		北美	东南亚			拉美
	爱尔兰香农	荷兰鹿特丹港	美国	新加坡	中国香港	韩国仁川	巴拿马科隆
主要产业	以航空运输、信息通信技术、工程技术设计、国际金融及财务管理、国际物流服务、医疗设备和软件开发等高技术产业等产业为主	物流业、航运服务业、石油业、造船业、农产品加工	石油、汽车、消费类电子、制药、机械设备等	以吸引转口贸易、提供加值为目的，兼具出口贸易、转口贸易、商业、金融及旅游等多种功能（综合性）	金融业、航运业、转口物流、商业贸易、旅游业、房地产业	松岛区以商业、IT、BT为主；永宗区是物流和旅游；青罗国际城以金融、旅游休闲、高端产业为主	金融业、贸易与物流业、会展业
优惠政策	非欧盟的商品延迟缴税直至前往其他非欧盟国家，货物进口免税，区内可进行加工并再出口非欧盟国家，给予企业免增值税；无资助，研开发税收抵免和出售股权资本利得税豁免等	保税仓库货物不受数量、种类及配额限制，无关税延迟，无须办理报关手续；保税仓库区域内可进行任何层次加工等	无关税及进口配额限制；货物转移关税延迟、复出口无关税；税率转换、减少应缴税款；区内企业可从事仓储、分销、加工、展示等	货物无关税自由进出；区内可从事加工、制造、储存、销售等业务；税率低；无遗产税；内外资企业所得税统一；储存货物无须通关文件等	进出口贸易无管制，无关税或非关税壁垒；无口货物视同进出口；外汇管制港币自由兑换；资本可自由流通及调度；可投资任何行业；外商可拥有100%的股权，资本和利润100%返还等	税收减免加土地优惠；辅助金支持	"免税"一词可以适用于科隆自由贸易园区的所有商业活动
人员进出	—	—	—	宽松的签证政策	宽松的签证政策，170个国家可免签在港停留7天到6个月不等	免签或签证政策宽松	—
运作模式	"企业管理"模式	"地主港""物流中心"模式	"企业管理"模式	"企业管理"模式	"企业管理"模式	"企业管理"模式	只收管理费和摊位费

续表

自由贸易区	欧洲		北美	东南亚		韩国仁川	拉美
	爱尔兰香农	荷兰鹿特丹港	美国	新加坡	中国香港		巴拿马科隆
管理体系	香农集团旗下的香农商业企业有限公司	港口管理局	对外贸易委员会为中立的执法角色；海关	最高管理机构新加坡交通部，具体由国际港务集团，民航局和裕廊海港管理公司分别对5个码头，1个机场和1个港口进行管理	香港国际机场由香港机场管理局运作，有关货物的处理委托空运货站负责。民间公司通过与机场管理局签署经营管理合约自主管理空港运营，机场管理局不干预；香港港区内码头的管理和运作外包民营企业经营	经济自由区由各"道厅"①所属的经济自由区管理厅进行管理	海关官员办事机构
人力资源	周边高校雄厚科研力量支持；专业人才、高素质劳动力等人才储备丰富					依托首都圈知名大学及大学院培养的专业人才，IT、BT人才集聚	
便利化服务	"一站式"服务	储、运、销一条龙	电子化报关	高效的物流服务，24小时无缝一站式电子通关 TradeNet，PortNet	"贸易通"CCS，ACCS，LBS	"一站式"服务；改善投资环境、协调企业与政府部门间的关系；提供各种资讯等	

① 韩国的"道"是相当于我国省的行政单位，"道厅"相当于省政府。

管理体制的设计方面。国际成熟的自由贸易园区机构设置简洁,职责分工体系明确,注重政府与市场作用的有机结合,实施"二级化"管理。最具代表性的如美国、韩国和我国台湾的自由贸易园区等。监管体制的第一级为政府层面的管理体系,第二级为自由贸易园区层面的管理体系。第一级管理体系主要体现了政府的监管职能,负责自由贸易园区的审批、协调和监督等事宜;第二级管理体系主要体现在园区的运营模式上。世界典型自由贸易园区大多采用"企业化"的模式来进行运营,成立经政府授权的"专门机构"负责自由贸易园区的招商引资、改善环境等具体建设、日常管理事务。这种模式又被称为企业主导型,如美国的对外贸易区。此外,还有政府主导型和政企混合型两种。政府主导型是由政府指定一个部门承担管理职责,如汉堡的港务局、韩国的自由贸易区管理院。政企混合型指的是由政府和企业化的管理机构共同对自由园区进行管理。与此同时,国际自由贸易园区的高效管理离不开健全完善的法律规章给予的保障,有法可依,才能高效。

法律规章方面。国际成熟自由贸易园区的相关法律法规比较完善,大多是先立法后设区。各国在关税、对外贸易等原有法律体系的基础上,制定自由贸易园区的专门法律。并且,专门法律通常有两部,一部为原则性的规定,另一部为具体操作性的规定,如欧美、韩国等。而且,根据形势的变化,应不断对专门法律加以调整和完善,使其能"与时俱进"。以韩国经济自由区的专门法律《关于经济自由区制定及运营的特别法》为例,该法自 2003 年实施以来,到现在已进行了多达 64 次的修订。

优惠政策方面。国际自由贸易园区普遍实行多元化的优惠政策来吸引投资,以基础的贸易便利化、投资自由化和金融自由化为核心,确实实践了"境内关外"的真正含义,主要涉及税收、投资、贸易、金融、人员进出等方面。如表 3-8 所示,贸易便利化体现在关税、企业所得税等税收的优惠,贸易自由,以及"一站式"全方位的便利服务;投资自由化体现在所允许投资的行业、出资比例等外资准入的放宽,信贷支持、财政补贴,以及人员雇佣要求的放宽等;金融自由化体现在外汇自由兑换等宽松的外汇管理,资本及利润自由转移等的资金自由进出,以及离岸金融等金融服务业务的开展。以韩国釜山·镇海经济自由区域(以下简称 BJFEZ)为例,BJFEZ 通过减免税收、扶持经营活动、改善外国人的生活条件、减轻各种限制和负担、简化行政程序等政策来吸引和鼓励投资。其中,包括在劳工雇佣的要求中排除了对国家有功者、残疾人、高龄者等的义务雇佣,从而减轻企业负担;还允许运营外国人专用赌场(条件:外国人投资超过 5 亿美元)。虽然在投资额上设了限制条件,但赌场对外资的开放,这是在其他国际自由贸易园区中少见的现象。

表 3-8　国际成熟自由贸易园区的优惠政策

贸易便利化	投资自由化	金融自由化
税收:关税豁免,低企业所得税较,以及其他税收优惠等	国民待遇:放宽外商投资行业及出资比例,投资利润 100%返还等	外汇:管制宽松、自由兑换
贸易:无关税或非关税壁垒,通关手续便捷等	雇佣:放宽劳工雇佣比、从业人员要求等	资金:随时 100%自由转移
服务:"一站式",全方位的便利	人员:弹性入境(免签证、落地签证等)	服务:开展离岸金融业务

功能定位方面。各国自由贸易园区的发展过程是一个功能演变的过程。①由以货物贸易为主向货物贸易和服务贸易并重转变。服务贸易在比重不断增加的同时,其领域和空间也不断得到拓展延伸,金融、信息、咨询、专业服务等新型服务贸易发展快速。以中国香港为例,近年来它的服务贸易的平均增速超过了 10%。②由单一贸易功能向贸易功能与投资功能并重转变。全球贸易与投资规则的演进和重构,使各国在自由贸易园区建设中更加注重投资的自由化、便利化,通过对市场准入、国民待遇等的放开,营造高度开放宽松的投资环境。以鹿特丹保税港为例,外国公司投资不受限制,与本土企业享有同等权利。③由以在岸业务功能为主向在岸和离岸业务功能并重转变,并更加注重离岸功能的拓展。④由以生产贸易型企业集聚功能为主向集聚跨国公司地区总部功能转变。总部集聚已成为现代自由贸易园区的重要功能。可以说,世界主要自由贸易园区的功能演变是一种紧跟全球经济发展趋势、紧扣国家经济发展需要的动态调整。在调整过程中,各国注重主导产业的培育,并以此带动关联产业的发展。

此外,国际成熟自由贸易园区还拥有人力资源方面的优势。除了通过提供优惠政策、营造优质生活环境,从海外吸纳人才外,位于自由贸易园区周边有大学、研究院、研究中心等研究机构能源源不断为其提供高端的专业人才,确保了自由贸易园区高新科技的研发和创新;鼓励并支持企业开展培训,提升了企业劳动力的素质。

第三节 自由贸易园区与港口城市对外开放的国际经验借鉴

从世界自由贸易园区的发展过程看，有的是为扩大转口贸易，充分发挥集散中心作用，设立了自由贸易园区，如德国的汉堡自由港等；有的是为促进出口加工业的发展，设立了自由贸易园区，如中国台湾的高雄出口加工区等；有的则是为了促进国际贸易，提升产品竞争力，设立了自由贸易园区，如美国的出口加工区等。但不论其设立的背景和目的，绝大多数的自由贸易园区所依托的是其在地理位置上的优势。港口是自由贸易园区发展的"天然"场所，也就成了各国设立自由贸易园区时最受青睐的场所。

自由贸易园区，尤其是自由贸易港作为港口及其经济发展的产物，也一直是港口经济的一个组成部分，以及发展的积极因素。早期的自由贸易园区往往设在港口，用免税等优惠措施来吸引更多的转口，为港口的集散功能服务；二战后至20世纪60年代，在许多国家和地区，特别是新兴发展中国家和地区，出口加工区异军突起，从区位上看，也基本集中在沿海地区。出口加工区的设立把所在港口与工业结合起来，在改变古典和传统自由贸易园区相对单一的经营活动的同时，也改变了港口的单一职能；60年代后，随着生产社会化和国际化进程的加快，在资本、技术、劳动力等生产要素的国际移动和重新配置下，生产、贸易等国际合作的深化，不断向自由贸易园区施以新的影响，全球自由贸易园区的发展就自然趋向于功能的多样化和综合化。在加工、仓储、进出口贸易、转口贸易的基础上，金融、租赁、商品展示等新功能得到了拓展，其所在港口也相应发生了较大的变革。

正所谓"港口是国家面向世界的窗口，港口城市是窗口的内景"，"港兴则城兴，港衰则市衰"，港口城市的兴衰变迁都与港口紧密相关。自由贸易园区的发展给港口带来的影响，势必也同样影响着其所在的港口城市，也就使港口城市与自由贸易园区在发展中彼此依存、紧密配合、互相促进，形成了息息相关的利益共同体。国际成熟自由贸易园区在发展中着眼于自由贸易园区与港口城市功能的相互促进，如阿联酋的迪拜港、美国的纽约港、荷兰的阿姆斯特丹港的管理机构权威性非常强，超前进行整体规划和建设，极富特色和成效，带动了周边城市经济发展，尤其是促进了港口城市的金融、保险、商贸、中介等第三产业的发展。

一、自由贸易园区与港口口岸的对外开放

对外开放是港口口岸赖以生存和发展的基础，是港口口岸的生命线。自由贸易园区与港口口岸的对外开放是一种相互促进的关系。首先，自由贸易园区的设立和发展，进一步增强了港口口岸对外开放的活力，提升了港口口岸对外开放的水平。其次，港口口岸对外开放的水平又能反向促进自由贸易园区的发展。两者间的互动作用，主要体现在基础设施建设、功能拓展以及通关模式创新。自由贸易园区与港口口岸对外开放的关系如图 3-5 所示。

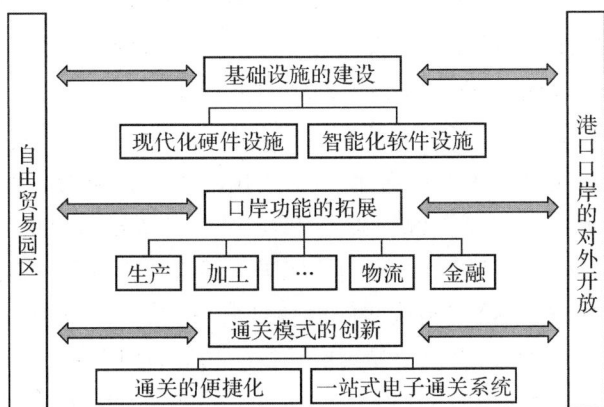

图 3-5　自由贸易园区与港口口岸对外开放的关系
资料来源：作者绘制而成。

自由贸易园区建设过程中形成的发达的集疏运网络，完善的基础设施，增强了港口口岸的货物承载、输运等处理能力，为加大对外开放提供了必备条件；自由贸易园区具备的生产、加工、储存、转口、展示、物流、金融等综合性功能，缓解了港口口岸原先在某些功能上的制约，拓宽了对外开放的渠道，由货物贸易占主导地位拓展到货物贸易、服务贸易以及投资贸易等，对外开放保障功能得以完善；自由贸易园区简捷的报关程序、单一窗口、"一站式"电子通关系统等通关模式的创新，大大降低贸易成本、提升商业效率、增加贸易意愿，使口岸的开放门户功能得到了进一步增强。此外，实施便捷合理的有效监管，确保了口岸贸易通关的高效和安全。

二、自由贸易园区与港口城市的贸易开放

在港口城市经济中，港口贸易业居于产业链、价值链的高端，是港口城市经济产业链、价值链和资源优化配置的核心产业。国内外发展经验表明，港口

贸易业是港口城市经济开放发展的增长极,它既是以其为核心的港口物流、仓储、金融保险等服务业繁荣发展的所在,也是其临港临海加工制造业繁荣发展的所在,同时还是带动港口城市建设和更大腹地的经济繁荣发展的所在。①

作为港口城市经济发展的增长极,贸易开放包括商品(货物)贸易和服务贸易,由于服务贸易包括教育、运输、金融、通信、旅游等行业,涉及知识产权、投资开放、信息安全、人员流动等内容,利润高、敏感性强,尤其是现代服务业。因此,各国对服务贸易的开放普遍采取谨慎态度。然而,在自由贸易园区,贸易自由化、便利化是设立自由贸易园区的主要目的,也正是自由贸易园区的开放效应有效推进了港口城市的贸易开放。进出口贸易限制的取消、关税的减免、配额制等非关税壁垒的消除等优惠政策的实施,减轻甚至解除了原有制度约束对港口城市贸易业发展的束缚。

对商品贸易而言,除了优惠政策的吸引,自由贸易园区国际中转、集拼和分拨等业务进出境备案手续的简化,提高了国际中转物流能力和水平,从而增强了自由贸易园区对贸易资源的集聚能力,促进了货物贸易的发展。对服务贸易而言,自由贸易园区的良好营商环境吸引了高技术含量、高附加值服务业的跨国转移;自贸区在投资领域实施的各种改革措施,形成投资的便利化,带动了相关服务业的发展;自由贸易园区功能的拓展,使服务贸易在比重不断增加的同时,领域和空间也不断得到拓展延伸,金融、信息、咨询、专业服务等新型服务贸易发展快速。因此,可以说自由贸易园区为港口城市的贸易开放提供了一个更高效、全方位的平台,推进了文化贸易、服务外包、融资租赁、期货保税交割、保税船舶登记、研发维修检测等新型国际贸易业态的发展。

三、自由贸易园区与港口城市的资本开放

自由贸易园区具有承接国际资本战略转移的现实基础,通过投资鼓励、外资准入的放开、金融自由化等政策来实现对港口城市资本开放的促进作用。其中,宽松的外汇管制是自由贸易园区开展离岸贸易、离岸金融、高端服务贸易等这些对国家货币结算业务有大量需求的行业的重要前提。

从图 3-6 中可以看出,自由贸易园区通过基础设施、生活条件的改善而营造的良好环境,再加上包括信贷支持、补贴资助及资金安全保障等投资鼓励政策的推行,自然就使国内外的资本往自由贸易园区汇集;外商投资领

---

① 丁焰辉:《港口城市的发展规律与发展对策——兼论以大力发展港口贸易为突破口推进钦州市区域性国际贸易大港建设的若干对策》,《广西经济》2013 年第 5 期,第 25 页。

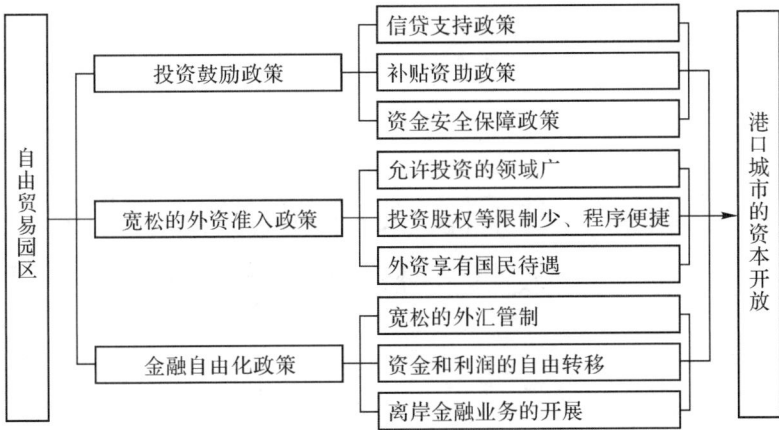

图 3-6　自由贸易园区与港口城市的资本开放
资料来源：作者绘制而成。

域、投资股权等限制的放开和外资国民待遇的实行，也有利于吸引更多的国外资本；货币自由兑换等外汇管制的放宽、资本和利润的自由转移、离岸金融业务的开展，为港口城市金融业的发展添注了活力，同时也吸引了各类金融机构的集聚，为企业带来了投融资的便利化，并使资金得以合理优化配置。此外，高端制造业与融资租赁行业良性互动也对金融业的进一步开放起到了倒逼作用，融资租赁产业链的延展带来了各种产业金融的发展。例如，纽约、新加坡、中国香港等自由港区都奉行资金自由进出、外汇自由兑换、外汇结算便利的外汇管理方式，在资本项目开放、外汇账户设立、收付汇便利、跨国公司资金管理、离岸支付结算、跨境投融资等方面提供便利，从而形成了发达的离岸金融市场。离岸出口押汇、离岸账户资金托管、离岸杠杆融资、离岸担保、离岸再保险等离岸金融业务也不断得到拓展创新。

第四章　中国海关特殊监管区域的
　　　　发展历程与现状

　　在上一章通过对国外典型自由贸易园区的举例说明及对比分析,归纳总结出了国际成熟自由贸易园区的共性和特点;并结合世界主要自由贸易园区的发展经验,从口岸的对外开放、贸易开放、资本开放三方面,探讨了自由贸易园区对港口城市发展的作用。同时,这些国际成熟自由贸易园区的经验对于海关特殊监管区域的转型升级也是十分有利的经验借鉴。在过去30多年来,对我国外向型经济的发展作出了卓越贡献的海关特殊监管区域,现如今却陷入发展的瓶颈期。本章将从我国海关特殊监管区域的发展历程、现状入手,分析其发展的规律以及所面临的困境;并结合国际经验,探讨我国海关特殊监管区域如何摆脱困境,在新一轮改革开放中继续发挥"桥头堡"作用。

第一节　中国海关特殊监管区域的发展历程

一、中国海关特殊监管区域的内涵

　　海关特殊监管区域是指"经国务院批准,在中华人民共和国境内设立的,由海关按照国家有关规定实施监管的保税区、出口加工区、保税港区等特定区域"①。我国海关特殊监管区域的设立理念源于 WTO 及发达国家狭义的自由贸易区，并参照和借鉴了有关规则，但总体上偏重严密监管，防止逃避监管和偷漏税，具有自己的特点。② 因此，可以说海关特殊监管区域是一个具有中国特色的概念，是经国务院批准，设立在我国关境内，赋予承接国际产业转移、连接国内国际两个市场的特殊功能和政策，由海关为主实施封闭监管的特定经济功能区域，其实际上是保税监管区域的子概念。

为了更清楚地阐明海关特殊监管区域的内涵，且本书在后文中将要阐述的海关特殊监管区域的整合也涉及保税监管这一内容，因此，在这里先对保税监管进行说明。所谓保税监管是指"海关依据法律、行政法规和规章，对享受保税政策的进出口货物、物品在保税状态下研发、加工(含结转深加工)、装配、制造(含再制造)、检测、维修等产业链全过程和采购、运输、存储、包装、刷唛、改装、组拼、集拼、分销、分拨、中转、转运、配送、调拨等简单加工及增值服务等供应链全过程，实施备案、审核、核准、查验、核查、核销等实际监管的行政执法行为"③。而海关实施保税监管的区域除了海关特殊监管区域外，还包括保税监管场所，具体如表 4-1 所示。

表 4-1　海关实施保税监管的主要区域

保税监管区域名称		特征
保税监管场所	保税仓库	• 经海关批准设立
	出口监管仓库	• 一般不实行封闭管理
	保税物流中心(A 型、B 型)④	• 有仓储期限的限制(6 个月到 1 年)

---

① 《中华人民共和国海关法》第 34 条：经国务院批准在中华人民共和国境内设立的保税区等海关特殊监管区域，由海关按照国家有关规定实施监管。

② 参见中华人民共和国呼和浩特海关官网，http://www.customs.gov.cn/publish/porta199/tab42429/info402756.htm，2012-12-02.

③ 海关总署《保税监管改革指导方案》(署厅发〔2007〕311 号)。

④ 我国的保税物流中心是指封闭的海关监管区域并且具备口岸功能，分 A 型和 B 型两种。保税物流中心 A 型是指经海关批准，由中国境内企业法人经营、专门从事保税仓储物流业务的海关监管场所；而保税物流中心 B 型是指经海关批准，由中国境内一家企业法人经营，多家企业进入并从事保税仓储业务的海关集中监管场所。

续表

保税监管区域名称		特征
海关特殊监管区域	保税区	• 经国务院批准设立 • 一般实行封闭管理 • 一般不限制仓储期限 • "一线"和"二线"不同的通关特征 • 货物可享受出口退税政策
	出口加工区	
	保税物流园区	
	保税港区	
	综合保税区	
	跨境工业区	

从表 4-1 中我们可以看出,区别于保税监管场所,海关特殊监管区域有如下 5 个基本特征:一是需经过国务院的审批,而非海关;二是采取封闭围网管理,海关特殊监管区域基础和监管设施验收有严格的标准;三是在选址上,海关特殊监管区域通常设在海港、河港、边境地带等地的指定区域内,一般不限制仓储期限;四是具有"一线"和"二线"不同的通关特征①;五是具备保税功能,境外货物进入园区,海关不征收进口关税和进口环节增值税。对区域内的货物实施保税政策,区内可开展保税货物的加工、仓储、转口、展示等业务,即保税加工和保税物流两大业务。

海关特殊监管区域是为了扩大对外开放,推进加工贸易转型升级和提高贸易便利化水平而设立的特殊功能区,因此作为发展对外贸易、国际物流(包括保税物流)的重要场所,其主要功能包括口岸、物流、加工和其他功能。不同类型的海关特殊监管区域在功能上多少存在差异,对此将在本章第二节中一一进行详细说明。

二、中国海关特殊监管区域发展现状

为适应我国不同时期对外开放和经济发展的需要,自 1990 年 6 月国务院批准设立上海外高桥保税区至今,我国设立了出口加工区、保税区、保税物流园区、保税港区、综合保税区和跨境工业区等六大类型共 130 家海关特殊监管区域,遍布 28 个省份。截至 2014 年底,封关运行并已实际开展进出

---

① 所谓"一线"是指自由贸易区与国境外的通道口,"一线放开",是指境外的货物可以自由地、不受海关监管地自由进入自由贸易区,自由贸易区内的货物也可以自由地、不受海关监管地自由运出境外。所谓"二线"则是指自由贸易区与海关境内的通道口;"二线管住",是指货物从自由贸易区进入国内非自由贸易区,或货物从国内非自由贸易区进入自由贸易区时,海关必须依据本国海关法的规定,征收相应的税收。

口业务的海关特殊监管区域总数达到113家,比2013年增加12家。

各类型的总数方面(见图4-1),最多的类型是综合保税区,多达55家;其次是出口加工区为40家。综合保税区数的迅速增加是由于自2014年以来,海关特殊监管区域复制推广上海自贸试验区海关监管创新,加快了整合优化的步伐,仅2015年2月就有7家出口加工区整合优化为综合保税区。因此,从今后的发展趋势来看,将有越来越多的出口加工区转型升级为综合保税区。

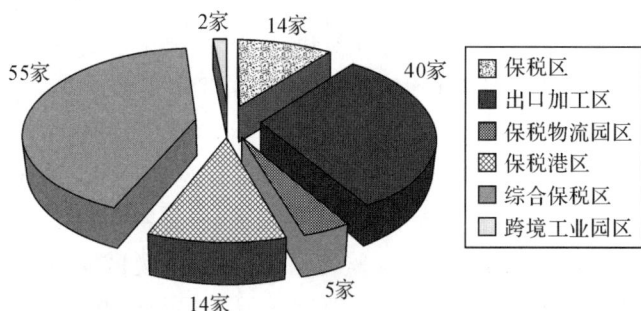

图4-1　中国海关特殊监管区域种类

区域分布方面(见表4-2),绝大多数的海关特殊监管区域设在开放程度高、经济实力强、辐射带动作用大、交通便利的沿海地区。截至2015年5月底,沿海地区的海关特殊监管区域达到87家,约占总数的66.92%,内陆地区50家。其中保税区、保税物流园区均设在沿海港口城市,14家保税港区中有13家设在沿海港口城市。从经济区域来看,29.23%的海关特殊监管区域设在长三角经济区,11.54%设在珠三角经济区,20.00%设在环渤海经济区。随着我国西部地区的大开发以及"一路一带"战略的推进,增设在内陆地区的海关特殊监管区域呈现增多趋势。

表 4-2　我国海关特殊监管区域整体分布情况及占比

	全国总数(沿海地区)	长三角	环渤海	泛珠三角(珠三角)	其他地区
保税区(家)	14(14)	3	3	8(6)	—
出口加工区(家)	40(26)	12	8	14(2)	6
保税物流园区(家)	5(5)	1	1	3(2)	—
保税港区(家)	14(13)	3	4	6(2)	1
综合保税区(家)	55(28)	19	10	12(2)	14

续表

	全国总数(沿海地区)	长三角	环渤海	泛珠三角(珠三角)	其他地区
跨境工业区(家)	2(1)	—	—	1(1)	1
总计(家)	130(87)	38	26	44(15)	22
占比	100%(66.92%)	29.23%	20.00%	33.85%(11.54%)	16.92%

资料来源:作者根据相关资料计算整理而成。

政策法规方面,从 1990 年我国保税区第一个海关管理办法——《中华人民共和国海关对进出上海外高桥保税区货物、运输工具和个人携带物品的管理办法》(简称《外高桥办法》),到 1997 年我国保税区第一个统一规章——《保税区海关监管办法》,再到 2012 年国务院颁布的《关于促进海关特殊监管区域科学发展的指导意见》(简称《指导意见》),可以看出我国海关特殊监管区域的相关法律法规体系正在不断完善中。特别是 2012 年的《指导意见》指出要整合现有的海关特殊监管区域,推动保税区向符合国际惯例的自由贸易区转型发展①,是海关特殊监管区域发展新的起点和机遇。目前,海关总署针对保税区、出口加工区、保税物流园区、保税港区、综合保税区和跨境工业区分别制定了管理暂行办法,国家税务总局和外汇局专门就各类海关特殊监管区域的税收、外汇等方面也出台了相关管理办法,但是大多属于部门性的行政规章(见表 4-3、表 4-4),存在法律保障层次低、类型数量多、相互间不统一等问题。缺少高层次统一的专门性法律法规,导致各地的海关特殊监管区域在行政级别设置、海关监管模式、企业入园标准、政策优惠力度等方面存在随意性,不利于海关特殊监管区域的依法规范运营和监管。

---

① 《指导意见》提出了稳步推进特殊监管区域整合优化;完善政策和功能,促进加工贸易向产业链高端延伸,延长国内增值链条;鼓励加工贸易企业向特殊监管区域集中等发展目标。明确了在基本不突破原规划面积的前提下,逐步将现有出口加工区、保税物流园区、跨境工业区、保税港区及符合条件的保税区整合为综合保税区。目前不具备整合条件的特殊监管区域,可暂予保留。此外,新设立的特殊监管区域,原则上统一命名为"综合保税区"。在特殊监管区域的管理方面,要求制定特殊监管区域入区项目指引,引导符合海关特殊监管区域发展目标和政策功能定位的企业入区发展,避免盲目招商。在功能拓展方面,明确了在严格执行进出口税收政策和有效控制风险的前提下,支持特殊监管区域内企业选择高技术含量、高附加值的项目开展境内外检测维修业务。鼓励在有条件的特殊监管区域开展研发、设计、创立品牌、核心元器件制造、物流等业务,促进特殊监管区域向保税加工、保税物流、保税服务等多元化方向发展。

表 4-3 海关特殊监管区域相关法规

现行法规名称	通过/施行时间
《海关特殊监管区域基础和监管设施验收标准》(署加发〔2007〕143 号)	2007.01.31
《保税监管区域外汇管理办法》(汇发〔2007〕52 号)	2007.08.15/2007.10.01 (2013.04.23 废止)
《关于促进海关特殊监管区域科学发展的指导意见》(国发〔2012〕58 号)	2012.10.27
《海关特殊监管区域外汇管理办法》(汇发〔2013〕15 号)	2013.04.23/2013.06.01
《海关特殊监管区域设立审核办法(试行)》、《海关特殊监管区域退出管理办法(试行)》(署加发〔2013〕273 号)	2013.12.16/2014.01.01
《关于海关特殊监管区域间保税货物结转管理的公告》(总署公告〔2014〕第 83 号)	2014.11.19/2014.11.19
《关于全面实施海关特殊监管区域(保税监管场所)货物分批内销享受优惠税率有关事宜的公告》(总署公告〔2014〕第 96 号)	2014.12.31/2015.01.01

资料来源:作者参照海关总署网站整理所得。

表 4-4 按类别各海关特殊监管区域的相关法规

类别	现行法规名称	首次颁布及修订情况(通过/施行时间)
保税区	《保税区海关监管办法》	《保税区海关监管办法》(海关总署令第 6 号)(1997.06.10/1997.08.01)
	《保税区外汇管理办法》	《保税区外汇管理办法》(汇政发字〔1995〕第 015 号)(1995.12.18/1996.01.01)、《关于实施〈保税区外汇管理办法〉有关问题的通知》(1996.01.24)(2002.10.01 废止)、《关于保税区外汇管理有关问题的通知》(汇发〔1998〕8 号)(1998.09.01/1998.09.01)、《关于保税区企业外汇管理有关问题的批复》(汇复〔2000〕208 号)(2000.07.26/2000.07.26)(2002.10.01 废止)①、《保税区外汇管理办法》(汇发〔2002〕74 号)(2002.07.25/2002.10.01)(2007.10.01 失效)

---

① 《保税区外汇管理办法》(汇发〔2002〕74 号)第五章附则第三十八条中:1995 年 12 月 16 日国家外汇管理局发布的《保税区外汇管理办法》、1996 年 1 月 24 日国家外汇管理局发布的《关于实施〈保税区外汇管理办法〉有关问题的通知》、1998 年 7 月 27 日国家外汇管理局发布的《关于浙江分局所询保税区外银行对区内企业售付汇行为定性处理问题的复函》、1998 年 9 月 1 日国家外汇管理局发布的《关于保税区外汇管理有关问题的通知》、2000 年 7 月 26 日国家外汇管理局发布的《关于保税区外汇管理有关问题的批复》和 2002 年 1 月 29 日国家外汇管理局综合司发布的《国家外汇管理局综合司关于转发〈关于保税区外商投资企业设立分支机构有关问题的通知〉的通知》以及其他配套的规章和规范性文件同时废止。

续表

类别	现行法规名称	首次颁布及修订情况(通过/施行时间)
出口加工区	《中华人民共和国海关对出口加工区监管的暂行办法》	《国务院关于修改〈中华人民共和国海关对出口加工区监管的暂行办法〉的决定》(国务院令第81号)(2000.04.27/2000.05.24) 第一次修订:国务院办公厅关于出口加工区有关问题的复函(国办函〔2002〕64号)(2002.06.21) 第二次修订:《国务院关于修改〈中华人民共和国海关对出口加工区监管的暂行办法〉的决定》(国务院令第389号)①(2003.09.02/2003.11.01) 第三次修订:《国务院关于废止和修改部分行政法规的决定》(国务院令第588号)②(2010.12.29/2011.01.08)
	《出口加工区加工贸易管理暂行办法》	(商务部2005年第27号令)(2005.11.22/2006.01.01)
	《出口加工区税收管理暂行办法》	(国税发〔2000〕155号)(2000.10.26/2000.10.26)
保税物流园区	《中华人民共和国海关对保税物流园区的管理办法》	《中华人民共和国海关对保税物流园区的管理办法》(海关总署令第134号)(2005.11.01/2006.01.01) 修订:《海关总署关于修改〈中华人民共和国海关对保税物流园区的管理办法〉的决定》(海关总署令第190号)③(2010.05.01/2010.05.01)
	《国家外汇管理局关于保税物流园区外汇管理有关问题的通知》	(汇发〔2005〕92号)(2005.12.20/2005.12.20)(2007.10.01失效)

---

①　修订内容为:一、第二十条修改为:"区内企业的加工产品和在加工生产过程中产生的边角料、残次品、废品等应复运出境。因特殊情况需要运往区外时,由企业申请,经主管海关核准后,按内销时的状态确定归类并征税。如属进口许可证件管理商品,免领进口许可证件。如属《限制进口类可用作原料的废物目录》所列商品,应按现行规定向环保部门申领进口许可证件。对无商业价值的边角料和废品,需运往区外销毁的,应凭加工区管理委员会和环保部门的批件,向主管海关办理出区手续,海关予以免进口许可证件、免税。"二、删去第四十四条。此外,对部分条款的表述予以修改,并对条文顺序作相应调整。

②　修订内容为:将《中华人民共和国海关对出口加工区监管的暂行办法》第四十三条中的"《中华人民共和国海关法行政处罚实施细则》"修改为"《中华人民共和国海关行政处罚实施条例》"。

③　修订内容为:将原办法第七条第三项由"进出口贸易,包括转口贸易"修改为"国际转口贸易"。

类别	现行法规名称	首次颁布及修订情况（通过/施行时间）
保税港区	《中华人民共和国海关保税港区管理暂行办法》	《中华人民共和国海关保税港区管理暂行办法》（中华人民共和国海关总署令第164号）（2007.08.29/2007.10.03） 修订：《海关总署关于修改〈中华人民共和国海关保税港区管理暂行办法〉的决定》（海关总署令第191号）①（2010.03.01/2010.05.01）
综合保税区	同上②	—
跨境工业园区	《中华人民共和国海关珠澳跨境工业区珠海园区管理办法》	《中华人民共和国海关珠澳跨境工业区珠海园区管理办法》（海关总署令第160号）（2007.02.14/2007.04.08） 修订：《关于修改〈中华人民共和国海关珠澳跨境工业区珠海园区管理办法〉的决定》（海关总署令第189号）③（2010.03.01/2010.05.01）

资料来源：作者参照国务院、海关总署网站整理所得。

　　经济运行情况方面，由于世界经济复苏缓慢，我国经济步入"新常态"阶段，2014年全国海关特殊监管区域（包括保税区、出口加工、保税物流园区、保税港区、综合保税区和珠澳跨境工业区）进出口额为6961.7亿美元，同比降低1.6%，占全国进出口总额16.2%。其中进口额为3467.2亿美元，同比下降2.2%；出口额为3494.5亿美元，同比下降1.0%；加工、贸易、物流三大产业有了较快发展，实现经营总收入49929.1亿元，比上年增长11.7%。加工业完成工业产值20371.3亿元，增长11.7%。贸易业完成商品销售额25208.2亿元，增长5.9%。物流业完成经营收入6871.0亿元，增长15.5%。其他各项主要经济指标详见表4-5。

---

　　①　修订内容为：将原办法第八条第二项由"对外贸易，包括国际转口贸易"修改为"国际转口贸易"。

　　②　《中华人民共和国海关保税港区管理暂行办法》中第四十五条：经国务院批准设立在内陆地区的具有保税港区功能的综合保税区，参照本办法进行管理。

　　③　修订内容为：一、删除《办法》第六条第三项；二、将《办法》第六条第五项由"进出口贸易，包括转口贸易"修改为"国际转口贸易"。

表 4-5　2014 年全国海关特殊监管区域主要经济指标完成情况

指标	2011 年	2012 年	2013 年	2014 年	增长(%)
进出口总额(亿美元)	1950.6	6065.8	7074.7	6961.7	−1.6
其中:进口额(亿美元)	1356.9	3112.2	3546.1	3467.2	−2.2
出口额(亿美元)	593.7	2954.6	3528.6	3494.5	−1.0
经营总收入(亿元)	4190.4	40131.0	44707.8	49929.1	11.7
工业总产值(亿元)	4717.9	17287.1	18235.6	20371.3	11.7
商品销售额(亿元)	—	21211.9	23812.5	25208.2	5.9
物流企业经营收入(亿元)	—	5419.2	5946.9	6871.0	15.5
新增注册企业(家)	—	5797.0	10949.0	20597.0	88.1
吸引投资总额(亿美元)	238.4	272.2	462.8	1125.4	143.2
外商投资总额(亿美元)	—	144.2	147.3	378.1	156.7
合同外资(亿美元)	68.7	110.5	113.2	246.3	117.6
实际利用外资(亿美元)	45.8	63.8	69.4	108.9	56.9
税务部门税收 (亿元)	—	832.2	904.4	1001.3	10.7
期末从业人员 (万人)	—	192.4	190.2	195.7	2.9

资料来源:作者根据中国保税区出口加工区协会的相关资料编制而成。

从表 4-6 我们可以看出,从 2014 年全国海关特殊监管区域进出口的整体情况来看,除了保税区为负增长(−26.8%)外,出口加工区、保税物流园区、保税港区和综合保税区的进出口均有增长。其中,保税物流园区有小幅增长,增幅为 3.9%,增幅最大的是保税港区,高达 55.3%。从贸易方式来看,保税区和保税物流园区以区域物流货物进出口为主,特别是在保税物流园区,区域物流货物占比达到了 93.7%;出口加工区、保税港区和综合保税区以来料加工货物进出口为主,同时区域物流货物进出口发展也较好,占比均超过了 26%。从企业性质来看,主要以外商独资企业和私营企业为主;除保税港区外,保税区、出口加工区、保税物流园区和综合保税区的外商独资企业的进出口值占比均超过私营企业,最少为 44.8%,最多为 67.2%,优势明显。从进出口国别(地区)的前三位来看,美国和中国香港均列入前两位,第三位则分别由日本、中国台湾和韩国占据。

表 4-6　2014 年全国海关特殊监管区域进出口情况　　（单位：亿美元）

		保税区	出口加工区	保税物流园区	保税港区	综合保税区
进出口总额（增幅）		2321.0 (-26.8%)	1358.3 (17.2%)	159.5 (3.9%)	911.8 (55.3%)	2208.3 (10.3%)
	进口	1484.8 (-22.6%)	521.3 (22.4%)	65.2 (3.8%)	509.6 (51.0%)	884.7 (10.6%)
	出口	836.2 (-33.2%)	837.0 (14.2%)	94.3 (3.9%)	402.2 (61.2%)	1323.6 (10.0%)
来料加工货物进出口值（占比）		537.2 (23.1%)	961.3 (70.8%)	—	324.6 (53.7%)	1222.1 (55.3%)
	进口	248.8	278.6	—	109.5	362.3
	出口	288.4	682.7	—	215.1	859.8
区域物流货物进出口值（占比）		1231.2 (53.0%)	363.2 (26.7%)	149.5 (93.7%)	489.9 (35.6%)	732.5 (33.2%)
	进口	848.2	—	64.9	366.8	367.3
	出口	383.0	—	84.6	123.1	365.2
一般贸易货物进出口值（占比）		489.6 (21.1%)	—	—	—	—
	进口	362.4	—	—	—	—
	出口	127.2	—	—	—	—
外商独资企业进出口值（占比）		1393.8 (60.1%)	912.3 (67.2%)	71.4 (44.8%)	203.7 (22.3%)	1093.7 (49.5%)
	进口	940.5	269.9	41.6	—	343.5
	出口	453.3	642.4	29.8	—	750.2
私营企业进出口值		595.1 (25.6%)	317.8 (23.4%)	42.2 (26.5%)	430.7 (47.2%)	456.9 (20.7%)
	进口	317.8	—	—	237.5	—
	出口	277.3	—	—	193.2	—
进出口国别（地区）前三位		中国香港 452.3	美国 305.1	美国 25.8	中国香港 138.2	美国 536.0
		美国 191.3	中国香港 188.3	中国香港 17.9	美国 126.7	中国香港 209.1
		日本 181.9	中国台湾 169.6	日本 13.6	韩国 75.3	中国台湾 198.6

资料来源：作者根据中国保税区出口加工区协会简报（2015 年第 1 期）资料整理编制而成。

20多年来,海关特殊监管区域在承接国际产业转移、推进加工贸易转型升级、扩大对外贸易和促进就业等方面发挥了积极作用,但由于种类过多,不同类型的海关特殊监管区域之间分界模糊、功能重叠、政策交叉,在发展过程中还存在重申建轻发展、功能单一等问题。在新经济形势下,这些问题导致海关特殊监管区域面临着政策功能不统一、产业结构较为单一、生产型服务业缺乏支持等制约因素,处于整合优化、科学发展的重要关口。海关总署新闻发言人张广志指出:"这些制约因素在一定程度上影响了海关特殊监管区域的协调与可持续发展,阻碍了其连接两个市场、统筹两种资源的枢纽作用。"①国家十分重视海关特殊监管区域的整合优化和科学发展,早在2012年10月27日,国务院就出台了《关于促进海关特殊监管区域科学发展的指导意见》,明确将整合特殊监管区域类型,完善政策和功能,强化监管和服务,促进特殊监管区域科学发展;2015年5月18日,国务院批转了国家发展改革委《关于2015年深化经济体制改革重点工作意见》(以下简称《意见》),在该《意见》第七方面"构建开放型经济新体制,实施新一轮高水平对外开放"的第二十六条中,指出将出台实施加快海关特殊监管区域整合优化改革方案,在符合条件的海关特殊监管区域开展高技术、高附加值项目境内外检测维修、融资租赁和期货保税交割海关监管制度等改革试点,总结苏州、重庆贸易多元化试点经验,适时研究扩大试点。

第二节　中国海关特殊监管区域的主要类型

一、保税区

保税区是经国务院批准,20世纪90年代开始建立的最早的海关特殊监管区域。当时由于多种经济成分、多种贸易方式的出现,以及对自由贸易的需求,国家引进自由港、自由贸易区的概念,设立了保税区(Free Trade Zoo)。

(一)保税区的发展历程

由于保税区的发展是一个历史过程,是循序渐进式的,其发展特性和制

---

① 　参见《整合优化大幕开启 113个海关特殊监管区域面临"洗牌"》,《经济日报》2014年5月6日第6版。

度变迁既受世界经济自由区发展的一般规律的制约,又必然体现着中国渐进式改革和梯度对外开放的特点。我国保税区的成长和发展完全是一个探索的过程,是一个不断克服体制障碍、努力与国际惯例接轨的过程。① 关于保税区的发展历程,国内学者有不同的观点。大多数的国内学者把它划分为三个阶段,第一阶段为 1990 年到 1996 年,第二阶段为 1997 年到 2000 年,2001 年到至今为第三阶段。也有部分学者把它划分为四个阶段,添加了 1978 年到 1990 年作为保税区的酝酿阶段。正如下文中将具体说明的,我国兴建保税区最早可以追溯到 1987 年。本书采用这一方法,把保税区的发展阶段划分为酝酿试验、正式建立、快速发展和调整转型等四个阶段。

1. 保税区的酝酿试验阶段(1978—1990 年)

作为我国改革开放实际与国际经验相结合的产物,保税区的"横空出世"可以说与我国经济特区以及经济技术开发区的发展密切相关。我国保税区设立前的试验,主要是在沿海地区的经济特区或经济技术开发区内展开。1978 年底我国开始实施改革开放政策,1980 年设了 4 个经济特区(深圳、珠海、汕头、厦门)②,1984 年开放了 14 个沿海港口城市③,1985 年开辟了沿海经济开放区④,1988 年开始设立经济技术开发区。在此全方位、多层次、宽领域的对外开放格局初步形成的过程中,保税区的实践处在摸索阶段。其事实依据如下:

1981 年 7 月,中共中央、国务院批转的《广东、福建两省和特区经济工作会议纪要》(中发〔1981〕27 号)指出:"海关对特区进口的货物、物品要给予特殊的关税优惠。特区和非特区的分界线进行严格的管理和控制之后,凡经批准进口特供特区使用的生产资料和消费资料,除烟酒按最低税率减半征税、少数物品按章征税外,其他均免征关税。特区运往内地的货物、物品,应按一般进口的规定办理。"按照中央举办经济特区的初衷,特区与非特区之间设立隔离线(即"二线")后,特区与境外之间的边境分界线(即"一线")的货物、人员、资金往来将逐步开放,境外进来的货物可以免税进入特区,从特

---

① 参见中国(上海)自由贸易试验区专题研究,http://ftz. fudan. edu. cn/? page_id=67.

② 设立经济特区最早始于邓小平在 1979 年 4 月提出要开办"出口特区",同年 7 月国家同意在深圳、珠海、汕头和厦门试办出口特区。1980 年 5 月,改称为经济特区。

③ 14 个沿海开放城市分别为:大连、天津、秦皇岛、青岛、烟台、上海、南通、连云港、宁波、温州、福州、广州、湛江、北海。

④ 沿海经济开放区包括:长江三角洲、珠江三角洲和闽东南的厦门、漳州、泉州三角洲地区和环渤海湾地区(山东半岛和辽东半岛)。

区运往内地照章征税。① 但由于"一线"没能真正放开,特区没能达成特殊关税区的目标,所以,1987 年 12 月 25 日,国务院在深圳建立沙头角保税工业区进行试点。它是以世界第三代出口加工区为蓝本而建成的出口加工区,目标是要实现以技术和资金密集型产业为主,独立制造与高级装配相结合的多功能综合出口加工区。除此之外,其另一个重要意图则是用作实施保税政策的特殊区域。因此,这实际上可以算是我国的第一个保税区。1990年 2 月 18 日,又在深圳设立了福田保税工业区,试行效仿香港的模式,特殊优惠政策和模式全盘移植沙头角保税工业区的措施,实行全封闭式管理,开放度和自由度更大,进一步积累了经验。由于这两个保税区都是试点,并非正式的保税区,故该阶段可以认为是酝酿阶段。

2. 保税区的正式建立阶段(1990—1996 年)

通过深圳沙头角和福田两个试点的试验和探索,1990 年 6 月,建立了我国首个保税区——上海外高桥保税区,标志着我国进入保税区的兴建与初步发展阶段。当时,它的英文译名就叫"Free Trade Zone"(自由贸易园区),而不是"Bonded Area"(保税区)。继上海外高桥保税区之后,1991 年,天津港保税区获批半个月之后的 5 月 28 日,国务院又正式认可了深圳沙头角和福田保税工业区的地位,把它们更名为深圳沙头角保税区和福田保税区。1992 年,保税区的设立进入了高峰期。这一年获批的保税区多达 8 个,依次是大连大窑湾、广州黄埔、厦门象屿、张家港、海口、福州、宁波、青岛。1993年,批准设立了汕头保税区。1996 年,批准设立了深圳盐田港保税区和珠海保税区,从而形成了全国 15 个保税区的基本格局。各保税区的主要任务是土地开发、基础设施建设、资金筹集、功能培育、招商引资等。

这一阶段,在保税区相关法律和规章制度的建立以及基础设施建设方面也取得了实质性进展。政策法规方面,1990 年 9 月,国务院批复了《中华人民共和国海关对进出上海外高桥保税区货物、运输工具和个人携带物品的管理办法》(简称《外高桥办法》),这是我国保税区的第一个海关管理办法。1991 年,国家外汇管理局出台了《保税区外汇管理暂行办法》,并于1996 年 1 月 1 日正式实施了《保税区外汇管理办法》。此外,各保税区根据自身实际制定了一系列的专门条例。基础设施建设方面,保税区以土地开发和房地产建设为主要内容,不断对投资环境进行完善。

在这一阶段,还有一个对保税区的发展有着重大意义的就是 1994 年 6

---

① 高乡海:《中国保税区转型的模式》,上海财经大学出版社 2006 年版,第 134 页。

月在天津召开的全国保税区工作会议（又称天津会议），会上明确提出了保税区的三大功能是出口加工、国际贸易和保税仓储，从而使我国保税区功能定位问题有了一个统一的、权威的说法。

3. 保税区的快速发展阶段（1997—2000 年）

1997 年 8 月 10 日，国务院批准了《保税区海关监管办法》，从而弥补了保税区自设立以来，国家对于包括货物监管在内的保税区专属政策方面，没有统一规章的缺陷，使保税区的管理有了更加规范的保证，成为这一阶段的重要标志。其实，在《外高桥办法》颁布实施后，海关总署参照该办法，借鉴海关合作理事会《京都公约》中《关于自由区的附约》的相关条款，拟定了《中华人民共和国海关对保税区货物、运输工具和个人携带物品的管理办法》（简称《管理办法》），但并没有正式公布及实施。1996 年，海关总署将《管理办法》上报国务院，经过修改，国务院于 1997 年 8 月正式批准，即为《保税区海关监管办法》。该办法规定"保税区是海关监管的特定区域"，明确了海关对保税区的政策，使保税区的优惠政策有了法律上的依据。同时，也使所谓"一线放开、二线管住"的保税区特有的开放机制有了政策和法律的保障。另外，经过 1997 年的全国税改，保税区的税收优惠政策也得到了进一步调整和规范。

这一阶段，在硬件建设日臻完善的基础上，保税区建设逐渐转向以软环境建设为主。除了国家层面的管理办法和政策，各种地方的管理条例、配套法规也相继出台，初步实现了依法治区。此外，还注重加强招商引资的后续配套服务，确保进区企业能充分享受优惠，使企业更为稳定运作，并积极探索保税区的管理体制。譬如，上海外高桥保税区率先在区内试行部分中外大型企业的电子化纳税申报，实施了区内企业的联网工程；张家港保税区开辟了与上海虹桥机场的"空中通道"，为区内企业开展转口贸易等经营提供便利。这些新的探索大大优化了区内的投资环境。除了政策法规、软环境的建设，这一阶段保税区的另一特征是功能内涵的转变，在功能开发上更为深入，从以国际贸易、保税仓储和出口加工三大功能为主转向贸易、加工、物流服务业为一体的多元化功能，即以综合型功能开发为主，逐渐与国际接轨。这些功能的转变使保税区的综合经济实力得到明显提高，对当地经济的辐射功能更为显著，并成为母城经济发展的重要增长点。

4. 保税区的调整和转型阶段（2001 年至今）

这一阶段是保税区向自由贸易区域转型体制机制建立阶段。我国朝着贸易自由化迈出了关键一步的标志性事件就是 2001 年正式加入 WTO。这一事件对保税区的发展也产生了重要影响，即意味着保税区运营体系和管理机制必须与国际接轨,遵从国际通行的惯例。那么,这也就促使我国政府为此构建统一、稳定、健全的法律体系,实现保税区管理的规范化与法制化。在我国融入经济全球化的同时,区域经济一体化进程的加速,也迫使保税区必须通过创新来确保其优势,实现可持续发展。最为典型的就是作为区域经济一体化最基本形式之一的 FTA 签订热潮。如本书第二章第一节中所谈到的,自从 2002 年与东盟签署的《中国与东盟全面经济合作框架协议》以来,2003 年和 2004 年又分别与香港和澳门签订的 CEPA 协议(《内地与香港关于建立更紧密经贸关系安排》《内地与澳门关于建立更紧密经贸关系安排》),截至 2015 年 3 月,我国已实施的自贸区达到了 13 项,正在谈判的自贸区有 8 项,正在进行可行性研究的有 4 项。

此外,我国在 2013 年 8 月 22 日,正式批准设立上海自贸试验区后,在 2014 年又批准了天津、福建和广州 3 个自由贸易试验区。自由贸易试验区的建立,使人们对海关特殊监管区域的研究更多地聚焦在体制机制方面,对保税区的发展有着"示范效应"和"溢出效应"。"示范效应"主要体现在体制和政策的创新上,以经济开放倒逼管理机制改革,推动政府职能的转变,强化市场的调解作用,放松投资、金融等领域的管制。"溢出效应"主要表现在通过促进传统制造业向高端制造业发展,为保税区内的企业创造了更多承接高端制造业的机会和途径。当然,从另一方面来看,也带来了"虹吸效应",主要体现在自贸试验区作为一个更高水平扩大开放和制度创新的平台,具有巨大的集聚和辐射能量。短期内将吸纳并聚集资金、人才等资源要素和企业,外加"负面清单"管理带来的贸易投资便利化、金融领域的开放创新,从而对周边保税区的招商引资带来巨大的压力。而无论是扩大"溢出效应",还是避免"虹吸效应",都要求保税区通过转型升级,更主动地对接。

除了加入 WTO 区域经济一体化的加速外,加入 WTO 以来,我国的国民经济也取得了长足的发展。整个经济形势的变化及其发展战略的变化也迫使保税区面临如何在充分发挥自身优势和潜力的基础上,服务于我国国民经济发展的问题。综上,随着全球经济一体化和我国融入全球经济步伐的加快,面对新的发展战略机遇,如何进行体制机制的创新,并保持可持续发展,成为保税区迫切需要解决的问题。

这一时期,我国保税区的相关管理部门也积极探索管理体制、功能等方面的探索和创新,并取得了一些成效。例如,上海外高桥保税区和宁波保税

区等成为国家进口贸易促进创新示范区①;宁波保税区做成了我国规模最大
的红酒市场,并开启了国家跨境贸易(进口)电子商务试点等。

（二）保税区的基本情况

保税区是指经国务院批准设立的海关监管的特定区域,为深化对外开
放工作,从 1990 设立第一个保税区——上海外高桥保税区起,截至 1996
年,我国共设了 15 个保税区。在 2008 年 12 月 22 日,海口保税区升级为综
合保税区,原保税区不再保留②,因此,目前,我国保税区的实际个数为 14
个。设立保税区的目的在于拓宽国际贸易渠道,进一步加强国内市场与国
际市场的联系,增强参与国际经济的交往能力,努力拓展出口。经过 25 年
多的发展,保税区已经成为拉动母城及其腹地外向型经济发展的重要载体,
同时也是所在区域发展与国际经济运行惯例接轨的重要平台。我国保税区
的基本情况如表 4-7 所示。

表 4-7　中国保税区的基本情况

省份	关区	名称（获批时间）	规划面积 （平方公里）	功能定位
上海	上海	上海外高桥保税区 (1990.06.02)	10.00	国际贸易服务、金融服务、专业服务功能为主,商业、商务、文化、休闲多元功能集成的综合性功能集聚区③
天津	天津	天津港保税区(1991.05.12)	7.00	国际贸易、现代物流、临港加工和商品展销

①　国家进口贸易促进创新示范区共有 4 个,其目的是为了为落实国务院有关"培育国家进口贸易促进创新示范区,充分发挥进口贸易集聚区对扩大进口的示范和带动作用"的要求,2011 年 9 月 29 日,商务部在上海外高桥保税区设了我国第一个国家级的进口贸易促进创新示范区;2012 年 12 月 26 日,又把宁波保税区、天津东疆保税港区、苏州工业园区等 3 家定为试点单位。

②　2008 年 12 月 22 日,国务院批准同意海口保税区区位调整至海南老城经济开发区内,并转型升级为海口综合保税区,原海口保税区不再保留。

③　上海自贸试验区扩区后,上海外高桥保税区改变了原来保税生产资料市场及保税仓储、出口、加工、金融和信息咨询服务的功能定位。参考上海自贸试验区官网(http://www.china-shftz.gov.cn)。

续表

省份	关区	名称(获批时间)	规划面积(平方公里)	功能定位
辽宁	大连	大窑湾保税区(1992.05.13)	3.10	国际贸易、生产加工、保税仓储
江苏	南京	张家港保税区(1992.10.16)	4.10	保税仓储和展示、国际贸易、保税加工
浙江	宁波	宁波保税区(1992.11.19)	2.30	国际贸易、保税仓储、出口加工
山东	青岛	青岛保税区(1992.11.19)	3.80	国际贸易、出口加工、保税仓储
福建	厦门	象屿保税区(1992.10.15)	2.36①	国际贸易、对台贸易、仓储运输、出口加工
	福州	福州保税区(1992.11.19)	1.80	国际贸易、转口贸易、出口加工、保税仓储
广东	深圳	福田保税区(1991.05.28)	1.98	国际贸易、高科技和技术先进工业、保税仓储、金融
		沙头角保税区(1991.05.28)	0.27	国际贸易、保税仓储、转口贸易
		盐田港保税区(1996.09.27)	0.85	转口贸易、保税仓储、
	黄埔	广州黄埔保税区(1992.05.13)	1.40	转口贸易、出口加工、国际商品展示、保税仓储
	汕头	汕头保税区(1993.01.11)	2.34	国际转口贸易、出口加工、仓储运输
	拱北	珠海保税区(1996.11.03)	3.00	保税加工、保税物流、国际贸易

资料来源:作者根据中国出口加工区协会网站(http://www.cfea.org.cn/lq03.asp)及各保税区资料汇总整理所得。

区域面积方面。14个保税区的规划总面积为44.3平方公里,其中规模最大的是上海外高桥保税区,有10平方公里;其次是天津保税区,为北方规模最大的保税区;最小的是只有0.27平方公里的深圳沙头角保税;其他10个保税区的规划面积在1到4平方公里不等。

区域分布方面。我国的保税区多分布在沿海地区并临港而建,地处中心城市及经济枢纽,海陆空运输便利,区域经济效应明显,进出口物流市场各种资源要素比较集中,区位地理优势显著。具体来看,14个保税区均设在我国东南沿海地区,即辽宁、天津、山东、江苏、上海、浙江、福建以及广东这8

① 厦门象屿保税区的规划面积数据查自厦门政府网站(http://www.xm.gov.cn/lsd-jt/201210/t20121012_552207.htm)。

个省和直辖市,其中广东省最多,有 6 个。南京张家港保税区为我国首家内河港型保税区。

功能定位方面。保税区设立之初,其基本功能是出口加工、转口贸易和保税仓储。发展至今天,其主要功能是国际贸易、现代物流、加工制造和展示展销等相关服务贸易,具体涉及:保税物流、一般贸易、出口加工、展示展览、国际采购、分拨和配送、国际中转、售后服务、检测维修、配套业务服务、科技研发等功能。但由于各个保税区的个体差异,在功能定位上各有侧重(见表 4-7)。

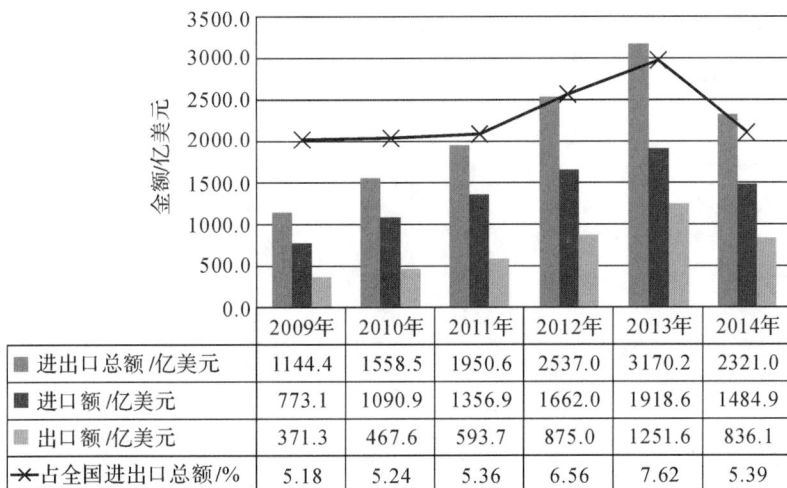

	2009年	2010年	2011年	2012年	2013年	2014年
■ 进出口总额/亿美元	1144.4	1558.5	1950.6	2537.0	3170.2	2321.0
■ 进口额/亿美元	773.1	1090.9	1356.9	1662.0	1918.6	1484.9
■ 出口额/亿美元	371.3	467.6	593.7	875.0	1251.6	836.1
✕ 占全国进出口总额/%	5.18	5.24	5.36	6.56	7.62	5.39

图 4-2　中国保税区进出口总额变化情况(2009—2014 年)

资料来源:作者根据中国保税区出口加工区协会和海关总署统计数据计算所得。

经济水平方面。如图 4-2 所示,从 2009 年到 2013 年,全国保税区的进出口额逐年增长,平均增幅在 30％左右。到 2014 年,因 2013 年高基数的影响,进出口额出现较大下滑,全国 14 家保税区完成进出口总额 2321.0 亿美元,比 2013 年下降 26.8％,占全国进出口总额的 5.4％。其中,进口 1484.9亿美元,下降 22.6％;出口 836.1 亿美元,下降 33.2％;上海外高桥保税区完成 983.6 亿美元,占全国保税区的 42.4％。2015 年第一季度实现进出口总额 452.8 亿美元,比去年同期下降 7.4％。其中,进口 112.2 亿美元,下降8.6％;出口 54.9 亿美元,下降 4.9％。各保税区的进出口情况如表 4-8所示。

表 4-8　中国各保税区进出口总额一览(2014 年、2015 年一季度)

	2014 年		2015 年一季度	
	进出口总额 (百万美元)	占比 (%)	进出口总额 (百万美元)	占比 (%)
天津港保税区	14460.95	6.23	2670.96	5.90
大连大窑湾保税区	2832.81	1.22	478.27	1.06
上海外高桥保税区	98363.39	42.38	21902.22	48.37
江苏张家港保税区	4048.72	1.75	764.24	1.69
宁波北仑港保税区	8569.36	3.69	1505.01	3.32
福州保税区	283.74	0.12	95.92	0.21
厦门象屿保税区	4622.65	1.99	1164.53	2.57
山东青岛保税区	5221.34	2.25	1036.81	2.29
广州保税区	2531.33	1.09	456.18	1.01
深圳福田保税区 深圳沙头角保税区 深圳盐田港保税区	88731.57	38.23	14746.26	32.57
珠海保税区	2183.14	0.94	399.04	0.88
汕头保税区	247.78	0.11	57.72	0.13
总　计	232096.78	100.00	45277.15	100.00

资料来源:作者根据海关总署统计数据计算所得。

　　其他经济指标方面。2014 年,全国保税区共完成工业产值 5816.2 亿元,比上年增长 3.9%,占全国特殊区域工业产值 28.6%;共实现商品销售额 25208.2 亿元,比上年增长 5.8%;物流企业经营收入 5116.1 亿元,比上年增长 4.6%,占全国特殊区域物流企业经营收入 74.5%;全年共新增注册企业 16910 家,比上年增长 1.0 倍,吸引投资额 862.0 亿美元,增长 1.7 倍。可以看出,保税区仍是全国特殊区域招商引资的主要增长点。

　　(三)保税区的发展特征与困境

　　保税区的设立对国内投资和运营环境的完善起到了积极作用,同时,保税区为我国发展外向型经济创造了更多的便利条件,进而使我国参与国际化的程度不断提高。我国保税区的一大特点是中国特色。在上文中提到的"天津会议"上,当时分管外贸工作的李岚清副总理对我国的保税区这样定义:"我国的保税区实际上类似其他国家在港口划出一块并用铁丝网围起来的自由区"。在之后中央级的对外文件中,有关保税区的对外宣传,都通译为"Free Trade Zone"(自由贸易区),而不是"Bonded Zone"(保税区)。我国保税区虽沿用了自由贸易区的名称,但其与国外的自由贸易区还是有着不少区别,如表 4-9 所示。

表 4-9　中国保税区与国外自由贸易区比较

	国外自由贸易区	中国保税区
海关管辖范围	境内关外	境内关内
功能定位	贸易为主	国际贸易、出口加工、物流分拨
设区主体	中央政府	地方申请,中央审批
管理体制	国家管理,具有权威性	地方政府管理,行政管理体制复杂,缺乏权威性
立法形式	国家立法	缺乏统一的法律规范

资料来源:成思危等《从保税区到自由贸易区》,经济科学出版社 2003 年版,第 74 页。

国外自由贸易园区是指划在关境内,置于海关管辖界限以外,完全撤销复杂的海关手续等贸易障碍,准许外国商品豁免关税自由进出的特殊区域,是处在"境内关外"。和其他类型的海关特殊监管区域一样,中国的保税区则为海关监管区域,是受海关监督和特定地区,处在"境内关内"。也正是由于设立之初这一中国特色带来的局限性,使得保税区在经济全球化的浪潮中,直面诸多挑战。保税区面临主要困境可以分为外来和自身两大方面。

(1)外来的威胁。世界经济一体化、区域化进程的加快,使保税区原有的优势弱化,出现"特区不特"的现象。加入 WTO 以来,根据国民待遇和非歧视原则,对外资的减免税等优惠政策的逐步取消,削弱了保税区的特殊经济优惠政策优势[①];2008 年的金融危机以来快速发展的区域性经济联盟,如 TPP 和 TIPP 等谈判,深刻影响着国际贸易和投资规则走向,加上 FTA 签订热潮,关税水平降低以及进出口许可证、配额管理限制等非关税壁垒逐步取消,削弱了保税区的保税政策优势和贸易自由度优势;服务贸易领域的开放力度的进一步加大,削弱了保税区的服务功能优势。2001 年,我国服务业进出口总额为 719 亿美元,而 2014 年达到 6043 亿美元,增速高达 12.6%,其增加值在三个产业中的比重多达 48.2%。其中,服务出口 2222 亿美元,

---

① 保税区享有的特殊经济优惠政策包括:一是企业所得税方面,保税区企业享有经济特区外商投资企业的所得税优惠政策;二是区内企业不论其经济成分,均可开设外汇账户;三是地方出台的税收返还优惠政策。

增长 7.6％；服务进口 3821 亿美元，增长 15.8％。此外，我国各地兴建的经济开发区、高新技术产业开发区、出口加工区和物流园区，在一些功能上与保税区交叉、重复，也导致保税区丧失了政策优势。

（2）自身的局限。保税区设立之初的历史局限性，导致其在运营机制和管理体制上存在以下缺陷。

一是"多头分管"影响了我国保税区的运营效率。我国保税区的管理体制呈现由中央政府、地方政府和保税区内部管理机构组成的三层管理架构（见图 4-3）。中央政府层面的管理上，首先，保税区的设立必须经过国务院的批准，属于中央管辖权。包括运行政策制定等的保税区的宏观管理则由国务院的相关部门负责，主要涉及海关总署、商务部、财政部、交通部、国土资源部、国家发改委、国家外汇管理局、国家税务总局、国家工商总局、国家质监局等十部委，各职能部门根据其职能、权限分别进行管理；地方政府层面的管理上，保税区在获批后，具体的实施行政管理主要由各级地方政府来完成，即属地化管理；保税区内部层面的管理上，保税区内部管理机构主要由保税区管委会和各驻保税区办事机构①组成，保税区管委会作为政府派出机构，负责保税区的具体管理工作。三个管理层次，中央国家机关、地方政府、保税区管委会、驻区海关、国检、国税、地税、消防、环保等部门形成了横向与纵向交叉的复杂的政府管理架构体系。② 可以看出，在管理架构体系中缺乏一个权威性的管理部门，各自为政，体制的不通畅，从而导致各部门对保税区的管理难以协调一致。

二是政策法规的不配套以及难以执行到位增加了管理难度。立法体系和规章制度不健全，除了《保税区海关监管办法》和《保税区外汇管理办法》外，全国统一立法缺位；且中央和地方法律法规缺乏统一性连续性，未能对我国的保税区在定性、功能定位、管理的体制机制、主体功能等方面明确提出相应的规范。立法层次混乱，变动频繁，相互冲突，使得保税区的管理缺乏统一的指导原则。此外，上文中提到的"多头分管"的管理体制也导致了政策的相互抵触，执行无法落到实处。

---

① 驻保税区办事机构主要是海关、外汇管理、出入境检验检疫、国税局、地税局、公安、检察、法院、消防等部门在保税区设的分支机构，直接管理保税区的各项相关事务。
② 李奇：《自由贸易区建设的目标模式与地方政府的管理创新研究——以大连保税区向自由贸易区转型为例》，吉林大学博士学位论文，2010 年，第 66 页。

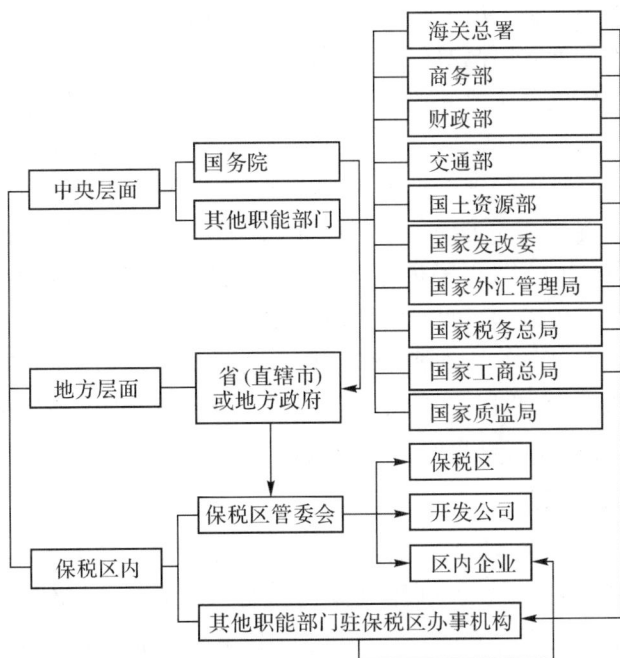

图 4-3　我国保税区的管理架构

　　三是监管手续的繁杂降低了保税区的通关效率。由于我国保税区没有处在国际惯例上的"境内关外"状态，未能实现"放开一线、管住二线"的发展初衷。监管模式的不明确，导致难以从本质上实现贸易便利化。根据《保税区海关监管办法》第二章"对保税区与境外之间进出货物的监管"的内容可知，在我国的保税区，进出境外的货物，虽不受进出口配额、许可证的限制，但仍需向海关提交报关单①，即一线没能放开。运营机制上，海关监管存在手续繁杂、流程混乱等问题，影响了保税区物流功能的发挥。而二线存在"管不住或管得过死"的问题。对于二线的监管，由于种种原因，我国的保税区不是没有妥善管住，就是管得过死、过严。放松时，常发生一些走私、套汇的案件；打击走私、套汇时，却又把正常的经营给打死了。②

---

　　①　第二章的第十条规定："保税区与境外之进出的货物，由货物的收货人、发货人或其代理人向海关备案。"第十一条规定："对保税区与境外之间进出的货物，除实行出口被动配额管理的外，不实行进出口配额、许可证管理。"

　　②　李友华：《我国保税区管理体制的成因、弊端及体制及重构》，《安徽师范大学学报》（人文社科版）2004 年第 3 期，第 270 页。

四是发展不平衡,功能不完善加大了保税区的竞争压力。全国 14 家保税区的发展不平衡,各保税区经济规模、发展速度和管理模式等方面存在较大差异。从总体发展水平上看,2014 年及 2015 年一季度数据(见表 4-8)显示,上海外高桥、深圳、天津、宁波发展明显优于其他保税区,特别是上海外高桥保税区,优势明显,其进出口总额将近占了全国保税区总额的一半;保税区的金融和服务等功能不完善,已无法满足形势的发展和市场的变化。再加上,与出口加工区、保税港区等其他海关特殊监管区域的功能重叠,使其面临更大的竞争压力,可以说求突破、求创新是迫在眉睫。

面对上述新的形势和机遇,作为参与国际竞争的桥头堡和连接国内国际两个市场的桥梁,我国保税区亟须通过整合优化,实现政策的突破、功能的创新,更快更稳地与世界经济全面接轨。

二、出口加工区

Papadopoulos 和 Malhotra(2007)指出,出口加工区是发展中国家或地区为促进经济发展,通过提供优惠措施和无障碍的环境,吸引外商投资,发展出口导向型工业而设立的特殊区域。[①] 我国出口加工区是继保税区之后,国务院批准设立的第二类海关特殊监管区域,是指国家划定或开辟的专为制造、加工、装配出口商品而设定的海关监管的特殊工业区,其目的是为促进加工贸易发展,规范加工贸易管理,将加工贸易从分散型向相对集中型管理转变,给企业提供更宽松的经营环境。在出口加工区内,企业生产的产品全部或大部分出口,原料进口和产品出口免缴关税,国内货物入区视同出口,享受退税政策,外资企业所得利润可自由汇出,不受所在地外汇管制的限制。

自 2000 年 4 月 27 日,国务院首批设立进行试点的 15 个出口加工区以来,我国出口加工区的数量快速增长,一度超过 80 个。伴随着 2006 年以后开始的特殊监管区域整合转型,部分出口加工区被整合转型为保税港区或综合保税区。第一次整合是在 2006 年 12 月 8 日,当时苏州工业园出口加工区 A 区和出口加工区 B 区整合为苏州工业园综合保税区。[②] 在此之后,出

---

① Papadopoulos and Malhotra. Export Processing Zones in Development and International Marketing: An Integrative Review and Research Agenda. Journal of Macromarketing, 2007,27(2):148-161.

② 详见《国务院关于同意苏州工业园区开展具有保税港区综合保税功能的海关特殊监管区域试点的批复》(国函〔2006〕128 号)。

口加工区积极推进功能拓展。① 2007 年,国家批准江苏昆山、重庆等 7 家出口加工区开展功能拓展试点,将出口加工区从单一的"加工制造区"向集"研发、试制、采购、加工、检测、维修、出口、配送"于一体的综合型园区转型升级。2009 年 1 月,在试点开展两年的基础上,又在全国出口加工区范围内,全面拓展了保税物流等功能。最近的两次整合一次是在 2015 年的 2 月,江苏省的吴中、吴江、常州、常熟、镇江、武进和浙江省的嘉兴等 7 家出口加工区整合优化为综合保税区;另一次是在 5 月 6 日,泰州出口加工区整合升级为泰州综合保税区。绝大多数的出口加工区都优化整合成综合保税区,但也有一些整合为保税港区。如广州南沙出口加工区在 2008 年 10 月整合为南沙保税港区,福建福清出口加工区在 2010 年 5 月整合为福州保税港区。截至 2015 年 5 月底,全国共有 40 家出口加工区(见表 4-10),其中 2005 年 6 月批设的惠州出口加工区还在建设中。

表 4-10　中国出口加工区的基本情况

省份	关区	名称(获批时间)
江苏 (3 家)	南京	连云港出口加工区(2003.03.10)
		扬州出口加工区(2005.06.03)
		镇江出口加工区(2003.03.10)
上海 (6 家)	上海	上海松江出口加工区(2000.04.27)
		上海金桥出口加工区(2001.09)
		上海青浦出口加工区(2003.03.10)
		上海漕河泾出口加工区(2003.03.10)
		上海闵行出口加工区(2003.03.10)
		上海嘉定出口加工区(2005.06.03)

---

① 拓展功能是指出口加工区在原有单一保税加工制造功能上增加保税物流和研发、检测、维修功能。入区企业的经营范围相应扩大,从原来只允许加工制造企业进入,扩大至允许保税仓储、设计研发、国际采购、国际配送、检测维修等企业入区经营;从原来只允许加工制造企业销售经实质性加工的产品,扩大至允许加工制造企业进行简单加工以及零配件采购和销售。

续表

省份	关区	名称（获批时间）
山东 （3家）	青岛	威海出口加工区（2000.04.27）
		青岛出口加工区（2003.03.10）
		烟台出口加工区（2000.04.27）
广东 （3家）	深圳	深圳出口加工区（2000.04.27）
		惠州出口加工区（2005.06.03）
	黄埔	广州黄埔出口加工区（2000.04.27）
福建 （3家）	厦门	厦门出口加工区（2000.04.27）
		泉州出口加工区（2005.06.03）
	福州	福州出口加工区（2005.06.03）
浙江 （3家）	杭州	杭州出口加工区（2000.04.27）
	宁波	宁波出口加工区（2002.06.21）
		慈溪出口加工区（2005.06.03）
江西 （4家）	南昌	九江出口加工区（2005.06.03）
		南昌出口加工区（2006.05.08）
		赣州出口加工区（2007.05.09）
		井冈山出口加工区（2011.03.14）
河北 （2家）	石家庄	河北秦皇岛出口加工区（2002.06.21）
		廊坊出口加工区（2005.06.03）
陕西	西安	陕西西安出口加工区（2002.06.21）
辽宁	大连	大连出口加工区（2000.04.27）
四川	成都	绵阳出口加工区（2005.06.03）
湖北	武汉	武汉出口加工区（2000.04.27）
湖南	长沙	郴州出口加工区（2005.06.03）
吉林	长春	珲春出口加工区（2000.04.27）
天津	天津	天津出口加工区（2000.04.27）
安徽	合肥	芜湖出口加工区（2002.06.21）
内蒙古	呼和浩特	呼和浩特出口加工区（2002.06.21）

续表

省份	关区	名称
河南	郑州	郑州出口加工区(2002.06.21)
广西	南宁	北海出口加工区(2003.03.10)
新疆	乌鲁木齐	乌鲁木齐加工区(2003.03.10)
云南	昆明	昆明出口加工区(2005.06.03)

表 4-11 我国出口加工区进出口情况　　　　　　　　单位:亿美元

年份	2001	2002	2003	2004	2005	2006	2007
进出口总额(增幅)	9.0 —	47.4 (426.7%)	180.5 (280.8%)	354.4 (96.3%)	597.4 (68.6%)	907.7 (51.9%)	1205.3 (32.8%)
进口	—	—	—	208.3	351.2	364.5	447.4
出口				146.17	246.3	543.2	757.9

年份	2008	2009	2010	2011	2012	2013	2014
进出口总额(增幅)	1444.5 (27.5%)	1445.3 (0.1%)	1890.0 (30.8%)	1316.1 (−30.4%)	1302.9 (−1.0%)	1168.5 (−10.3%)	1358.3 (17.2%)
进口	476.5	470.8	473.1	485.9	429.8	521.3
出口	968.0	947.5	—	843.1	817.0	738.7	837.0

　　经济水平方面,在表 4-11 中,我们可以看到,2001 年到 2008 年,我国出口加工区的进出口快速增长,由于遭遇 2008 年金融危机的影响,2009 年进出口基本与 2008 年持平,但在 2010 年又有了近 31% 的增长。随着海关特殊监管区域优化整合的深入,许多出口加工区被整合转型为保税港区或综合保税区,2011 年到 2013 年,出口加工区的进出口出现了负增长,到了 2014 年转负为正。2014 年,全国出口加工区共实现进出口总额为 1358.3 亿美元,比上年增长 17.2%。其中,出口 837.0 亿美元,同比增长 14.2%;进口 521.3 亿美元,同比增长 22.4%。2015 年一季度,实现进出口总额为 242.42 亿美元,同比减少 19.8%。其中,出口 147.76 亿美元,进口 94.66 亿美元。但总额仍低于发展高峰期的 2008 年、2009 年和 2010 年。在 15 年的建设与发展过程中,我国出口加工区主要有以下特点。

　　区域布局方面。沿海地区密集扎堆。我国出口加工区一般选在经济相对发达、交通运输和对外贸易方便、劳动力资源充足、城市发展基础较好的地区,多设于沿海港口或国家边境附近或已建成的经济特区和经济技术开发区内。40 家出口加工区中,位于我国沿海地区的有 26 家之多,占比高达65％;长三角地区共有 12 家,上海有 6 家出口加工区,江苏、浙江各 3 家。

发展水平方面,发展不均衡,良莠不齐。2014 年,全国出口加工区共实现进出口总额为 1358.3 亿美元,进出口额居前三位的分别是上海松江出口加工区(354.97 亿美元)、山东烟台出口加工区(173.12 亿美元)、陕西西安出口加工区(155.62 亿美元),它们的累计总额占出口加工区进出口总额的50.3％,其中上海松江出口加工区的占比就高达 26.1％,而居末位井冈山出口加工区进出口额仅为 0.18 亿美元,相差很大。2014 年我国主要出口加工区进出口份额如图 4-4 所示。

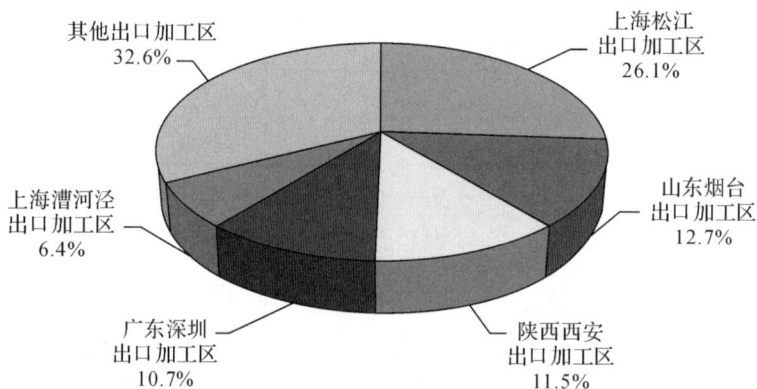

图 4-4　2014 年我国主要出口加工区进出口份额

产业结构方面,同质化竞争激烈。我国的出口加工区的产业结构仍以高新技术产业和电子信息业为主。以出口加工区数量最多的上海、江苏为例,上海松江出口加工区以电子、信息产业为主导产业,并已发展成为我国最大的笔记本电脑生产基地;上海漕河泾出口加工区形成以电子信息产业为依托,新材料、生物医药、航天航空、环保新能源、汽车研发产业为重点的产业格局;上海青浦出口加工区已基本形成机械装备、汽车零部件、新材料和电子信息四大主导产业;上海金桥开发区形成了电子信息、汽车制造及零部件、现代家电、生物医药与食品加工四大主导产业的先进制造业基地。江苏省镇江出口加工区重点发展新型能源、新型材料、电子信息、精密机械产业、汽车零部件产业及保税物流等产业;连云港出口加工区以新型材料、绿色能源、精密机械、消费电子等为主导产业;扬州出口加工区主要发展电子信息、节能材料、环保机械和高档轻工等产业。

整合转型方面,保税港区或综合保税区是出口加工区整合转型的方向,绝大多数的出口加工区优化整合升级为综合保税区。我国首家综合保税区苏州工业园区综合保税区是由出口加工区转型升级而成。还有,在2015年2月到5月短短不到3个月的时间里就有8家出口加工区整合转型为综合保税区,且这一趋势还在继续。例如,2015年3月泉州出口加工区升格为综合保税区的申请已经福建省通过,并正式上报国务院。此外,浙江杭州、吉林珲春、江西南昌等出口加工区也在积极加快转型升级为综合保税区的步伐。也有一些出口加工区优化整合为保税港区,如广州南沙加工区在2008年10月整合为南沙保税港区;重庆出口加工区在2008年11月整合为重庆两路寸滩保税港区;福清出口区在2010年5月整合为福州保税港区;青岛西海岸出口加工区在2013年2月划归青岛前湾保税港区管理。

三、保税物流园区

为了更好地分析我国保税物流园区的发展及现状,首先有必要阐明一个概念,即什么是"保税物流"。所谓"保税物流",指的是"保税状态下货物在海关特殊监管区域、场所或网点间的流通和转移,包括保税货物在供应链上的采购、存储、简单加工、增值服务、检测、维护、配送、分拨、分销、运输、流转、调拨等"①。企业享受海关实行的"境内关外"制度以及其他税收、外汇、通关方面的特殊政策。

保税物流园区有狭义和广义两层含义。广义上的保税物流园区,又称为保税物流区域,是指国务院及海关总署在保税物流服务发展模式的创新和改革实践中,通过将加工制造、保税物流以及对外贸易等相关服务和功能一体化后,所形成的以保税区、出口加工区、保税物流园区、保税港区和综合保税区等为主体的多种海关特殊监管区域和保税物流场所,此外还包括保税物流服务延伸到新兴的跨境工业区和境外保税仓库等。狭义上的保税物流园区,是根据《中华人民共和国海关对保税物流园区的管理办法》中的相关规定,指经国务院批准,在保税区规划面积或者毗邻保税区的特定港区内设立的、专门发展现代国际物流业的海关特殊监管区域。在此研究的保税物流园区就是这一狭义的保税物流园区。

---

① 《我国保税物流园区发展报告》,中国物流与采购网,2014-05-06.

狭义保税物流园区这一概念的产生源于我国 2003 年"区港联动"①政策的提出。当时由于保税区的局限导致了货物在进出口时存在二次报关的问题，即货物由两个海关（口岸海关和保税区海关）进行监管、需两次报关、两次查验、两次放行，与所属港口无联动。这不仅降低了通关的效率和效益，也增加了企业的物流成本。因此，为整合保税区的政策优势以及港口的区位优势，使两者联动发展，也就催生了保税物流园区。保税物流园区作为保税区与港区之间开辟的直接通道，把保税区的保税仓储功能和临近港口的装卸、运输等物流功能整合起来，实现保税区与港口的一体化管理和运作，重点发展保税仓储和物流业，并赋予其国际中转、国际配送、国际采购中心和国际转口贸易等四大功能。其作用是将物流仓储的服务环节移到口岸环节，拓展港区的功能，实现口岸增值，推动转口贸易和物流业务的发展。

2003 年 12 月 8 日，国务院批准在上海设立保税物流园区的第一个试点——上海外高桥保税物流园区。该园区作为我国首个区港联动的保税物流园区试点，可同时享受保税区、出口加工区相关政策和上海港的港航资源。依托"区区联动"、"进区退税"等政策功能优势，保税物流园区与外高桥保税区相辅相成、联动发展，是现代国际物流发展的重要基地。2004 年 8 月 16 日，国务院批设了天津港、大连、青岛、张家港、宁波、深圳盐田和厦门象屿等 7 个保税物流园区作为第二批区港联动试点。后又在 2007 年批设了广州和福州 2 个保税物流园区，使保税物流园区总数达到 10 个，这也是我国保税物流园区数最多的时候。这些保税物流园区全部位于我国沿海地区，当时的总规划面积为 10.877 平方公里。

2006 年，随着洋山保税港区运营初见成效，我国开始加大保税港区的建设，随之青岛、张家港、大连、宁波、福州等 5 个保税物流园区陆续划归保税港区（见表 4-12）。国务院在批文中规定批设的保税港区封关验收后，原保税物流园区不再保留。所以，我国现有保税物流园区数为 5 个，即上海外高桥、天津、深圳盐田、广州和厦门象屿保税物流园区。总规划面积为 7.427 平方公里，已封关运作面积为 4.244 平方公里，开发饱和度（即可开发面积

---

① "区港联动"是指保税区与邻近港口合作，在港口划出特定区域（不含码头泊位），实行保税区的政策，以发展物流业为主，按"境内关外"定位，实行封闭管理的海关监管特殊区域。在该特殊区域内，海关通过区域化、网络化、电子化的通关模式，在全封闭的监管条件下，最大限度地简化通关手续。港口与保税区之间相关手续简便，实行"无缝对接"，多种运输方式有效组合，货物快速地流入流出。

占规划面积的比例)为 57.14%(见表 4-13)。

表 4-12　已整合升级为保税港区的保税物流园区

省份	关区	名称(获批时间)	规划面积 (平方公里)	整合升级情况及时间
辽宁	大连	大连保税物流园区(2004.08.16)	1.50	大连大窑湾保税港区(2007.06.28)
山东	青岛	青岛保税物流园区(2004.08.16)	1.00	青岛前湾保税港区(2009.09.01)
江苏	南京	张家港保税物流园区(2004.08.16)	1.53	张家港保税港区(2010.12.18)
浙江	宁波	宁波保税物流园区(2004.08.16)	0.95	宁波梅山保税港区(2010.06.29)
福建	福州	福州保税物流园区(2007.12.27)	1.20	福州保税港区(2011.12.16)

表 4-13　我国保税物流园区的基本情况

省份	关区	名称(获批时间)	规划面积 (平方公里)	封关运作时间	封关运作面积 (平方公里)
上海	上海	上海外高桥保税物流园区(2003.12.08)	3.760	2004.04.15	1.030
天津	天津	天津港保税物流园区(2004.08.16)	1.500	2005.05.11	1.500
福建	厦门	厦门象屿保税物流园区(2004.08.16)	0.700	2006.03.01	0.260
广东	深圳	深圳盐田保税物流园区(2004.08.16)	0.960	2005.12.31	0.960
	黄埔	广州保税物流园区(2007.12.03)	0.507	2008.12.26	0.494

　　注:上海外高桥保税物流园区总规划面积是 3.76 平方公里,其中一期规划面积为 1.03 平方公里,已于 2004 年 4 月 15 日封关运作;二期规划面积为 2.73 平方公里,二期项目的开发于 2011 年 4 月 21 日启动,目前还在建设中。
　　资料来源:作者根据各保税物流园区及保税港区网站的资料整理所得。

　　功能定位方面。我国保税物流园区把保税区的保税仓储功能和临近港口的装卸、运输等物流功能整合起来,实现保税区与港口的一体化管理和运作,重点发展保税仓储和物流业,并赋予其国际中转、国际配送、国际采购中心和国际转口贸易等四大功能。①

经济水平方面。从近几年保税物流园区整体经济发展来看,2012 年全国保税物流园区进出口 165.4 亿美元,同比增长 31.3%。其中,出口 85.1 亿美元,同比增长 36.4%;进口 80.3 亿美元,同比增长 26.4%。2013 年全国保税物流园区进出口总额 153.6 亿美元,同比下降 7.2%。其中出口 90.7 亿美元,同比增长 6.6%;进口 62.8 亿美元,同比下降 21.8%。2014 年全国保税物流园区进出口总额 159.5 亿美元,同比增长 3.9%。其中,出口 94.31 亿美元,同比增长 3.9%;进口 65.1 亿美元,同比增长 3.8%。从 5 个保税物流园区具体进出口情况(见表 4-14)来看,由于保税物流园区发展受自身条件、邻近保税港区的发展及所在地经济发展等因素的影响,5 个保税物流园区中,上海和深圳优势明显。2014 年,深圳盐田和上海外高桥这两个保税物流园区占了总量的 81.1%。特别是深圳盐田港保税物流园区充分利用其政策和港口区位优势,推进区、港、航的一体化发展,从而提升了自身的竞争力,园区的外贸进出口业务发展迅速。2013 年和 2014 年均位居全国首位,占了全国总量的 49.9% 和 44.1%。

表 4-14　我国各保税物流园区进出口情况　　　　单位:万美元

	2006 年	2007 年	2008 年	2009 年	2010 年	2013 年	2014 年
上海外高桥保税物流园区	32446.0	203270.3	251739.3	313047.2	399735.1	481845.1	588814.7
天津港保税物流园区	22553.0	73416.1	67599.7	48902.6	103519.9	69989.6	79928.1
厦门象屿保税物流园区	1140.0	9381.7	31791.6	41148.4	71522.1	101857.2	106542.6
深圳盐田保税物流园区	68911.0	89354.8	135625.1	193980.3	309853.5	765595.2	703582.0
广州保税物流园区	—	—	—	20087.5	65356.1	116005.6	115657.6

资料来源:2013 年和 2014 年的数据参照海关总署;2006 年到 2010 年参照辛魁武《我国保税物流园区的发展现状问题及对策研究》,《区域经济》2014 年第 5 期,第 183 页。

―――――――

① 国际中转,是指国际、国内的货物进入区内进行分拆,按货物运送的目的港进行拼装,对于运往同一目的港的货物进行集拼,然后再转运到境内外各港口。在这个过程中,对于运入国内的货物则需要进行报关。国际配送,是指国外货物进入区内,进行备案、分拣、商业性简单加工及批量转换等处理过程后,再向国内外各地区进行配送,同样,配送到国内的货物需要进行报关。国际采购,是指从国际、国内市场上采购的货物进入区内,经过出口集运处理,并经过商业性简单加工后向国外分销。国际转口贸易,是指进口货物在区内存储后不经过加工处理即转口到其他国家和地区。

四、保税港区

保税港区是指经国务院批准设立的,发展国际中转、配送、采购、转口贸易和出口加工等业务,拓展相关功能,享受保税区、出口加工区相关税收和外汇管理政策的新型海关特殊监管区域,一般设立在国家对外开放的口岸港区和与之相连的特定区域内。我国国内首家保税港区——上海洋山保税港区的设立背景是为了利用港口的优势,同时也为顺应外贸经济发展的需要,批复于 2005 年 6 月 22 日。

保税港区既不同于港也不同于区,而是兼有港(港口)和区(保税区、出口加工区)的双重特性,也就是将港口的物流功能和保税区的特殊政策相叠加,整合保税区、出口加工区和保税物流园区的优惠政策,将其适用于保税港区,实现了出口加工区、保税区和港区的“三区合一”,从而使港口的区位优势和政策优势得以充分发挥。换句话说,它是“港区合一”的海关特殊监管区域。而这也使得保税港区成了当时开放程度较高、政策较优惠、功能较齐全、区位优势较明显的海关特殊监管区域。

自上海洋山保税港区设立以来到 2010 年,我国共批设了 14 个保税港区。在这 6 年之间,2008 年批设最多,共有 8 个,其次是在 2006 年批设了 2 个,其他 4 个分别在 2005 年、2007 年、2009 年和 2010 年获批。上海洋山保税港区是中国第一个实行“区港一体”封关运作的特殊监管区域。

区域分布方面。14 个保税港区中的 13 个从南至北分布于我国海岸线的战略性港口区位,即位于海南、广西、广东、福建、浙江、上海、江苏、山东、天津、辽宁等 10 个沿海省(直辖市)。其中,广东、福建和山东各设有 2 个保税港区,其余均只有 1 个。重庆两路寸滩保税港区是我国唯一一个位于内陆的保税港区,同时也是第一个采取水港和空港相结合的保税港区。因此,从这些区位布局可以看出,保税港区的设立与发展,不仅是保税区发展的延续,更是支持我国港口战略发展的重要举措。

发展模式方面。我国保税港区分为整合转型升级的保税港区、新增功能区的保税港区和全新设立的保税港区三种发展模式。[①] 如表 4-15 所示,山东的青岛前湾和烟台、福建的厦门海沧和福州、江苏的张家港等 5 个保税港区属于整合转型升级型;辽宁的大连大窑湾、海南的洋浦、广东的南沙和深圳前

---

① 黄志勇:《中国保税港区与自由贸易区发展模式比较研究》,《改革与战略》2012 年第 8 期,第 77 页。

湾等 4 个保税港区属于新增功能区型;上海洋山、天津东疆、浙江的宁波梅山、广西的钦州、重庆两路寸滩等 5 个属于全新设立型。

表 4-15　我国保税港区的发展模式

类型	特点	保税港区
整合转型升级型	由已经设立并且取得良好发展的港口、出口加工区、保税区、保税物流园区等海关特殊监管区域整合形成,在综合港口、出口加工区、保税区、保税物流园区相关优惠政策和制度的基础上,升级而成的海关特殊监管区域	青岛前湾、烟台、厦门海沧、福州、张家港
新增功能区型	除了将原有海关特殊监管区域整合形成的保税港区外,部分保税港区是作为新增功能区而设立的。此类保税港区没有独立的保税港区管理委员会和管理办法(条例),在保税区、开发区和保税物流园区中发挥保税功能作用	大连大窑湾、海南洋浦、广州南沙、深圳前海湾
全新设立型	在一个全新划定的区域内开始保税港区的开发、规划和建设,并且设立新的管理机构。这种类型的保税港区由于是在全新的区域内规划建设的,因此发展模式也具有自身的特点,主要体现在管理和功能布局这两方面。在管理上普遍设立了新的管理机构;在空间结构和布局上新规划和建设了不同的功能区,主要实现码头作业、保税物流、出口加工和管理服务等功能	上海洋山、天津东疆、宁波梅山、广西钦州、重庆两路寸滩

资料来源:作者根据黄志勇《中国保税港区与自由贸易区发展模式》(《改革与战略》2012年第 8 期)的内容整理所得。

战略定位方面。正如前面所提到的,保税港区作为“港区合一”的海关特殊监管区域,其物流功能和优惠政策能为外商进入中国市场创造条件,并有助于我国企业更好地参与国际竞争,起到沟通国际、国内两个市场的桥梁作用,从而促进出口加工业、进出口贸易和转口贸易等的发展。为顺应外贸经济发展的需要,充分利用保税港区的政策和区位优势,国家赋予保税港区口岸、物流和加工三大主体功能,具体包括国际采购、分销和配送、国际中转、检测和维修和商品展示等功能。然而,由于保税港区的发展也受到自身条件、依附港口的基础及腹地经济发展水平等因素的影响,因此我国 14 个保税港区各自的战略定位不尽相同,详见表 4-16。此外,个别保税港区为了更好地发挥其区位优势,积极推进转型升级。如重庆两路寸滩保税港区新设了贸易功能区[①],该贸易功能区除有原保税港区的保水功能政策外,还叠加了国内贸易流通环节的功能,从而有助于保税港区内的企业在开拓内、外贸市场上实现双赢,整合国际和国内两种资源,进一步降低企业的运营成本。

表 4-16　我国保税港区的基本情况

省份	关区	名称(获批时间)	战略定位
上海	上海	洋山保税港区(2005.06.22)	建成国际航运枢纽港、离岸金融中心、自由港,促进长江流域和长三角地区经济的发展
辽宁	大连	大连大窑湾保税港区(2006.08.31)	建成东北亚国际航运中心、中日韩自由贸易区,促进东北老工业基地的发展
天津	天津	天津东疆保税港区(2006.08.31)	建成我国北方国际航运中心和国际物流中心、离岸金融中心、国际物流中心和自由贸易港区
海南	海口	海南洋浦保税港区(2007.09.24)	建成环北部湾地区最开放的航运中心、物流中心和石化产品出口加工基地、面向东盟的自由贸易
浙江	宁波	宁波梅山保税港区(2008.02.24)	建成长三角南翼交通枢纽、长三角资源配置中心和上海国际航运中心重要功能区,国家建设自由贸易区的先行试验
广西	南宁	广西钦州保税港区(2008.05.29)	建成北部湾经济区开放开发的核心平台、北部湾经济区航运中心
福建	厦门	厦门海沧保税港区(2008.06.05)	建成海峡西岸经济区重要出海口、对台贸易桥头堡
	福州	福州保税港区(2010.05.18)	建成海峡西岸经济区贸易中转站、东南亚国际航运中心和两岸经贸合作先行区
山东	青岛	青岛前湾保税港区(2008.09.07)	打造山东半岛蓝色经济区的核心政策功能区、世界先进的自由贸易港区,助推青岛建成东北亚航运中心
	青岛	烟台保税港区(2009.09.22)	建成环渤海湾地区开放开发的重要平台和区域性贸易中心、航运中心和高技术产业中心,东北亚地区重要的集装箱中转枢纽港

_____

①　贸易功能区源于 2014 年 9 月 16 日国务院下发了《关于同意苏州工业园综合保税区重庆两路寸滩保税港区开展调整相关税收规定促进贸易多元化试点的批复》(国函〔2014〕125 号),同意在保税港区现有规划面积内划出专门区域作为贸易功能区,主要开展贸易、物流和流通性简单加工等业务,明确了区内货物入境、离境、流转、内销等运作的税收政策。重庆两路寸滩保税港区随即在现有规划面积内,划出专门区域规划、建设贸易功能区,总面积为 2.45 平方公里。其中,水港功能区 0.59 平方公里,空港功能区 1.86 平方公里。这一新设贸易功能区于 2015 年 4 月 16 日通过验收。

续表

省份	关区	名称（获批时间）	战略定位
广东	广州	广州南沙保税港区（2008.10.18）	建成华南及泛珠三角地区最大的国际保税物流中心、国际采购中心、转口贸易中心和出口加工中心，珠三角乃至西南地区主要国际物流基地
	深圳	深圳前海湾保税港区（2008.10.18）	完善深圳港的配套功能，提升深圳的国际竞争力，建成国际货物分拨中心、国际配送中心、信息中心、商品展示交易中心、商品检验中心、商务中心
重庆	重庆	重庆两路寸滩保税港区（2008.11.12）	建成内陆地区政策最优、功能最齐全、开放程度最高的口岸和西部地区物流集散地，为长江流域和西部地区经济发展服务
江苏	南京	张家港保税港区（2008.11.18）	建成以长江黄金水道为纽带的国际物流中心

资料来源：作者根据各保税港区网站及发展规划整理所得。

开发程度方面。我国 14 个保税港区规划总面积为 116.9355 平方公里，目前，已封关运作的面积为 70.606 平方公里，平均开发饱和度为 60.4%；完成了全规划面积的封关运作的只有上海洋山和天津东疆 2 个保税港区，重庆两路寸滩保税港区 90.44% 的面积已封关运作；此外，开发程度还未到一半的有 6 个保税港区。详见表 4-17。

表 4-17　我国 14 个保税港区的开发情况　　单位：平方公里

	保税港区名称	规划面积	首次封关时间	封关运作面积	开发饱和度
1	上海洋山保税港区	14.16	2005.12.10	14.16①	100.00%
2	天津东疆保税港区	10.00	2007.12.11	10.00②	100.00%
3	重庆两路寸滩保税港区	8.37	2010.05.11	7.57③	90.44%
4	烟台保税港区	7.26	2011.01.12	4.86	66.94%
5	广西钦州保税港区	10.00	2011.02.16	6.34④	63.40%
6	厦门海沧保税港区	9.51	2010.12.11	5.55⑤	58.36%
7	青岛前湾保税港区	9.72	2009.09.01	5.44⑥	55.97%
8	广州南沙保税港区	7.06	2009.08.31	3.70⑦	52.41%
9	大连大窑湾保税港区	6.88	2007.06.28	3.06	44.48%
10	张家港保税港区	4.10	2010.12.18	1.53	37.32%
11	宁波梅山保税港区	7.70	2010.06.29	2.50	32.47%
12	深圳前海湾保税港区	3.71	2009.08.19	1.18	31.70%
13	福州保税港区	9.26	2014.04.29	2.43⑧	26.24%

续表

	保税港区名称	规划面积	首次封关时间	封关运作面积	开发饱和度
14	海南洋浦保税港区	9.21	2008.11.20	2.29	24.87%
	共计	116.94		70.61	60.38%

注:①2005年6月22日,上海洋山保税港区最初批设时的规划面积为8.14平方公里,由保税区陆域部分、东海大桥和小洋山岛港口区域三部分组成。其中,陆域部分面积6平方公里,设有口岸查验区、港口辅助区、仓储物流区、国际中转区、采购配送区、加工制造区、商贸服务区等功能区;主要发展和提供集装箱港口增值、进出口贸易、出口加工、保税物流、采购配送、航运市场等产业和服务功能。岛域部分是集装箱深水港码头作业区域,包括洋山深水港一期、二期码头,面积2.14平方公里,是集装箱装卸、中转的功能区域,于2005年12月10日正式启用。2012年7月25日,上海洋山保税港区扩区获得国务院批准。此次洋山保税港区岛屿扩区5.17平方公里,陆域扩区0.85平方公里,扩区后总面积达14.16平方公里。2014年2月13日,洋山保税港区扩区工程顺利通过正式验收。此次验收通过意味着洋山保税港区二期6.02平方公里也纳入海关监管区域,洋山保税港区封关面积为14.16平方公里,由洋山保税港区陆域部分6.85平方公里、小洋山港口区域7.31平方公里和连接二者的东海大桥这三部分组成,占中国(上海)自由贸易试验区规划面积的49.2%。主要发展和提供航运服务业与港口增值服务、国际中转集拼与水水中转、国际采购配送与分拨中心、大宗商品交易与期货保税交割、航运金融与融资租赁、国际贸易与新型业态、保税展示与专业市场、跨境投资与金融服务、服务贸易与服务业开放、国际船舶登记与国际船舶管理等产业和服务功能。②天津东疆保税港区首期4平方公里在2007年12月11日实现封关运作;2012年8月18日,二期6平方公里通过封关验收,于2012年10月26日,东疆保税港区10平方公里实现整体封关运作。③重庆两路寸滩保税港区现封关面积为7.57平方公里,其中一期2.67平方公里于2010年5月11日封关运作;二期4.9平方公里于2011年2月28日通过验收,2011年12月15日正式封关运作。④广西钦州保税港区于2008年5月获批准设立,规划面积10平方公里,分三期实施。一期2.5平方公里于2011年2月16日全面开港运营,二、三期面积7.5平方公里于2014年8月28日通过验收。保税港区的封关运作面积由一期的2.014平方公里扩大到6.34平方公里。⑤厦门海沧保税港区一期4.35平方公里在2010年1月12日通过验收,于2010年12月11日正式封关运营;二期1.2平方公里在2011年12月31日通过验收,于2012年3月15日正式封关运作。⑥青岛前湾保税港区在2009年9月1日一期3.42平方公里通过封关验收在2011年12月31日二期2.02平方公里封关验收,总封关运作面积为5.44平方公里。⑦南沙保税港区于2008年10月获国务院批复,规划总面积7.06平方公里(港口区4.26平方公里,物流区1.44平方公里,加工区1.36平方公里),是我国第五个、广东省第一个通过国家正式验收的保税港区。南沙保税港区2009年7月9日,首期3.7平方公里(港口二期2.33平方公里,物流区0.54平方公里,加工区0.83平方公里)通过了国家验收,2009年8月31日,广州南沙保税港区一期正式封关运作。预计南沙保税港区二期在2015年二季度完成国家验收。届时总面积将达7.06平方公里。⑧福州保税港区一期3.1平方公里在2011年12月16日通过国家验收,但根据中华人民共和国福州海关公告2014年第1号(关于福州保税港区(一期)正式封关运作的公告),其获海关总署批准正式封关运作的时间为2014年4月29日,面积为2.43平方公里,包括原福州保税物流园区、原福清出口加工区和福州港江阴港区1至3号码头三个独立围网区域,具备仓储物流、对外贸易、国际采购、分销和配送、国际中转、检测和售后服务维修、商品展示、研发、加工、制造、港口作业等多种功能。

　　资料来源:作者根据各保税港区、地方政府及海关总署网站的资料整理所得。

经济水平方面。2014 年我国保税港区全年实现进出口额 911.8 亿美元,比上一年增长了 55.3％,占全国海关特殊监管区域进出口额的 13.1％。其中,出口额达到 402.2 亿美元,增长 61.2％;进口额为 509.6 亿美元,增长 51.0％(见表 4-18)。重庆两路寸滩保税港区完成进出口额 367.2 亿美元,占 40.27％,居榜首。在表 4-18 中,还可以看到,2012 年到 2014 年的这三年间,我国保税港区的进出口贸易发展迅速,年均增长率超过了 55％。但 2015 年一季度数据显示,保税港区呈现负增长,且降幅较大。

表 4-18　我国保税港区进出口情况　　　　　　　单位:亿美元

		2012 年	2013 年	2014 年	2015 年一季度
进出口总额(增幅)		348.6(54.4％)	583.2(67.3％)	911.8(55.3％)	127.4(−42.9％)
其中	进口	213.0(53.1％)	333.8(56.7％)	509.6(51.0％)	68.3(−30.6％)
	出口	135.5(56.6％)	249.4(84.1％)	402.2(61.2％)	59.1(−50.4％)

注:由于在 2011 年有 2 个保税港区封关运作,在此之前封关运作的为 11 个,因此只选取了封关总个数均为 13 个的 2012 年、2013 年、2014 年的数据作为比较。

因福州保税港区(一期)在 2014 年 4 月 29 日获海关总署批准正式封关运作,故 2015 年前的统计数据中未包括福州保税港区在内,为 13 个保税港区的总计数据。2015 年的数据为 14 个保税港区的总和。

资料来源:作者根据我国海关总署统计数据整理而成。

我国保税港区是在保税区基础上优化发展而来,其发展过程:一般是先有保税区,经过区港联动发展为保税物流园区,然后进一步发展形成目前的保税港区。保税港区是中国化的自由贸易园区,其效仿了自由贸易园区的发展模式,在设立条件、优惠政策、管理体制等方面与国际惯例相似。因此,可以说在一定程度上保税港区就是国际上通行的自由港,但我国保税港区与国际自由贸易园区还是有较大的差距。

五、综合保税区

综合保税区是经国务院批准,设立在内陆地区,以虚拟港口为依托,在特定区域内,具有保税港区功能的海关特殊监管区域,由海关参照《中华人民共和国海关保税港区管理暂行办法》进行管理,执行保税港区的税收和外汇政策,集保税区、保税物流园区、出口加工区、港口的功能于一身,可以发展国际中转、配送、采购、转口贸易和出口加工等业务。综合保税区实行封闭式管理,与中国关境内的其他地区之间,设置符合海关监管要求的卡口、围网、视频监控系统以及海关监管所需的其他设施,是当时开放层次最高、优惠政策最多、功能最齐全、手续最简化的特殊开放区域。

从设立背景来看,保税港区的优惠政策支持对港区所属经济区域的外贸经济发展起到了巨大推动作用,但对于没有保税港区区位优势的我国内陆地区而言,就无法享有这些有利于发展外贸经济的政策支持。国家为了平衡区域的发展,推进内陆地区发展外向型经济,设立了具有保税港区相同功能的海关特殊监管区域——综合保税区。因此,我国综合保税区绝大部分分布在内陆无港城市。这些城市原有的空间已经不能满足当地经济快速发展的需要,又没有港口,使得经济发展空间的拓展受阻。国家设立综合保税区,使其拥有保税港区同样的功能,从而对其所在地区扩大出口、增加就业机会、吸引外资、利用当地资源和促进技术转移等方面起到积极的推进作用。

从 2006 年 12 月 17 日我国首个综合保税区——苏州工业园综合保税区的批设到 2015 年 5 月 23 日东营综合保税区批复设立,在我国经国务院批准设立的综合保税区总数达到 55 个。其中包括 2015 年 2 月 16 日和 5 月 6 日,国务院下发文件批复同意整合优化为综合保税区的江苏的吴中、吴江、常州、常熟、镇江、武进和浙江嘉兴出口加工区①,以及泰州出口加工区②。这些综合保税区在全国范围内的具体分布情况如表 4-19 所示。

---

① 2015 年 2 月,国务院以国函〔2015〕13 号文件批复同意吴中、吴江、常州、常熟、镇江、武进、嘉兴出口加工区整合优化为综合保税区,标志着嘉兴出口加工区申报综合保税区正式获国务院批复。根据国务院批复文件要求,此次获批的 7 个保税区规划面积和四至范围与原出口加工区一致,封关验收后,不再保留原出口加工区。综合保税区的功能和有关税收、外汇政策按照《国务院关于设立洋山保税港区的批复》(国函〔2005〕54 号)的有关规定执行。批复要求综合保税区实行封闭管理,按照海关特殊监管区域有关规定组织综合保税区隔离监管设施的建设。

② 2015 年 5 月 6 日,国务院以国函〔2015〕80 号文《国务院关于江苏泰州出口加工区整合优化为综合保税区的批复》正式批复江苏省人民政府和海关总署,批准泰州出口加工区整合优化为泰州综合保税区。

表 4-19　我国综合保税区的基本情况　　　　　　单位:平方公里

省份	关区	名称(获批年份)	规划面积	封关运作时间	封关面积
江苏(16)	南京	苏州工业园综合保税区(2006.12.17)	5.28	一期 2008.01.15 二期 2009.04.10	4.86
		苏州高新区综合保税区(2010.08.10)	3.51	2010.11.04	3.51
		太仓港综合保税区(2013.05.13)	2.07	2014.09.12	0.85
		昆山综合保税区(2009.12.20)	5.86	一期 2010.10.08 二期 2013.01.04	5.86
		盐城综合保税区(2012.06.18)	2.28	2012.11.15	1.21
		淮安综合保税区(2012.07.19)	4.92	2013.01.30	2.63
		南京综合保税区(2012.09.17)	5.03	2014.12.30	5.03
		无锡高新区综合保税区(2012.04.28)	3.50	2013.01.31	2.385
		南通综合保税区(2013.01.03)	5.29	2014.06.16	5.29
		常州综合保税区(2015.02.25)	1.66	建设中	/
		武进综合保税区(2015.02.25)	1.15	建设中	/
		吴中综合保税区(2015.02.25)	3.00	建设中	/
		吴江综合保税区(2015.02.25)	1.00	建设中	/
		常熟综合保税区(2015.02.25)	0.94	建设中	/
		镇江综合保税区(2015.02.25)	2.53	建设中	/
		泰州综合保税区(2015.05.06)	1.76	建设中	/
天津	天津	天津滨海新区综合保税区(2008.03.17)	1.96	2008.10.30	1.20
北京	北京	北京天竺综合保税区(2008.07.23)	5.94	2009.07.28	3.177
广西	南宁	广西凭祥综合保税区(2008.12.19)	8.50	2011.09.30	1.20
海南	海口	海口综合保税区(2008.12.22)	1.93	2011.03.16	1.93
黑龙江	哈尔滨	黑龙江绥芬河综合保税区(2009.04.21)	1.80	2012.02.08	1.80
上海	上海	上海浦东机场综合保税区(2009.07.03)	3.59	一期 2010.09.28 二期 2011.12.28	3.59

续表

省份	关区	名称（获批年份）	规划面积	封关运作时间	封关面积
安徽	合肥	合肥综合保税区(2014.03.26)	2.60	2015.03.17 验收	/
重庆	重庆	重庆西永综合保税区(2010.02.15)	10.3	2010.11.02	5.67
广东 （2）	广州	广州白云机场综合保税区(2010.07.23)	7.39	2014.07.29	1.645
	深圳	深圳盐田综合保税区(2014.01.22)	—	建设中	/
四川	成都	成都高新综合保税区(2010.10.18)	4.68	2011.02.25	4.68
河南	郑州	郑州新郑综合保税区(2010.10.24)	5.07	2011.11.04	1.05
		南阳卧龙综合保税区(2014.11.16)	3.03	建设中	/
山东 （3）	济南	潍坊综合保税区(2011.01.20)	5.17	2013.12.26	1.90
		济南综合保税区(2012.05.15)	5.22	2013.12.25	2.02
		东营综合保税区(2015.05.23)	3.10	建设中	/
陕西 （2）	西安	西安综合保税区(2011.02.14)	6.18	2013.12.23	1.36
		西安高新综合保税区(2012.09.22)	3.64	2014.04.18	3.64
新疆 （2）	乌鲁木齐	阿拉山口综合保税区(2011.05.30)	5.61	2014.06.14	5.608
		新疆喀什综合保税区(2014.09.02)	3.56	2015.01.08	3.56
湖北	武汉	武汉东湖综合保税区(2011.8.29)	5.41	2013.06.29	1.82
辽宁	沈阳	沈阳综合保税区(2011.09.07)	7.20	2012.10.30	1.854
吉林	长春	长春兴隆综合保税区(2011.12.16)	4.89	2013.10.31	1.536
河北	石家庄	唐山曹妃甸综合保税区(2012.07.23)	4.59	2014.04.18	4.59
		石家庄综合保税区(2014.09.15)	2.86	建设中	/

续表

省份	关区	名称（获批年份）	规划面积	封关运作时间	封关面积
山西 （2）	太原	太原武宿综合保税区 （2012.08.26）	2.94	2013.12.28	1.46
		临沂综合保税区（2014.08.08）	3.7	建设中	/
云南	昆明	红河综合保税区（2013.12.16）	3.29	2015.05.08	1.97
宁夏	银川	银川综合保税区（2012.09.10）	4.00	2013.12.29	2.00
浙江 （2）	杭州	舟山港综合保税区（2012.9.29）	5.85	2014.01.08	2.552
		嘉兴综合保税区（2015.02.25）	2.98	建设中	/
湖南 （3）	长沙	衡阳综合保税区（2012.10.25）	2.57	2014.09.09	0.845
		湘潭综合保税区（2013.09.07）	3.12	2015.04.20	1.62
		岳阳城陵矶综合保税区 （2014.07.08）	2.98	建设中	/
贵州 （2）	贵阳	贵阳综合保税区（2013.09.14）	3.01	2014.12.27	1.003
		贵安新区综合保税区 （2015.01.12）	2.20	建设中	/
江西	南昌	赣州综合保税区（2014.01.22）	4.00	建设中	/
甘肃	兰州	兰州新区综合保税区 （2014.07.15）	3.39	2015.05.25（预）	/
内蒙古	满洲里	满洲里综合保税区 （2015.03.23）	1.44	建设中	/

注：2015 年 3 月 17 日，合肥综合保税区通过验收，但截止到 2015 年底还未投入使用。2015 年 5 月 25 日，兰州新区综合保税区的一期 2.29 平方公里通过预验收。

资料来源：作者根据各综合保税区的官网及国务院、海关总署的资料整理而成。

区域分布方面。我国 55 家综合保税区中有 28 个设在沿海地区，占总数的 51.85％。中部地区有 10 个，西部地区 13 个，中西部地区共占总数的 41.8％；除了西藏、青海、黑龙江①和福建，我国其他 28 个省（自治区、直辖市）均设有综合保税区。从这儿可以看出，我国综合保税区主要分布在沿海地区，但有向中西部转移的趋势；江苏省的综合保税区最多，包括 2015 年刚优化升级的吴中、吴江、常州、常熟、镇江、武进和泰州在内，共有 16 个，占了

---

① 2014 年 12 月 25 日，海关总署正式启动哈尔滨综合保税区十部委联审程序。但目前黑龙江省内尚未设综合保税区。

29.1%,山东和湖南各有 3 个,其余省市区均只有 1 到 2 个。

　　发展模式方面。从年份来看,我国综合保税区的批设存在阶段性特点。在 2006 年获批 1 个试点后,国家从 2008 年开始相继批复了 54 个(见图4-5)。其中,2012 年和 2015 年获批最多,均多达 11 个;其次是 2014 年,获批9 个;2008 年、2009 年、2010 年、2011 年和 2013 年分别获批 4 个、3 个、5 个、6 个和 5 个。很多综合保税区是在整合保税区、出口加工区、保税物流园区的基础上设立的,如苏州工业园区综合保税区、潍坊综合保税区、沈阳综合保税区、江苏昆山综合保税区(出口加工区单体转型升级)。

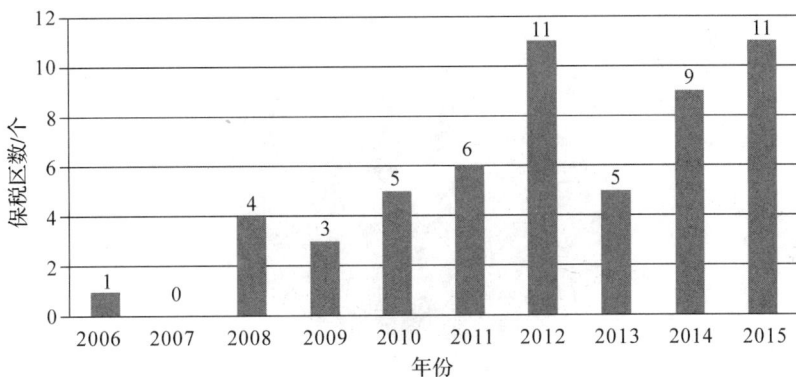

图 4-5　我国综合保税区的批设情况(2006—2015 年)

　　功能定位方面。目前,我国已批复设立的综合保税区可以分为四种类型:①口岸枢纽型,是指依托区域性的空港口岸设立的,开展外向型服务的综合保税区。其发展以快进快出的口岸物流和保税物流为主,服务的产品类型以体积小、价值高的产品为主,如天津滨海新区综合保税区、北京天竺综合保税区、上海浦东机场综合保税区、广州白云机场综合保税区和河南新郑综合保税区等。②边贸口岸型,是指依托我国边境口岸、面向周边国际市场而设立的综合保税区,如广西凭祥综合保税区、黑龙江绥芬河综合保税区和新疆阿拉山口综合保税区等。③产业依托型,是指依托产业环境或企业发展需求而设立的,一般位于内陆地区的交通枢纽或产业聚集的国家级经济开发区或高新区内,又称为园区依托型,如江苏的苏州工业园综合保税区、昆山综合保税区、苏州高新技术产业开发区综合保税区、潍坊综合保税区、武汉东湖综合保税区和长春兴隆综合保税区等。④综合支撑型,是指位于地区中心城市、兼具多种功能的综合保税区,如海南港口综合保税区、重庆西永综合保税区、成都综合保税区、陕西西安综合保税区和沈阳综合保税区。从整体上看,我国综合保税区主要依托园区设立,而中西部地区的综合保税区主要依托空港或综合支撑设立。

开发程度方面。截止到 2015 年 5 月底,55 个综合保税区中已封关运行的共有 36 个,达到通过验收 1 个,通过预验收 1 个,在建有 17 个(见图 4-6)。我国综合保税区的规划总面积为 209.46 平方公里,已封关运作面积为 96.90 平方公里,约占总面积的 46.26%。① 封关运行的 36 个综合保税区中,绝大多数只封关运行了规划面积的部分,只有 12 个综合保税区实现全规划面积的正式封关。

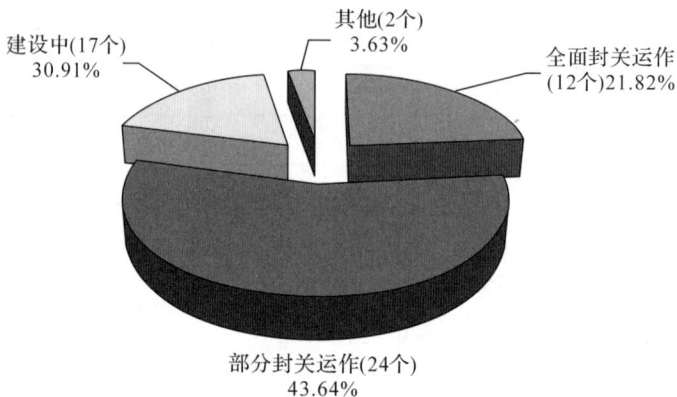

图 4-6　我国综合保税区的开发程度

经济水平方面。我国综合保税区从 2012 年开始到 2014 年进出口增长较快,2014 年实现进出口额 2208.3 亿美元,比上年增长 10.3%(见表 4-20)。其中,出口 1323.6 亿美元,增长 10.0%;进口 884.7 亿美元,增长 10.6%。进出口额居前三位的分别是江苏昆山综合保税区、郑州新郑综合保税区和成都高新综合保税区,各完成进出口额 519.66 亿美元、388.21 亿美元和 322.81 亿美元,它们的累计额占了全国总额的 55.7%。2015 年一季度,我国保税区实现进出口额 499.48 亿美元,同比增长 11.1%。其中,出口 299.65 亿美元,增长 10.1%;进口 199.83 亿美元,增长 12.5%。

---

① 因深圳盐田综合保税区的规划面积无从所知,因此总规划面积未包括其在内。

表 4-20 我国综合保税区进出口情况 单位:亿美元

		2012 年	2013 年	2014 年	2015 年一季度
进出口总额(增幅)		1712.9(50.7%)	1895.3(10.6%)	2208.3(10.3%)	499.48(11.1%)
其中	进口	670.6(48.2%)	748.2(11.5%)	884.7(10.6%)	199.83(12.5%)
	出口	1042.3(52.4%)	1147.1(10.0%)	1323.6(10.0%)	299.65(10.1%)

资料来源:作者根据我国海关总署统计数据整理而成。

随着建成封关运行的综合保税区增加,为综合保税区带来新增量。从近两年综合保税区的发展来看,2014 年年初到 2015 年 5 月底,新增封关运行综合保税区 13 个,其中 2014 年新增 10 个,依次为舟山港综合保税区、曹妃甸综合保税区、西安高新综合保税区、阿拉山口综合保税区、南通综合保税区、广州白云机场综合保税区、衡阳综合保税区、太仓港综合保税区、贵阳综合保税区、南京综合保税区,截止到 2015 年 5 月底新增 3 个,依次为新疆喀什综合保税区、湘潭综合保税区、红河综合保税区。

六、跨境工业区

目前,我国批设的跨境工业区共有 2 个。一个是 2003 年批设的珠澳跨境工业区的珠海园区,另一个是 2006 年批设的中哈霍尔果斯边境合作中心的中方配套区(见表 4-21)。

表 4-21 我国跨境工业区的基本情况

名称	珠澳跨境工业区(珠海园区)	霍尔果斯国际边境合作中心 (中方配套区)
地理位置	珠海拱北茂盛围与澳门西北区的青洲之间	中哈合作中心以南 1 公里处
获批时间	2003.12.05	2006.03.15
启用时间	2006.12.08	2012.04.18
所在地(关区)	广东(拱北)	新疆(乌鲁木齐)
面积(平方公里)	0.4(0.29)	9.73
主要功能	以发展工业为主,兼顾物流、中转贸易、产品展销等功能	作为支撑中心发展的产业基地,主要功能是出口加工、保税物流、仓储运输
法律法规 (施行时间)	《中华人民共和国海关珠澳跨境工业区(珠海园区)管理办法》(海关总署令 160 号)(2007.04.08)	《霍尔果斯国际边境合作中心中方区管理暂行办法》(2012.07.01)
政策特点	实行"保税区+出口加工区出口退税政策+24 小时通关专用口岸"(简称"三合一")优惠政策	集合了我国现行出口加工区和保税区核心政策

续表

名称	珠澳跨境工业区(珠海园区)	霍尔果斯国际边境合作中心 (中方配套区)
税收政策	享受出口加工区政策,即从境内区外(内地)进入珠海园区的货物视同出口,办理出口报关手续,实行出口退税;对珠海园区运往境内区外(内地)的货物,按照进口货物的有关规定办理报关手续,并按制成品征税①	境外货物入区保税;货物出区进入境内按货物进口的有关规定办理报关手续;境内区外货物入区视同出口,办理出口报送手续,实行退税;区内企业之间的货物交易不征收增值税和消费税

资料来源:作者根据跨境工业区的官网、海关总署和其他相关资料整理而成。

　　2003年12月5日,我国政府为了加强粤澳、珠澳经贸合作,维护澳门长期繁荣稳定,批准设立了我国第一个跨境工业区——珠澳跨境工业区。珠澳跨境工业区总占地面积0.4平方公里,其中,珠海园区0.29平方公里,澳门园区0.11平方公里。两个园区之间由一条自然形成的水道作为隔离,开设专门口岸通道连接。珠海园区作为珠海保税区的延伸区,由海关监管,实行保税区政策。因此,它是我国海关特殊监管区域的一种类型。为了更好地推进珠澳跨境工业区的发展及加强管理,2007年4月8日正式实施了《中华人民共和国海关珠澳跨境工业区(珠海园区)管理办法》(海关总署令160号),这是全国首部针对唯一的特定监管区域的一类立法项目。珠澳跨境工业区也是我国首例享有三重"特殊身份(保税区+出口加工区进出口税收政策+专用口岸)"的工业区,这里的"专用口岸"指的是澳门首个24小时实行通关管理模式的专用口岸。

　　经过近十年的发展,珠澳跨境工业区取得了很大的发展,成为泛珠三角区域的服务平台。2014年,实现进出口额28570.2(58.8%),其中出口额12448.3(73.1%);进口额16121.8(46.2%),如表4-22所示。

表4-22　珠澳跨境工业区进出口情况　　　　单位:万美元

珠澳跨境工业区		2012年	2013年	2014年	2015年一季度
进出口总额(增幅)		12103.1(-21.9%)	19916.7(64.6%)	28570.2(58.8%)	8490.3(25.7%)
其中	进口	7990.3(-21.0%)	11872.3(48.6%)	16121.8(46.2%)	5070.4(36.7%)
	出口	4112.8(-23.7%)	8044.4(95.6%)	12448.3(73.1%)	3420.0(12.0%)

资料来源:作者根据保税区出口加工区协会、海关总署的资料整理而成。

① 《国务院关于完善驻澳跨境工业区珠海园区政策措施的批复》(国函〔2005〕13号)。

2006年3月15日,为了加强中哈霍尔果斯边境的合作,国务院批准设立中哈霍尔果斯国际边境合作中心(以下简称中哈合作中心)[①]。中心总面积为5.28平方公里,其中中方区域面积3.43平方公里,哈方区域面积1.85平方公里,主要功能是贸易洽谈、商品展示和销售、仓储运输、金融服务、举办各类区域性国际经贸洽谈会等。作为中国和哈萨克斯坦两国元首达成共识的国家战略项目,中哈合作中心是世界上第一个跨境的经济贸易区和投资合作中心,也是我国首个跨国而建的经济、贸易、投资合作中心。与此同时,国务院批复同意在中心以南1公里处建立中方配套区域,作为支撑中心发展的产业基地。这一配套区域作为我国海关特殊监管区域,其政策比照珠澳跨境工业区珠海园区的税收、外汇等相关政策、功能定位和管理模式执行。

为了推进中哈合作中心的发展,国家相继出台了多个优惠政策。如2011年9月,国务院出台了《关于支持喀什霍尔果斯经济开发区的若干意见》;2012年11月,"一行三会"联合出台了《金融支持喀什霍尔果斯经济开发区建设的意见》;2013年8月,中国人民银行总行下发《关于中哈霍尔果斯国际边境合作中心跨境人民币创新业务试点的批复》。随着这些优惠政策的出台,霍尔果斯经济开发区抢抓机遇,大力发展商贸、物流、金融、旅游、会展等重点产业,中哈双方成功举办合作中心进出口商品展销会、春天起航民俗风情旅游节等有影响力的活动,取得了较好的经济效益和社会效益。

第三节　中国海关特殊监管区域的发展特征与困境

为适应我国不同时期对外开放和经济发展的需要,国务院先后批设了六类海关特殊监管区域:1990年,为配合国家14个沿海城市对外开放战略,国家设立了保税区,在引进资金、设备、管理方面发挥了重要作用;2000年,为配合

---

①　2006年3月15日,国务院下发了《国务院关于中国—哈萨克斯坦霍尔果斯国际边境合作中心有关问题的批复》(国函〔2006〕15号),对合作中心及其配套区的功能定位、优惠政策等方面作了明确的批复。国务院赋予了合作中心主要的税收政策有:(1)货物进入中心即视为出口,报关即缴即退;(2)哈国及第三国货物进入中心免征关税和进口环节增值税;(3)在中心内每人每天可以携带8000元的免税商品进入中方,每人每天可以携带1500欧元免税商品进入哈方;(4)中心内企业交易的产品可免征增值税和消费税;(5)进入中心只需携带护照,无须签证,一次可停留30天,出中心再入还可停留30天,出去12次,可在中心内停留一年;(6)中心可开展人民币跨境结算业务,开办私人金融机构。

国家扩大出口战略,设立了出口加工区;2003年,为促进保税区的区港联动,设立了保税物流园区;2005年,为配合建设国际航运中心,设立了保税港区;为适应国家周边地区发展战略,设立了跨境工业园区;2006年,为优化出口加工区功能缺陷,设立了综合保税区。这些特殊区域在不同阶段为我国承接国际产业转移、扩大对外贸易、推进加工贸易发展和促进就业等方面作出了重要贡献。截止到2015年5月底,全国海关特殊监管区域总规划面积441.1平方公里,验收面积235.8平方公里。2014年,全国海关特殊监管区域进出口6961.7亿美元,占同期全国进出口总额的16.2%,解决就业约195.7万人。下面就我国海关特殊监管区域整体的基本特征、功能与发展困境进行分析。

一、我国海关特殊监管区域的基本特征

通过上一节分别对保税区、出口加工区、保税物流园区、保税港区、综合保税区和跨境工业区等六类海关特殊监管区域进行的深入梳理分析,可以总结出海关特殊监管区域的几个基本特征:①需要经过国务院审批,设立在我国境内,纳入国家级开发区范畴,享受开发区的优惠政策;②海关特殊监管区域基础设施和监管设施的验收有严格的标准,综合保税区需要经过十部委联合审批并全部同意后,方可获批成立;③具有一线和二线不同,即"一线放开,二线管住"的通关特征;④具备保税功能,境外货物进入园区,海关不征收进口关税和进口环节增值税,区内可开展保税货物的加工、仓储、转口、展示等业务(统称为保税加工、保税物流两大类业务);⑤采取封闭围网管理,不允许自由进出,海关对所有人员、货物和交通工具的进出进行监管。

二、我国海关特殊监管区域的功能比较

由于在不同的发展时期,国家设立各类海关特殊监管区域,是为了适应当时对外贸易和社会经济发展的需要,因此,它们的功能不尽相同。具体来看,各有侧重且相互隔离。通过比较可以发现(见表4-23),保税区有加工、物流功能,但不享受国内货物入区即可退税政策;出口加工区有"入区退税"政策,但只能开展加工业务,缺少物流功能,并且因其设立之初的定位是出口导向型,所以对内销是严加控制的;保税物流园区也有"入区退税"政策,但只能开展仓储物流业务,缺少加工功能。相比较而言,保税港区和综合保税区的功能政策比较齐全。随着特殊监管区域的发展,这种状况发生了改变。2009年1月,国务院批复同意全国所有出口加工区全面拓展保税物流功能,这使出口加工区与保税港区、综合保税区、跨境工业区在政策功能上基本趋于一致。

表 4-23　我国海关特殊监管区域政策功能比较

	保税区	出口加工区	保税物流园区	保税港区	综合保税区
基本定义	一国海关设置或经海关批准注册，受海关监督和管理，可以较长时间存储商品的海关特殊监管区域	某一国家或地区为利用外资，发展出口导向型工业、扩大对外贸易，以实现开拓国际市场，发展外向型经济的目标，专为制造、加工、装配出口商品而开辟的特殊区域	在保税区规划面积或者毗邻保税区的特定区域内设立，专门发展现代国际物流业的海关特殊监管区域	设立在国家对外开放的口岸港区和与之相连接的特定区域，具有口岸、物流、加工等功能的海关特殊监管区域	设立在内陆地区，以虚拟港口为依托，在特定区域内，具有保税港区功能的海关特殊监管区域
海关监管	实行围网管理和24小时全天候工作制度；港口与保税区分属两个海关监管，以转关方式实行海关监管衔接	采取在关境围网及卡口设置闭路电视监控系统，并实行24小时工作制度；港口与出口加工区分属两个海关监管，以转关方式实行海关监管衔接	围网全封闭，卡口式管理；港口与保税物流园区分属两个海关监管，但有专用绿色通道	围网全封闭，卡口式管理；一线放开，二线管住，区内搞活，一个海关统一监管	同保税港区
通关模式	出境为两次出境备案；出口为一次出口报关和一次进区报关手续，实现"集中报关，分批出区"制度	货物进出口采取"一次申报，一次审单，一次查验"的新通关模式	对区内与境外的货物实行备案制管理。对于少批量、多批次的货物实行"分批出区，集中报关，屏保放行"。海关、国检、边检等区内监管单位实行电子申报数据交换平台，一次化达到"一次申报，一次查验，一次放行"	"一次申报，一次查验，一次放行"	同保税港区
退税政策	进入保税区的国内货物，必须实际离境后，才能办理出口退税手续，即离境退税	国内原材料、物料等进入加工区视同出口，可办理出口退（免）税手续，即入区退税	国内货物进境视同出口，予以退税，即入区退税	国内货物入港区视同出口，实行退税，即入区退税	同保税港区

续表

	保税区	出口加工区	保税物流园区	保税港区	综合保税区
免税政策	境外运入保税区和从保税区运往境外以及在区内流转的货物,免征关税和进口环节增值税、消费税;企业进口自用的设备免征关税;消费税;企业进口自用的设备和办公用品,免征关税和进口环节增值税;保税货物在区内企业之间可以自由流转,开展保税货物交易业务免征增值税、消费税	国家对区内加工出口的产品和应税劳务免征增值税、消费税	享受保税区政策	国外货物进入港区内企业之间交易的货物交易不征增值税和消费税	同保税港区
外汇政策	实行意愿结汇和现汇管理。企业可以按规定开立外汇账户。不办理出口收汇和进口付汇核销手续。对于经常项目下的外汇开支,中资企业和外商投资企业实行统一的管理政策,由开户银行按规定办理	不实行结售汇制度,资本金账户和一般项目账户合并,企业可以全额留汇	除享受保税区政策外,适度放宽外汇管理。货物在园区与境外之间流动,区内企业无须办理出口收汇和进口付汇核销手续;货物在保税物流园区与境内之间流动,由区外企业按照规定办理出口收汇和进口付汇核销手续	享受保税港区外汇管理政策	
成品内销	保税区内企业销往境内区外的货物,只有当内销成品完全由进口料件组成时,才按成品征进口料件成品,用含有境外运往保税区时,海关对其制成品所含境外运入料件,件征税	对加工区运往区外的货物,海关按照对进口货物的有关规定办理进口报关手续,对加工制成品征税	货物运往区外的,园区企业或者区外收货人(或者其代理进口货物的有关企业)按照向园区主管海关申报、海关按照货物出园区时的实际状态监管方式办理的有关规定	货物出港区进入国内销售,按货物进口的相关规定办理进口报关手续并按照货物实际状态征税	同保税港区

续表

	保税区	出口加工区	保税物流园区	保税港区	综合保税区
加工贸易	加工贸易企业应当向海关办理所需料件进出保税区备案手续;不实行加工贸易银行保证金台账制度	不实行银行保证金台账制度,合同备案只需管委会审批。取消手册,实行电子底账管理。企业通过EDI申报电子数据,经海关审核后,自动存入电子底账	不得开展生产和加工制造业务	享受保税港区、出口加工区相关政策	同保税港区
贸易和物流	有	无	有	有	有
口岸装卸运输	无	无	通过专门通道和卡口相联系	有,港区合一	有,可以是内陆港
商品展示	有	无	有	有	有
多式联运	部分开展海铁联运	无	间接和有限的水水联运	具备直接的海铁联运、水水联运条件	有限
保税时限	不设时限	不设时限	不设时限	不设时限	不设时限
局限性	"离境退税";进口货物出区环节税收征管交又重复;"一线放开"管理原则在监管实践中有名无实;为非保税货物提供存在的空间和理由	仅限于对出口商品进行制造,加工和装配,对内销严加控制	仅限于对进出口的储存、贸易及开展流通性简单加工和增值服务,不能进行出口加工制造	—	—

三、我国海关特殊监管区域的困境

海关特殊监管区域在我国外向型经济中发挥了突出的引领作用,但其在得到充分发展的同时,也存在一些问题制约其发展。这些问题具体来看的话可以分为外来和自身两个方面:外来方面,加入WTO后,根据WTO协议,我国关税水平自2006年开始大幅消减,从而弱化了海关特殊监管区域的"保税"优势。同时,全国各地的经济开发区、高新技术园区、物流园区和海关特殊监管区域在一些功能上出现交叉、重复,使得海关特殊监管区域的政策优势弱化。自身方面,体制和机制上存在的诸多弊端已成为海关特殊监管区域发展的桎梏。海关总署新闻发言人张广志就曾在2014年5月指出,制约我国海关特殊监管区域发展的问题主要体现在政策功能不统一、产业结构以制造业为主相对单一、生产性服务业缺乏政策支持等。这些制约因素,不利于海关特殊监管区域发挥连接两个市场、统筹两种资源的枢纽作用,不利于优化产业结构和推动产业多元化。[①] 具体来看,有以下几点。

一是种类过多,名称繁杂。本书对海关特殊监管区域的研究是从狭义的概念出发,也涉及保税区、出口加工区、保税物流园区、跨境工业区、保税港区、综合保税区等6种类型。但从广义上来看,海关特殊监管区域还包括在本章第一节中提到的海关特殊监管场所,即保税仓库、出口监管仓库、保税物流中心A型和B型等4种。此外,再加上自由贸易试验区,我国海关特殊监管区域的种类就有11种之多,名称较为繁杂。如图4-6所示,这11种类型可分为五个层次关系。位于基层的为保税仓库和出口监管仓库;第二层次为保税物流中心、保税区、出口加工区、跨境工业园区和保税物流园区;第三层次为保税港区和综合保税区;第四层次为自由贸易园区,这一层次,我国现阶段对应的就是自由贸易试验区。由下至上,层次越高,政策功能越多。

二是数量多却不精。改革开放以来,经济特区、开发区的快速发展让地方政府看到了特殊优惠政策在助推地方经济发展中的重要作用,在不科学的政绩观和经济利益的驱使下,各地掀起了申请设区的风潮。盲目跟风"重申请",使我国海关特殊监管区域的总量迅速扩大。但批设后的"轻建设"问题,导致我国一些海关特殊监管区域的发展不尽如人意,"多却不精",造成

---

① 参见商务部网站 http://www. mofcom. gov. cn/article/difang/zhejiang/201405/20140500575931. shtml.

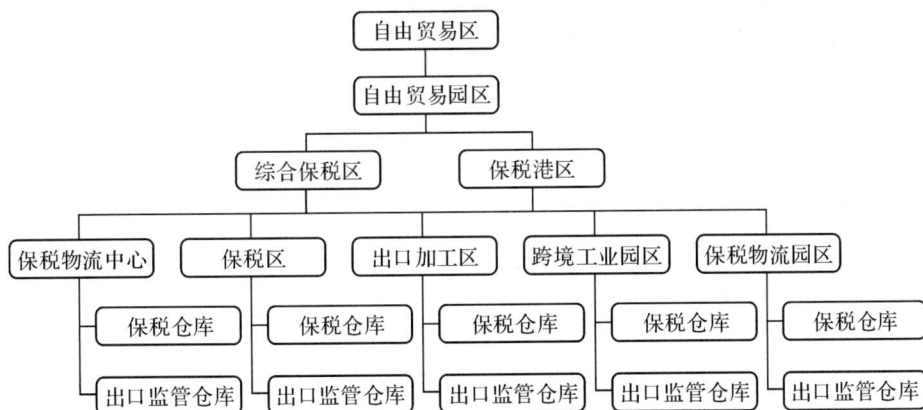

图 4-6　我国海关特殊监管区域的层次关系

资料来源:宫权凌《我国海关特殊监管区域的发展现状与未来》,《科技与创新》2014年第 2 期,第 123 页。

了资源的浪费。我国海关特殊监管区域曾超过 140 个,特别是出口加工区,最多时达到 80 余个。通过这些年整合优化,目前我国海关特殊监管区域的总数为 130 个。

三是分布广却不平衡。我国 130 个各类海关特殊监管区域设在我国除了西藏、青海和哈尔滨以外的 29 个省(自治区、直辖市),基本覆盖了沿海、沿江、沿边、内陆地区的重要港口和中心城市(见表 4-24)。沿海地区(9 省 2市)共有 89 个,占了全国总数的 68.5%。其中,海关特殊监管区域最多的省份是江苏省,共有 21 个;位居二、三位的分别是 16 个的广东和 10 个的上海。从经济区域来看,长三角经济区的数量最多,两省一市共 38 个,占了总数的29.2%。除了区域分布上沿海地区较为集中,从发展水平来看,地区差异也比较大。以 2014 年的进出口情况为例,14 个保税区中,上海保税区完成了总额的 42.4%。出口加工区中,前三位出口加工区以上海松江为首,外加山东烟台和陕西西安出口加工区,累计完成了总额的 50.3%。其中,上海松江出口加工区的进出口额为 354.97 亿元,而居末位井冈山出口加工区进出口额仅为 0.18 亿美元。5 个保税物流园区中,上海和深圳优势明显,完成了总量的 81.1%。14 个保税港区中,重庆两路寸滩完成了总额的 40.3%。55 个综合保税区中,位居前三位的江苏昆山、郑州新郑和成都高新,累计完成了总额的 55.7%,江苏昆山完成了总额的 23.7%。

表 4-24　我国各省(自治区、直辖市)海关特殊监管区域设立情况

省份	保税区	出口加工区	保税物流园区	保税港区	综合保税区	跨境工业区	共计
北京	0	0	0	0	1	0	1
重庆		0	0	1	1	0	2
天津	1	1	1	1	1	0	5
上海	1	6	1	1	1	0	10
江苏	1	3	0	1	16	0	21
浙江	1	3	0	1	2	0	7
山东	1	3	0	2	3	0	9
福建	2	3	1	2	0	0	8
广东	6	3	2	2	2	1	16
广西	0	1	0	1	1	0	3
海南	0	0	0	1	1	0	2
辽宁	1	1	0	1	1	0	4
江西	0	4	0	0	1	0	5
河北	0	2	0	0	2	0	4
陕西	0	1	0	0	2	0	3
四川	0	1	0	0	1	0	2
湖北	0	1	0	0	1	0	2
湖南	0	1	0	0	3	0	4
吉林	0	1	0	0	1	0	2
安徽	0	1	0	0	1	0	2
河南	0	1	0	0	2	0	3
云南	0	1	0	0	1	0	2
黑龙江	0	0	0	0	1	0	1
山西	0	0	0	0	2	0	2
贵州	0	0	0	0	2	0	2
甘肃	0	0	0	0	1	0	1
新疆	0	1	0	0	2	1	4
内蒙古	0	1	0	0	1	0	2
宁夏	0	0	0	0	1	0	1
共计	14	40	5	14	55	2	130

四是法规不健全,政策不协调。相较于国外先立法后设区的自由贸易区的发展模式,我国海关特殊监管区域则是"先设立,后立法"。法规制定的滞后,增加了管理的难度,同时也导致一些海关特殊监管区域的制度创新失去了应有的保障,制约了功能的拓展和整合。没有统一的、国家层面的立法,现有法规效力层次较低,使得我国海关特殊监管区域监管不便,管理成本高,在管理中甚至出现执行不配套和管理推诿扯皮等现象。另外,由于海关特殊监管区域的相关政策"政出多门"、"各自为政",且各部门在制定政策时,又存在把各类海关特殊监管区域孤立对待的问题,从而造成了政策不协调、不配套的局面,这也增加了监管难度和成本。此外,我国现有海关特殊监管区域有些管理不符合国际惯例。例如,在实践中,仍按报关制执行,影响了货物中转效率。而国际自由贸易区的管理惯例是货物进出自由贸易港区实行备案制管理。

五是功能不统一,交叉重叠。我国海关特殊监管区域在功能上隔离,缺乏综合性。例如,出口加工区仅限于出口商品的制造、加工和装配,对内销进行严格控制。而实际中,国内深加工产业链的延伸迫使出口加工区的成品向国内销售的业务已从试点转为常态,功能与实际需求的不匹配显而易见。保税物流园区规定区内不得从事加工贸易,也就限制了园区所具备的强大仓储配送功能的充分发挥。此外,功能的交叉重叠使各类海关监管区域在扩大规模时,产生了同质竞争问题。在招商引资时,甚至出现竞相提供优惠条件、降低价格的情况。这种激烈的恶性竞争有悖于我国海关特殊监管区域的设立初衷,造成了资源的浪费,阻碍了其良性的可持续发展。

此外,我国海关特殊监管区域还存在土地利用率不高、区域围网建设滞后、信息平台建设滞后、科学评价体系缺乏等问题。

针对这些问题,2005年的全国出口加工区工作会议为海关特殊监管区域的转型确定了方向,即要继续深化保税加工和保税物流监管制度改革,对各类特殊监管区域和场所进行功能整合。海关总署正式推动整合工作是从2007年开始的。2008年6月,国务院决定对保税区、出口加工区、保税物流园区、保税港区、综合保税区、跨境工业区等六类区域进行整合,配置统一政策、功能,执行统一管理制度和监管模式,将具备条件的保税区、出口加工区、保税物流园区,逐步整合转型为保税港区或综合保税区。临近港口的称为"保税港区",设立在内陆的称为"综合保税区"。2012年,国务院专门出台了《国务院关于促进海关特殊监管区域科学发展的指导意见》,提出了海关特殊监管区域建设与发展方向和具体要求。党的十八届三中全会通过的

《中共中央关于全面深化改革若干重大问题的决定》再次提出,"加快海关特殊监管区域整合优化"。

2014 年 9 月,我国形成了海关特殊监管区域优化方案。在加快区域整合方面,将严格新设审批、落实退出机制、推动出口加工区等符合转型条件的海关特殊监管区域转型为综合保税区。在推进功能优化方面,推动在海关特殊监管区域内建设贸易多元化功能区,支持保税展示展销,允许区内企业利用监管年限届满的机器设备承接境内区外的委托加工业务,支持区内企业开拓国内市场。允许区内企业开展高技术、高附加值、无污染的境内外维修业务,支持利用海关特殊监管区域开展跨境电子商务。海关总署于 2012 年 12 月 19 日在上海、杭州、宁波、重庆、郑州等海关特殊监管区域开展跨境电子商务试点。陆续开园后,经过近两年的发展,5 个跨境电子商务试点业务量增长显著。特别是杭州下城区的杭州跨境电子商务产业园自 2013 年 7 月开园到 2015 年的 2 月 25 日,该园区共出口商品 456.52 万件,金额 3566.85 万美元;进口商品 36.57 万件,金额已达到 5992.65 万美元。2015 年 3 月 12 日,国务院批设了中国(杭州)跨境电子商务综合试验区,为试点注入了新的发展动力。

第四节　中国海关特殊监管区域向自由贸易园区转型的探索

为了进一步理清我国海关特殊监管区域的发展脉络及其内在联系,在本节中把我国海关特殊监管区域向自由贸易区转型的探索从整体上分为五个阶段来说明(见图 4-7)。

一、酝酿阶段

这一阶段的特征是保税仓库和出口监管仓库的兴建。保税仓库是指经海关批准设立的专门存放保税货物及其他未办结海关手续货物的仓库;而出口监管仓库是指经海关批准设立,对已办结海关出口手续的货物进行存储、保税物流配送、提供流通性增值服务的海关专用监管仓库。到 1990 年,我国保税仓库已有 1200 家,保税工厂近 400 家。它们可以算是我国海关特殊监管制度的发端,在本章第一节中提到过,它们都属于保税监管场所,其特征是一般不实行封闭管理,并有仓储期限的限制。

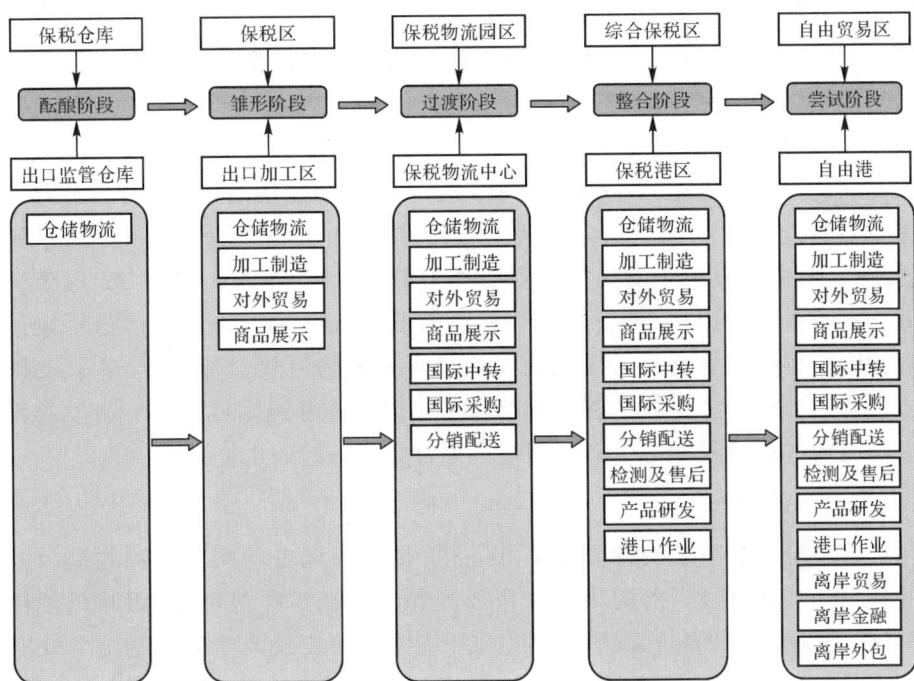

图 4-7　我国海关特殊监管区域向自由贸易园区转型的探索

二、雏形阶段

这一阶段的特征是单一型保税区的发展和出口加工区试点的设立。当时为适应经济全球化的发展趋势,我国借鉴国外设立自由贸易区的经验,从1990开始在东南沿海港口地区建立一种具有高度开放与国际市场接轨的新型特殊区域——保税区。不同于保税监管场所,保税区具有"境内关外"特性,实行"免征、免税、保税"等特殊政策,具备国际贸易、出口加工、保税仓储、物流分拨、商品展示等特殊功能。因此,保税区才是真正意义上的海关特殊监管区域发展的开端,可以说是我国自由贸易区的雏形。然而,保税区并不享受"进区退税"政策,不具备国际上通行的自由贸易区"境内关外"的特征,在海关监管、管理体制、机构设置等方面与国际上的"自由贸易区"存在一定差异。加上因为地理限制,保税区拥有的"国际贸易、保税仓储、出口加工和商品展示"四大功能并不能完全得到发挥。并且,随着我国入世时间的推移,保税区的税收优势日益减弱。

另一方面,20世纪90年代,我国加工贸易发展十分迅猛,占我国进出口贸易总额一半以上的加工贸易成为我国对外贸易的重要部分。而当时世界经济体开始将某些产业转移到发展中国家,这又给我国的加工贸易带来了巨大的机遇。为抓住这一机遇,同时遏制那时几近猖獗的走私和弥补保税区出口功能的不完善,国务院决定设立出口加工区,并于2000年4月底批设了第一批15个出口加工区试点区。出口加工区的设立为承接我国加工贸易的进一步发展起到了促进作用。为了弥补保税区的不足,满足当时我国日益增长的出口加工贸易发展的需要,出口加工区增加了"进区退税"的优惠政策,但它仅限于对出口商品进行制造、加工和装配。再后来,由于全球贸易自由化进程的不断加快,当时已有的保税区和出口加工区已不能适应国际市场的需求变化。国家为顺应国际贸易的发展趋势,必须建立比保税区和出口加工区的政策更加优越和功能更加齐全的区域。下一阶段的保税物流园区和保税物流中心便是在这种背景下应运而生的。

三、过渡阶段

这一阶段最主要的特征就是"区港联动"①的试点和配套保税物流园区的建设。"区港联动"的提出是由于我国保税区在运作过程中,因其局限性(如二次报关问题等),无法满足我国对外贸易增长而产生的对物流需求和要求的提升。为此,国务院在2003年底,批准上海外高桥保税区与外高桥实行我国首个"区港联动"试点。在此基础上,2004年,又在大连、宁波、厦门象屿、天津、深圳盐田等保税区与其临近港口开展"区港联动"的试点。区港联动是国际上自由贸易区转型的前奏,因此,这一阶段具有明显的过渡性。同时,增设了新的海关特殊监管区域——保税物流园区,以便整合保税区的政策优势以及港区的区位优势,使保税区与港口之间实现"政策叠加、优势互补、资源整合、功能集成",让两者联动发展。

此外,由于保税仓库功能单一,且对内陆地区的辐射能力不强,又因为保税物流园区是依托保税区和港口设立的,为满足没有港口资源和保税区政策优势的内陆地区的经济发展需求,国家于2004年确立以原有保税仓库和出口监管仓库为基础,在全国范围内建立保税物流中心。首家保税物流中心是2004年5月批设的苏州工业园区海关保税物流中心(B型)。截至

---

① "区港联动"是指进一步整合保税区的政策优势和港口的区位优势,将保税区的特殊政策覆盖到港区,实现区域联动、功能联动、信息联动、营运联动,拓展和提升保税区和港口的功能,形成保税区与港口良性互动发展的局面。区港联动是发展自由贸易区的国际通行模式,它使保税区加强与临近的港区合作,在港区划出特定的区域(不含码头泊位),实行保税区的政策,以发展物流产业为主,按"境内关外"定位实行封闭管理。

2014年10月,我国共批准了43家保税物流中心。国家把保税物流中心发展方向定位为国际采购中心、分拨中心和配送中心。为建成拥有国际采购、分拨和配送功能的区域中心,国家赋予了保税物流中心许多功能,物流中心内可以进行口岸、商检、税务和外汇结算等业务。

四、整合阶段

这一阶段的特征是整合型保税港区和综合保税区的发展。从上述分析中可知,前三个阶段设立的几种海关特殊监管区域类型或多或少存在局限性,保税区具备出口加工和物流贸易功能,但没有"入区退税"政策,且与港区相分离;出口加工区和保税物流园区则分别主要从事加工制造和物流贸易的保税。并且一些海关特殊监管区域功能重叠,造成了同质竞争想象。为此,我国对原有海关特殊监管区域进行了功能与区域的整合,用一句话来概括就是进行了存量整合和功能叠加。具体包括:①在临港区域设立保税港区。保税港区整合了保税区、出口加工区和保税物流园区的所有政策优势。2005年,国家批复成立上海洋山保税港区,采取保税区、出口加工区和港区的"三区合一"发展思路。保税港区自由贸易区的初级阶段,它的设立标志着我国海关特殊区的发展进入了一个新阶段。②在无港的内陆区域设立综合保税区。为使国内的无港保税区也能享受保税港区"三区合一"的政策功能,推进内陆地区外向型经济的发展,国家决定设立具有保税港区相同功能的"内陆保税港区"——综合保税。我国先是在苏州工业园区(2006年)、天津滨海新区(2008年)批设了综合保税,开展具有保税港区综合保税功能的保税区改革试点。③拓展出口加工区的功能,推进出口加工区的转型。最初时,功能拓展试点是2007年在7个出口加工区开展,到了2009年,这一工作在全国出口加工区范围内全面开展。这一工作推进了大批出口加工区转型升级为综合保税区或保税港区,如最早转型升级为综合保税区的苏州工业园区(2006年),后来的昆山综合保税区(2009年),以及转型升级为保税港区的广州南沙(2008年)、重庆两路寸滩(2008年)、青岛西海岸(2013年)等出口加工区。

五、尝试阶段

这一阶段的特征是自由贸易试验区的建立。2013年8月22日,国务院批设了我国第一个自由贸易试验区——上海自由贸易试验区。它是我国首个符合国际惯例的海关特殊监管区域,是发展自由贸易园区的尝试。上海自由贸易试验区的国家使命就是在当前国内经济放缓、国外欧美发达经济体去 WTO 化的宏观背景下,打造香港地区之外的自由港,成为可复制、可推广的模式,推动贸易自由化、投资便利化、金融国际化以及行政精简化,直面全球改革竞赛,突围全球贸易谈判,打造全球金融实力,进而为中国经济增长注入新动力,实现以开放促改革,以制度创新的试验成果实现国家战略。因此,建立上海自贸区的实质是借鉴全球市场制度,创建融入全球的跨境服务业市场。它是中国服务业市场开放和建设的一个战略步骤。自由贸易园区是主动、可控的开放,是发展自由贸易区的一种有限而有效的实践。①关于我国自由贸易试验区的研究,将在本书的第五章中进行详细阐述。

通过梳理我国海关特殊监管区域的发展脉络,我们不难发现,从保税区的设立到保税港区、综合保税区,是我国积极借鉴国外的成功经验,不断探索海关特殊监管区域新模式,接轨符合国际惯例的海关特殊监管区域——自由贸易园区的过程。作为我国外向型经济发展模式调整和升级各个特定发展阶段的产物,保税区、出口加工区、保税物流园区、保税港区和综合保税区等特殊区域虽然在功能上各有侧重并相互隔离,但其发展脉络是"一线放开,二线管住,区内自由,入区退税",功能上逐渐向以"境内关外"为定位的自由贸易区靠拢。因此,可以说海关特殊监管区域 25 多年的设立、发展和转型升级的发展历程,是一个功能不断细分和提升,监管理念不断发展和完善,物流效率不断提升的过程。

---

① 杨杞煌:《发展自由贸易区是深化开放的根本性问题》,《科学发展》2014 年第 63 期,第 36 页。

第五章　中国海关特殊监管区域向自由贸易园区转型的尝试

　　上一章梳理并分析了我国海关特殊监管区域的发展历程及六种类型海关特殊监管区域的发展现状,剖析了特殊区域的发展规律及困境。通过分析发现,由于受到功能模糊、定位不明晰、法律不完备、政策不统一等问题的制约,我国海关特殊监管区域正处于整合优化、科学发展的重要关口;而在向自由贸易园区转型的探索过程中,海关特殊监管区域在发展脉络上始终遵循"一线放开、二线管住、区内自由、入区退税"的原则,在功能上逐步向以"境内关外"为定位的自由贸易区靠拢。在此基础上,本章将从上海自由贸易试验区入手,深入分析新一轮改革开放形势下,我国海关特殊监管区域向自由贸易园区转型的尝试。

第一节　中国(上海)自由贸易试验区

一、设立的背景及过程

(一)设立的背景

　　2013 年 7 月 3 日,国务院常务会议原则通过了《中国(上海)自由贸易试验区总体方案》,意味着推进改革和提高开放型经济水准的"试验田"进入实施阶段。中国(上海)自由贸易试验区(以下简称上海自贸试验区)经国务院正式批准设立的时间是 2013 年 8 月 22 日。上海自贸试验区的设立有着复杂的国际背景和深刻的国内现实。

从国际形势来看,首先,2001 年加入 WTO 的成功让中国进入了世界经济体系。在收获红利的同时,国际地位也随之改变。而金融危机以来,我们可以看到 WTO 的红利正逐渐递减。多哈回合谈判进展有限,虽然在 2013 年底取得了"早期收获"——巴厘一揽子协定,但对知识产品、服务贸易、非农产品等领域没能给出解决方案。WTO 框架下投资、服务贸易等议题受阻,意味着昔日的"世界经济宪法"已经基本陷入僵局,只在纠纷解决机制这一司法治理部分发挥着作用。而新议题领域以双边谈判或区域整合的方式推进,特别是以自由贸易协定(FTA)为核心的区域贸易协定(RTA)①发展最为活跃。WTO 的统计数据显示,截至 2014 年 6 月 15 日,向 GATT/WTO 申报的RTA 已达到 585 个,生效并实施的有 379 个,其中 90% 采取 FTA 的形式。

其次,后危机时代,全球贸易竞争加剧导致新贸易保护主义②不断抬头。发达国家经济虽有缓慢复苏,但为进一步释放它们在全球经济活动中的影响力,以美国为首的美欧日三大经济体为建立新一代高规格的全球贸易和服务业规则,相继开启跨太平洋伙伴关系协定(TPP)、跨大西洋贸易与投资伙伴协定(TTIP)、国际服务贸易协定(TISA)和多边服务业协议(PSA)(见表 5-1)。前三个协定是美国推动全球贸易规则变革的三大重要举措,再加上 PSA 谈判,这四个谈判加速了区域整合方式下的国际贸易和投资规则重构。随着区域经济一体化这一潮流的推进,包括中国在内的新兴国家在国际贸易谈判中的话语权将被削弱,甚至于将有可能面临"二次入世"的不利局面。

第三,在信息技术快速发展下,现代产业呈现制造智能化与服务数字化为基础的服务与制造融合互动态势,从而引发全球生产体系的再布局。在这种新国际形势下,我国必须提高对外开放程度,加强与世界的联系,避免被边缘化。为此,我国迫切需要开辟一块"试验田"进行先行试验国际经贸的新规则和新标准,积累新形势下参与双边、多边、区域合作的经验,为与美国等发达国家开展相关谈判提供实证样本和依据参考,进而为我国参与国际经贸规则的制定提供有力支撑。

---

① 区域贸易协定(Regional Trade Agreement,RTA)是一种具有法律效力、贸易自由化程度较高的区域经济合作形式,其核心是通过取消成员之间的贸易壁垒,创造更多的贸易机会,促进商品、服务、资本、技术和人员的自由流动,实现区内经济的共同发展。区域贸易协定从低级到高级大致有六种形式:特惠贸易安排、自由贸易区、关税同盟、共同市场、经济同盟和政治经济一体化。

② 对比之前,新贸易保护主义更多的是新贸易保护方式的延续和精细化,具有方式更隐蔽、手段多样化、范围更全面、措施更复杂,以及主体集团化、区域化和全球化等特征。

表 5-1　全球重要区域谈判

	TPP	TTIP	TISA	PSA
中文全称	跨太平洋伙伴关系协定	跨大西洋贸易与投资伙伴协定	国际服务贸易协定	多边服务业协议
外文全称	Trans-Pacific Partnership Agreement	Transatlantic Trade and Investment Partnership	Trade in Service Agreement	Plurilateral Services Agreement
发起国	新加坡、智利、文莱、新西兰①	美国、欧洲	美国、澳大利亚	美国
目的	树立全球贸易新标准，打造"21世纪自由贸易协定范本"	消除美欧之间的一切关税壁垒，解决监管问题和其他非关税贸易壁垒，拓宽服务贸易及投资领域，完善并同意双边经贸、投资相关政策法规	在 GATS 的基础上推动达成更高标准的服务贸易协定，并在跨境数据流动、国有企业非公平竞争等方面设立新规则	推动多边服务业协议，加速全球服务业市场的自由化
启动时间	2005.06	2013.02	2013.03	2013.01
成员	新加坡、智利、文莱、新西兰、美国、澳大利亚、秘鲁、马来西亚、越南、韩国、日本、墨西哥、加拿大、日本等14个国家	美国、欧洲、日本	24 个成员（欧盟 28 国算 1 个成员）	21 个 WTO 成员
主要内容	农业、政府采购、投资、知识产品保护、劳工和环境标准	服务贸易、政府采购、原产地规则、技术性贸易壁垒、农业、海关和贸易便利化等	服务贸易全领域，涵盖国内管制、国企竞争、信息通信技术、电子商务、金融、专业服务、海运、政府采购、服务业补贴等领域	金融、快递、传播、电信、电子商务、运输、观光、物联网、移动通信、互联网等几乎全部服务业领域
主要特点	一是推行更高标准的贸易自由化；二是积极推进投资自由化；三是更加强调服务贸易自由化；四是更加强调公平竞争和权益保护			

资料来源：作者根据相关资料整理而成。

---

① 新加坡、智利、文莱和新西兰在 2005 年 6 月发起太平洋战略经济伙伴关系协议（P4协议），它是 TPP 的前身。2008 年初，在美国的提议下，P4 协议转而被称为跨太平洋伙伴关系协定（TPP）。2009 年 11 月，美国加入并开始主导 TPP 谈判。

　　从国内现实来看,首先,上海自贸试验区的设立是我国在国内经济进行转型关键期经济发展的需要。当前,我国经济处于一个高速增长后的经济换挡关口,国际需求疲弱使得外贸出口大幅回落,经济增速放缓,产能过剩、转型受困等问题亟待解决。在国际经济局势不稳的情况下,如何降低对外贸的依赖性,激活国内市场,实现产业升级成了关键。经济增长迫切需要新的引擎,需要更高层次的开放,用开放促改革,通过改革强化本国经济的自主性,释放改革红利来助推经济复苏。以开放促改革是历史的经验也是这一阶段的必然选择。从历史上来看,实践表明,每当国内改革动力不足,乃至陷入争论的时候,扩大开放往往会扮演改革"救驾者"的角色,发挥"倒逼"的作用。例如,1980年经济特区的建立,以及2001年的加入WTO,改革史上这两次"开放倒逼改革"的成功,使本届政府似乎有理由认为,这一方略可以在新的时代条件下得到新的运用——上海自贸试验区便是在这一基础上推出的。① 其次,人民币国际化需要自由的金融市场提供支撑。我国已成为全球第二大经济体,但在全球货币竞争格局中仍处于非常被动的地位。第三,上海自身要构建"四个中心"的需要。2010年后,上海陆续被批复为国际金融中心、国际贸易中心、国际航运中心和国际物流中心。"四个中心"建设的重要任务之一就是构建全方位、开放型的贸易发展体系,积极参与国际分工,实现国内贸易与国际贸易的接轨,建成时间定为2020年。② 在不容乐观的经济形势下,这成了一个艰巨而繁重的任务,亟须一个可以承接政策红利的"载体"。

　　中国(上海)自由贸易试验区正在变成一场新的制度改革的起点。通过带动金融、税收、贸易、政府管理等一系列政策变革,可能为全国性的改革破局带来巨大的示范效应。从这个角度看,建立中国(上海)自由贸易试验区,就是要形成全国开放新格局中的先行试点,在接轨国际的制度规则、法律规范、政府服务、运作模式等方面率先实践,为我国深化改革开放提供可供借鉴的"制度试验池"和适合推广的新模式。中国(上海)自由贸易试验区获批

---

　　① 鲁楠:《"改革促进开放"抑或"开放倒逼改革"》,《文化纵横》2013年第6期,第74页。

　　② 2020年上海要基本建成"四个中心"和社会主义现代化国际大都市,要加快提升全球资源配置能力和全球服务功能。国际金融中心要着力突破金融开放、人民币资本项下可兑换和人民币跨境使用,在金融市场、金融机构、金融产品、金融业务方面推进改革创新;国际航运中心要围绕国际航运发展综合试验区建设,加快集聚各类航运服务机构,完善现代航运服务体系;国际贸易中心要着力推动货物贸易向服务贸易、离岸贸易等高端贸易功能拓展升级,增强贸易营运控制功能和交易定价功能。

意味着中国改革开放进入了全新的历史阶段。①

综上，在 TPP、TTIP、PSA 的围追堵截和"二次入世"的外在压力下，中国处在内生改革需要动力和推力的重要关头，人民币国际化的推进需要金融平台的支撑，对外改革、调整外交政策、重新谋划区域经济战略成为十分急迫的任务。因此，上海自贸试验区的设立是国家战略的体现，是在新的国际经济贸易形势下作出的布局。

（二）选择上海的依据

上海并没有肩负着像福建那样的两岸合作，也没有肩负着像广东那样的粤港澳合作，但是我国第一个自由贸易试验区试点却选择设在上海。关于这一个问题，2013 年 9 月 29 日，商务部部长高虎城在中国（上海）自由贸易试验区挂牌仪式上曾提到三点理由：一是上海有较好的基础。上海开放型经济规模大，内外经济联系面广，国际化企业集聚度高，可以在一个比较高的起点上进行试点，承受风险的能力也相对较强。上海自由贸易试验区是由现有的 4 个海关特殊监管区域组成的，具有良好的基础设施条件。这片区域已吸引各类投资企业 12000 家，其中世界 500 强企业投资了 230 个项目，2012 年进出口贸易额为 1130 亿美元。二是上海有较为成熟的监管制度和管理经验。2009 年，上海市人民政府设立了综合保税区管理委员会，管理规范高效，有管理较高程度开放区域的很多经验，有助于下一步创新监管服务模式，促进各类要素的自由流动。三是有较好的区位优势。上海地处长三角，拥有广阔的经济腹地，通过发挥辐射效应，可以带动更大范围、更广区域的开放开发。② 就此，从四个方面对上海的优势进行如下梳理：

1. 地理位置优势

上海地处沿海经济带和沿江经济带的交汇点，集黄金海岸与黄金水道于一身，是国际物流与国内物流的节点，居对内对外两个扇面辐射的枢纽地位，③可谓是"襟江濒海"，交通十分便利。对内，利用河湖运网，可以与富饶

---

① 参见《上海幕后 5 问：设立自贸区有什么国际背景》，载新浪财经 http://finance.sina.com.cn/china/20130929/083216882270.shtml，2013-09-29.

② 参见《商务部部长高虎城：选择在上海建自贸区有三方面原因》，载人民网财经频道 http://finance.people.com.cn，2013-09-29.

③ 贺水金：《开放时代上海区域优势的国内外比较与国际航运中心建设》，《上海经济研究》2012 年第 9 期，第 57 页。

的长江三角洲各地一水相通。入长江、出海口又可以与包括整个长江流域及东部沿海在内的大半个中国进行贸易往来;对外,处在远东航行的焦点位置以及大西洋航线欧洲与美洲的正中间,可以通过远洋运输与世界各国开展经济交流。并且,上海腹地广阔,市场容量大。其直接腹地是长江三角洲,而间接腹地则是几乎囊括了大半个中国的长江流域。这些地区又是我国经济最发达的地区,物产富饶。优越的地理位置、四通八达的集疏运网络更是拓宽了上海的间接腹地。正是这样得天独厚的地理位置,赋予了上海无限的发展空间。

2. 港口条件优势

上海拥有全球最大的货运港口——上海港。上海港以上海市为依托,长江流域作后盾,经济腹地广阔,水陆空交通便利,区位优势显著,且常年不冻。海运与内河航运的结合,加速了上海港商品的周转,现代化的港口设施提高了港口的运作效率。从图 5-1 中可以看出,除了受到 2008 年金融危机的影响而产生下滑外,自 2001 年到 2014 年,上海港整体呈现快速增长的趋势。2014 年上海港累计完成货物吞吐量 7.55 亿吨,位居全球第二;集装箱吞吐量 35285 千 TEU,位居全球首位。这是继 2010 年上海港以 29069 千 TEU 超过新加坡港跃居首位后,连续五年稳坐全球第一的宝座。

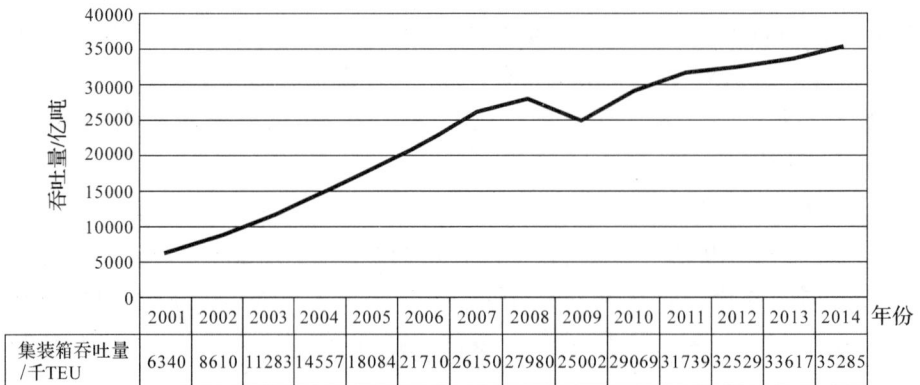

年份	2001	2002	2003	2004	2005	2006	2007	2008	2009	2010	2011	2012	2013	2014
集装箱吞吐量/千TEU	6340	8610	11283	14557	18084	21710	26150	27980	25002	29069	31739	32529	33617	35285

图 5-1   上海港集装箱吞吐量(2004—2014 年)

资料来源:2001 年到 2013 年的数据来自 IAPH(http://www.iaphworldports.org/Statistics.aspx)"World Container Traffic Data 2014";2014 年数据来自中国港口(http://www.port.org.cn/info/201502/182982.htm).

3. 经济规模优势

优越的地理位置,四通八达的交通网络以及巨大的市场潜力和市场辐射能力,使上海成为我国长三角最大的内贸物资运输、外贸商品转口集散中心。1978 年改革开放以来,上海的经济发展迅速,1990 年初浦东的开发使上海再度崛起,成为我国举足轻重的经济重地。"四个中心"建设使上海的综合实力显著增强,国际影响力明显提升。2008 年,上海成为我国首个迈进"人均 GDP1 万美元"的省份。2012 年,上海 GDP 达到 20181.72 亿元,人均8.54 万元,为全国人均的 2 倍多;2013 年,上海 GDP 为 21602.12 亿元,增幅为 7.04%,人均达到 9.01 万元(见表 5-2)。经济的发展,同时又吸引了大量的优秀人才,为上海创造了雄厚的人才储备。

表 5-2　1978—2013 年上海市生产总值

单位:亿元(GDP);元(人均 GDP)

	1978 年	1979 年	1980 年	1981 年	1982 年	1983 年	1984 年	1985 年	1986 年	1987 年
上海 GDP	272.81	286.43	311.89	324.76	337.07	351.81	390.85	466.75	490.83	545.46
上海人均 GDP	2485	2556	2725	2800	2864	2947	3232	3811	3956	4340
全国人均 GDP	381	419	463	492	528	583	695	858	963	1112

	1988 年	1989 年	1990 年	1991 年	1992 年	1993 年	1994 年	1995 年	1996 年	1997 年
上海 GDP	648.30	696.54	781.66	893.77	1114.32	1519.23	1990.86	2499.43	2957.55	3438.79
上海人均 GDP	5080	5362	5911	6661	8208	11061	14328	17779	20647	23397
全国人均 GDP	1366	1519	1644	1893	2311	2998	4044	5046	5846	6420

	1998 年	1999 年	2000 年	2001 年	2002 年	2003 年	2004 年	2005 年	2006 年	2007 年
上海 GDP	3801.09	4188.73	4771.17	5210.12	5741.03	6694.23	8072.83	9247.66	10572.24	12494.01
上海人均 GDP	25206	27071	30047	31799	33958	38486	44839	49648	54858	62040
全国人均 GDP	6796	7159	7858	8622	9398	10542	12336	14185	16500	20169

	2008 年	2009 年	2010 年	2011 年	2012 年	2013 年	2014 年
上海 GDP	14069.87	15046.45	17165.98	19195.69	20181.72	21602.12	23560.94
上海人均 GDP	66932	69165	76074	82560	85373	90092	
全国人均 GDP	23708	25608	30015	35198	38459	41908	46531

资料来源:全国数据来自国家统计局(http://www.stats.gov.cn/tjsj/ndsj/2014/index-ch.htm)2014 年统计年鉴,上海数据来自上海市统计局(http://www.stats-sh.gov.cntjn-jnj14.htm? d1=2014tjnj/C0405.htm)2014 年上海统计年鉴。

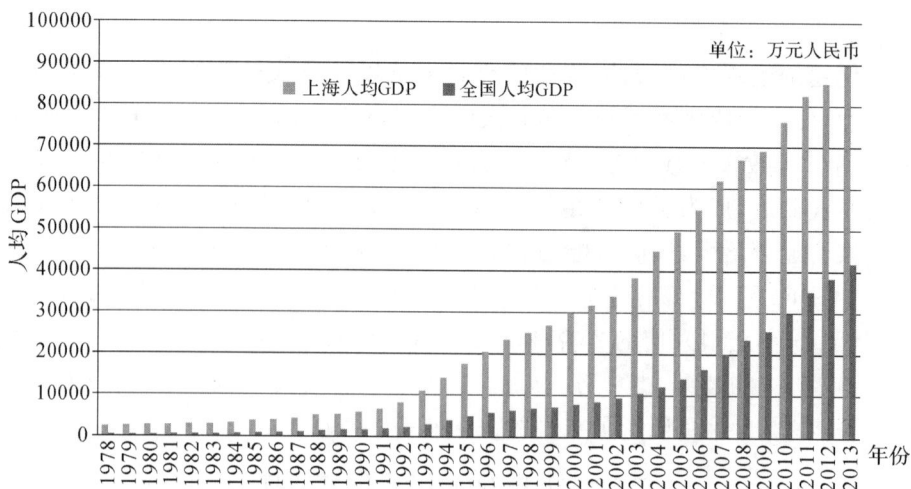

图 5-2 上海人均 GDP 与全国人均 GDP 的比较(1978—2013 年)

资料来源:同表 5-2。

4. 海关特殊监管区域的优势

上海综合保税区是我国发展最为成熟的海关特殊监管区域之一,经济规模、功能拓展、业务创新及企业聚集在全国处于领先地位。如表 5-3 所示,在全国海关特殊监管区域整体发展水平中,上海的优势显而易见。2014 年上海的海关特殊监管区域共有 10 个,占全国总数的 7.69%;10 个海关特殊监管区域完成进出口总额 1720.07 亿美元,占全国总额的 24.71%。

表 5-3 2014 年上海海关特殊监管区域发展情况

	数量	进出口额(亿美元)	占比(%)
保税区	1	983.63	42.38
出口加工区	6	479.91	26.13
保税物流园区	1	58.88	36.93
保税港区	1	121.17	13.29
综合保税区	1	76.47	3.49
总计	10	1720.07	
全国总量	130	6961.70	
占比(%)	7.69	24.71	

资料来源:作者根据海关总署的统计数据整理所得。

上海在拥有如上这些建立自贸试验区诸多优势的同时,也正陷在增长乏力的困境中,亟须新的增长动力。1978 年,上海经济占全国经济的比重接近 17%。然而,从近几年上海的经济形势来看,增速明显放缓。2011 年,上海 GDP 增速为 8.2%,全国倒数第二;2012 年增速为 7.5%,位居全国末位,占全国经济的比重跌到了 4%。"四个中心"曾被视为重要的政策红利支持,但一直缺乏一个可以承接政策创新的载体。自贸试验区于是被寄予了厚望,被誉为是现阶段最合适的带动国际贸易、国际航运、国际金融和国际物流四大中心共同发展的"公用撬杠"。

对于"为什么是上海"这个问题,很多专家学者也给出了他们的解释。国家发改委学术委员会秘书长张燕生给出的解释是,"上海是中国的龙头,当然要走在中国的最前头"。中国区域经济研究中心杨开忠分析说,"这与上海在我们国家的经济地位、金融地位、贸易地位息息相关。而且,上海拥有庞大的长三角经济腹地。"商务部国际贸易经济合作研究院副院长邢厚媛指出,"在陷入了长久的增长乏力之后,对上海扩大开放、深化改革的声音其实一直存在。最早在浦东开发时就有关于深化金融改革、设立离岸金融中心的说法;而在虹桥周边搞更加开放的自由贸易功能区的探索也一直没有停止。在上届政府任期的十年内,乃至上上届政府都提到过。"并认为,新一届政府能够在党的十八大之后把上海自贸试验区的设想加快推进,并演变成现实,实属众望所归,是很多人的智慧经过长期思考形成的结果。[①] 周和敏等(2014)[②]认为,上海作为中国第一大城市和全国的经济、金融、航运、物流中心,在建设自由贸易区上有着先天的优势。

而对于自贸区设立的意义,在批复方案的国务院常务会议上,李克强总理曾指出,设立上海自贸试验区将是本届政府打造中国经济升级版的重要举措。中国国际经济交流中心教授王晓红认为,自贸区的建立将有助于上海发挥其在全国经济发展乃至世界经济发展中的职能。对整个长三角的产业转型升级,尤其是服务业的国际化将有非常大的带动作用。她分析说,中国服务业的开放明显滞后,此次服务贸易的开放成为自贸区产业开放的重点,这将使中国未来在国际高端分工地位上占很大的优势。

---

①　参见《自由贸易区为什么是上海》,载经济网—中国经济周刊 http://www.ceweek-ly.cn,2013-09-19.

②　周和敏等:《从海关特殊监管区域到自由贸易区——上海自贸试验区海关监管政策分析》,《海关法评论》第 4 卷,法律出版社 2014 年版,第 43 页。

（三）设立过程

在全国各地设想从保税港区向自由贸易区转型的过程中,上海走在前面,关于设立自贸试验区的探索,历时已久。早在 2005 年,上海、深圳、天津等地都向国务院及各部委提交了保税区向自由贸易（园）区转型的建议,之后国家发改委、国务院发展研究中心也对这些地区进行过调研。2009 年,中国生产力促进中心协会起草了一篇题为《关于中国在浦东建立自由贸易区设想》的文章,报给了时任总理温家宝。温家宝非常关心,亲自批示将"自由贸易区"改为"自由贸易园区",并请国家发改委等有关部门联合组织、调研。2010 年 11 月,国家发改委、国务院发展研究中心等部门对上海浦东新区建设自由贸易园区进行实地调研。2011 年 11 月,在第 11 届世界自由贸易园区大会期间,上海正式向外界明确表明要建立自由贸易园区。2013 年 3 月新一届政府上任后,上海自由贸易试验区的概念成形,其建设进程得以加速。2013 年 3 月,国务院总理李克强在一次座谈会上谈到在上海建立自贸区的设想,他说:"我们要用开放扩大内需,用开放形成倒逼机制,用开放促进新一轮改革。"这是李克强总理第一次提出建立上海自贸试验区背后的改革方略。2013 年 3 月末,他在上海调研期间考察了外高桥保税区,并表示鼓励上海在现有综合保税区的基础上,研究建立一个自由贸易试验区。2013 年 5 月 14 日,上海自由贸易区项目获得了国家层面的立项。

正如表 5-4 所示,上海自贸试验区的实质性进展始于 2013 年 7 月。2013 年 7 月 3 日,国务院常务会议原则通过了《中国（上海）自由贸易试验区总体方案》。2013 年 8 月 16 日,国务院常务会议表示,拟提请全国人大常委会审议关于授权国务院在试验区内暂停实施有关法律规定的决定草案。2013 年 8 月 22 日,国务院正式批准设立中国（上海）自由贸易试验区,9 月 27 日,国务院印发了《中国（上海）自由贸易试验区总体方案》,在其中"开放促改革"再次得到了明确表述。这种"开放倒逼改革"方略的重点是,借助开放所带来的外部力量,推动内部进行制度调整。具体而言,是通过上海自贸试验区的实验,树立政府锐意改革的良好形象,提振国民的改革信心;尝试金融、贸易管理体制的转变;探索产业升级的可行道路;寻找整合东亚经济的适当模式,最终为全国的改革提供参照。① 上海自贸试验区正式挂牌于 2013 年 9 月 29 日。

---

① 鲁楠:《"改革促进开放"抑或"开放倒逼改革"》,《文化纵横》2013 年第 6 期,第 74 页。

表 5-4　上海自由贸易园区的设立过程

日期	进展
2013.07.03	国务院常务会议通过《中国(上海)自由贸易试验区总体方案》和《中华人民共和国外国人入境出境管理条例(草案)》
2013.08.22	国务院正式批准设立中国(上海)自由贸易试验区。试验区范围涵盖上海市外高桥保税区、外高桥保税物流园区、洋山保税港区和上海浦东机场综合保税区等 4 个海关特殊监管区域,总面积为 28.78 平方公里
2013.08.26	根据草案,在试验区内,对负面清单之外的外商投资暂时停止实施《外资企业法》、《中外合资经营企业法》、《中外合作经营企业法》等 3 部法律的有关规定,暂时停止实施《文物保护法》的有关规定,时间为 3 年
2013.09.27	国务院印发《中国(上海)自由贸易试验区总体方案》,规定了五项任务
2013.09.29	中国(上海)自由贸易试验区正式挂牌,东方明珠集团、上海联交所等首批 25 家企业和 11 家金融机构入驻自贸区
2013.11.05	上海浦东开设自贸区法庭。该法庭集中受理、审理依法应当由浦东法院管辖的与中国(上海)自由贸易试验区相关联的商事(含金融)、知识产权和房地产案件,并根据自贸区建设和运行的实际,对受案范围作必要调整
2013.12.02	中国人民银行发布《关于金融支持中国(上海)自由贸易试验区建设的意见》,推出四大举措支持自贸区建设
2014.01.06	国务院调整上海自贸试验区内相关行政法规和国务院文件。其中明确规定,允许外资企业从事游戏游艺设备的生产和销售,可面向国内市场销售,这意味着我国长达 13 年的游戏机禁售规定正式解除
2014.01.27	作为上海自贸试验区内首批获准开业的外资银行之一——汇丰银行(中国)有限公司上海自贸试验区支行("汇丰上海自贸试验区支行")开业,致力于产品和服务创新领域的积极探索
2014.02.18	央行上海总部在上海自贸试验区组织召开支付机构跨境人民币业务启动仪式,此举标志着上海市支付机构跨境人民币支付业务正式启动
2015.04.20	国务院印发《进一步深化中国(上海)自由贸易试验区改革开放方案》

(四)目标与任务

国家进行上海自贸试验区试验的主要目的是通过改革实现制度创新,以制度红利推进上海"四个中心"建设,并形成"可复制"的经验在全国推广。以开放倒逼改革,是上海自贸试验区设立的主要宗旨。关于上海自贸试验区的建设目标与要求,国务院先后在 2013 年 9 月和 2015 年 4 月公布了《中国(上海)自由贸易试验区总体方案》和《进一步深化中国(上海)自由贸易试验区改革开放方案》,进一步明确了上海自贸试验区的五大主要任务及措施。在 2013 年 9 月国务院批复中,上海自贸试验区改革的总体目标是,要建设成为服务业开放度高、企业投融资便利、税收政策优惠、监管高效便捷、各类贸易通行、服务体系健全、具有中国特色的国际水准的自由贸易园区，从贸易为主向投资、贸易并重转变，从监管保税货物为主向集聚国际国内两种资源转变。上海自贸试验区的主要任务是要探索我国对外开放的新路径和新模式，推动加快转变政府职能和行政体制改革，促进转变经济增长方式和优化经济结构，实现以开放促发展、促改革、促创新，形成可复制、可推广的经验，服务全国的发展。相比之下，新方案中总体目标把"具有国际水准"提升到了"开放度最高"的投资贸易便利、货币兑换自由、监管高效便捷、法制环境规范的自由贸易园区。同时取消了 2 至 3 年的时间要求。具体如表5-5 所示。

表 5-5　中国(上海)自由贸易试验区总体目标

方案	《中国(上海)自由贸易试验区总体方案》(国发〔2013〕38 号)	《进一步深化中国(上海)自由贸易试验区改革开放方案》(国发〔2015〕21 号)
成文时间	2013.09.18	2015.04.08
发布时间	2013.09.27	2015.04.20
总体目标	经过 2 至 3 年的改革试验，加快转变政府职能，积极推进服务业扩大开放和外商投资管理体制改革，大力发展总部经济和新型贸易业态，加快探索资本项目可兑换和金融服务业全面开放，探索建立货物状态分类监管模式，努力形成促进投资和创新的政策支持体系，着力培育国际化和法治化的营商环境，力争建设成为具有国际水准的投资贸易便利、货币兑换自由、监管高效便捷、法制环境规范的自由贸易试验区，为中国扩大开放和深化改革探索新思路和新途径，更好地为全国服务	按照党中央、国务院对自贸试验区"继续积极大胆闯、大胆试、自主改"、"探索不停步、深耕试验区"的要求，深化完善以负面清单管理为核心的投资管理制度、以贸易便利化为重点的贸易监管制度、以资本项目可兑换和金融服务业开放为目标的金融创新制度、以政府职能转变为核心的事中事后监管制度，形成与国际投资贸易通行规则相衔接的制度创新体系，充分发挥金融贸易、先进制造、科技创新等重点功能承载区的辐射带动作用，力争建设成为开放度最高的投资贸易便利、货币兑换自由、监管高效便捷、法制环境规范的自由贸易园区
发展目标	具有国际水准	开放度最高
五大任务	① 加快政府职能转变； ② 扩大投资领域的开放； ③ 推进贸易发展方式转变； ④ 深化金融领域的开放创新； ⑤ 完善法制领域的制度保障	① 加快政府职能转变； ② 深化与扩大开放相适应的投资管理制度创新； ③ 积极推进贸易监管制度创新； ④ 深入推进金融制度创新； ⑤ 加强法制和政策保障

续表

完成时间	2至3年的改革试验	无
开放措施	23条涉及金融服务、航运服务、商贸服务、专业服务、文化服务以及社会服务等六大服务领域	新增31条①,涉及服务业领域(14条)、制造业领域(14条)、采矿业领域(2条)、建筑业领域(1条)

二、上海自贸试验区总体运行情况与成效

(一)总体运行情况

区域面积方面。2014年12月28日,国家批准上海自贸试验区扩围。扩围后的上海自贸试验区面积在原有的28.78平方公里基础上又增加了91.94平方公里,总面积达到120.72平方公里。此次扩围跳出了原有4个海关特殊监管区域(外高桥保税区、外高桥保税物流园区、洋山保税港区、浦东机场综合保税区)的范围,将浦东新区的陆家嘴金融贸易区、张江高新技术园区、金桥开发区纳入了自贸试验区的范围,为制度创新提供了更大的检验和压力测试空间(见表5-6)。

表5-6　中国(上海)自由贸易试验区扩围前后对比

	2013年	2014年(扩围)
批准时间	2013.08.22	2014.12.28
面积	28.78平方公里	120.72平方公里
区域	外高桥保税区、外高桥保税物流园区、洋山保税港区、浦东机场综合保税区	在原基础上,扩展至陆家嘴金融贸易区、张江高新技术园区、金桥开发区
负面清单	《中国(上海)自由贸易试验区外商投资准入特别管理措施(负面清单)(2013年)》 190条	《中国(上海)自由贸易试验区外商投资准入特别管理措施(负面清单)(2014年修订)》 139条(110条限制性措施+29条禁止性措施)

---

①　新增的31条开放措施具体为:服务业领域的14条开放措施,包括航运服务领域6条、商贸服务领域3条、专业服务领域4条、社会服务领域1条。这些开放措施既符合中国经济转型升级方向,也突出了航运、贸易等自贸试验区的主导产业。制造业领域,注重产品研发设计的14条开放措施中,有5条注重于产品的研发、设计,包括允许外商以独资形式从事豪华邮轮、游艇的设计;允许外商以独资的形式投资于高速铁路、铁路客运专线、城际铁路及城市轨道交通配套的乘客服务设施和设备的研发、设计与制造等。采矿业领域,扩大开放,注重新技术开发应用,有利于提升资源利用效率和勘探水平。建筑业领域,引外资投入基础设施,"允许外商以独资形式从事地方铁路及其桥梁、隧道、轮渡和站场设施的建设、经营",体现基础设施建设对外资的开放。

续表

	2013 年	2014 年（扩围）
制度革新	• 实施企业准入"单一窗口"制度 • 建立社会力量参与市场监督制度 • 健全信息共享和综合执法制度	• 建立企业年度报告公示和经营异常名录制度 • 健全社会信用体系 • 完善专业监管制度

资料来源：作者根据相关资料整理而成。

功能定位方面。上海自贸试验区扩围后，其目标是进一步扩大先行先试，以制度创新为核心，把防控风险作为重要底线，把企业作为重要主体，充分发挥浦东新区创新基础好、开放度高的优势，加快政府职能转变，在更广领域和更大空间范围内积极探索以制度创新推动全面深化改革的新路径，率先建立符合国际化和法治化要求的跨境投资和贸易规则体系。为此，上海自贸试验区依托区位和产业等优势，对四大片区设定了不同的功能定位（见表5-7）。原有的 28.78 平方公里，依托原有自贸试验区的产业发展基础，加快发展国际贸易、金融服务、航运服务、专业服务和高端制造等五大产业集群。新扩围的区域功能特色鲜明，陆家嘴金融片区主打金融业，集聚金融企业；金桥开发区片区是上海重要的先进制造业核心功能区、生产性服务业集聚区、战略性新兴产业先行区和生态工业示范区，可以承接从外高桥退下来的制造型企业，成为高端制造业的新的改革载体；张江高科技片区作为上海贯彻落实创新型国家战略的核心基地，集中了大量高新技术企业，发展的重点是在国家科学中心、发展"四新"（新技术、新产品、新业态、新商业模式）经济、科技创新公共服务平台、科技金融、人才高地和综合环境优化等领域开展探索创新。上海自贸试验区新增片区功能各异的定位，显现了上海自贸试验区在扩围的同时，推进转型升级的趋势。

经济水平方面。上海自贸试验区自 2013 年 9 月 29 日正式启动以来，制度创新、扩大开放、功能拓展、产业升级等方面的工作任务得到稳步推进，经济运行状况良好。2013 年，自贸试验区经营总收入达到 14424.4 亿元（是上海市各类开发区中唯一达到万亿元的园区），完成工商税收 475.8 亿元，占全国海关特殊监管区域的 52.0%；进出口总额 1134.3 亿美元，分别占全市的 25.7%（其中进口额占 35.4%）和全国海关特殊监管区域的 16.0%（其中进口额占 24.0%）；商品销售总额 12373.4 亿元，分别占全市的 20.0% 和全国海关特殊监管区域的 52.0%；毗邻的外高桥港区和小洋山港区集装箱吞吐量 3058.5 万 TEU，保持世界第一；浦东国际机场的航空货邮吞吐量

291.5万吨,保持世界第三。截至2014年9月中旬,自贸试验区新增企业12288家,超过原综合保税区过去20年的企业存量(8996家);新设企业注册资本(金)3459.08亿元,户均注册资本(金)2840.98万元。其中,外资企业约1400家,包括12家跨国公司地区总部。

表5-7　上海自由贸易试验区各片区的基本情况及功能定位

片区		面积(平方公里)	特点	功能
综合保税区		28.78	依托原自贸试验区产业发展基础	加快发展国际贸易、金融服务、航运服务、专业服务、高端制造五大产业集群,重点集聚总部经济、平台经济、"四新"经济三大业态
其中	外高桥保税区	10.00	依托区域先发优势,联动森兰区域	打造成为以国际贸易服务、金融服务、专业服务功能为主,商业、商务、文化、休闲多元功能集成的综合性功能集聚区
	外高桥保税物流园区	1.03	依托外高桥港区和外高桥保税区	打造成为国际物流服务功能区
	洋山保税港区	14.16	充分利用洋山深水港得天独厚的深水岸线和航道条件,联动临港地区(包括南汇新城),依托自贸试验区和国际航运发展综合试验区的政策叠加优势	打造成为具有全球竞争力的国际航运服务和离岸服务功能区
	浦东机场综合保税区	3.59	充分依托浦东国际机场的亚太航空枢纽地位,发挥国际客流、商流、物流密集的独特优势	与周边国家旅游度假等区域的联动发展,在强化国际航空服务功能的同时,拓展高端商业、贸易等功能,打造成为具有全球竞争力和吸引力的国际航空服务和现代商贸功能区
陆家嘴金融片区		34.26	以金融业为主	
其中	陆家嘴金融贸易区	24.39	上海国际金融中心的核心区域、上海国际航运中心的高端服务区、上海国际贸易中心的现代商贸集聚区	探索建立与国际通行规则相衔接的金融制度体系,与总部经济等现代服务业发展相适应的制度安排,持续推进投资便利化、贸易自由化、金融国际化和监管制度创新,加快形成更加国际化、市场化、法治化的营商环境
	世博开发园区	9.87	上海新一轮发展的重点区域	打造总部经济、航运金融、文化体育旅游业、高端服务业集聚区

续表

片区	面积 （平方公里）	特点	功能
张江片区	37.20	贯彻落实创新型国家战略的核心基地	重点在国家科学中心、发展"四新"经济、科技创新公共服务平台、科技金融、人才高地和综合环境优化等重点领域开展探索创新
金桥片区	20.48	上海重要的先进制造业核心功能区、生产性服务业集聚区、战略性新兴产业先行区和生态工业示范区	以创新政府管理和金融制度、打造贸易便利化营商环境、培育能代表国家参与国际竞争的战略性新兴产业为重点，不断提升经济发展活力和创新能力

资料来源：作者根据中国（上海）自由贸易试验区网站资料（http://www.china－shftz.gov.cn）整理而成。

（二）运行成效

通过挂牌以来一年多的改革创新实践，上海自贸试验区推进了管理、投资、贸易、金融四大制度创新，逐步完善以负面清单管理为核心的投资管理制度；建立以贸易便利化为重点的贸易监管制度；基本确立以资本项目可兑换和金融服务业开放为目标的金融创新制度；初步形成以政府职能转变为导向的事中事后监管制度，从而初步建立了与国际投资贸易通行规则相衔接的基本制度框架。

1. 政府管理方式的创新，由"事前"审批转为"事中事后"监管

通过简政放权，加快转变政府职能。国家相关部门已下放和取消一批行政审批事项，上海市政府已赋予自贸试验区管委会区域统筹管理权，下放上海自贸试验区管理机构能够承接的行政审批和管理事项。具体管理体制框架见图 5-3 和图 5-4。

为加强对市场主体"宽进"以后的过程监督和后续管理，上海自由贸易试验区探索建立了安全审查制度、反垄断审查制度、企业年度报告公示和经营异常名录制度、社会力量参与市场监督制度、健全社会信用体系以及信息共享和综合执法制度等六项制度。政府的公示制度和听证制度很好地体现了政府整个角色的转变，从领导者转变成为市场的参与者和培育者，让政策跟着市场走。

2. 贸易监管制度的创新，提升贸易便利化水平

根据海关特殊监管区域"境内关外"的监管模式，上海自贸试验区以贸易便利化为导向，积极创新"一线放开、二线安全高效管住、区内自由"的监管制

```
┌─────────────────────────────────────────┐
│      中国(上海)自由贸易试验区推进工作领导小组      │
└─────────────────────────────────────────┘
                    │
                    │        ┌──────────────┐
                    ├────────│  领导小组办公室  │
                    │        └──────────────┘
    ┌───────────────┴──────合署──────┬───────────────────────┐
┌──────────────┐              ┌───────────────────────────┐
│ 浦东新区人民政府 │              │ 中国(上海)自由贸易试验区管理委员会 │
└──────────────┘              └───────────────────────────┘
```

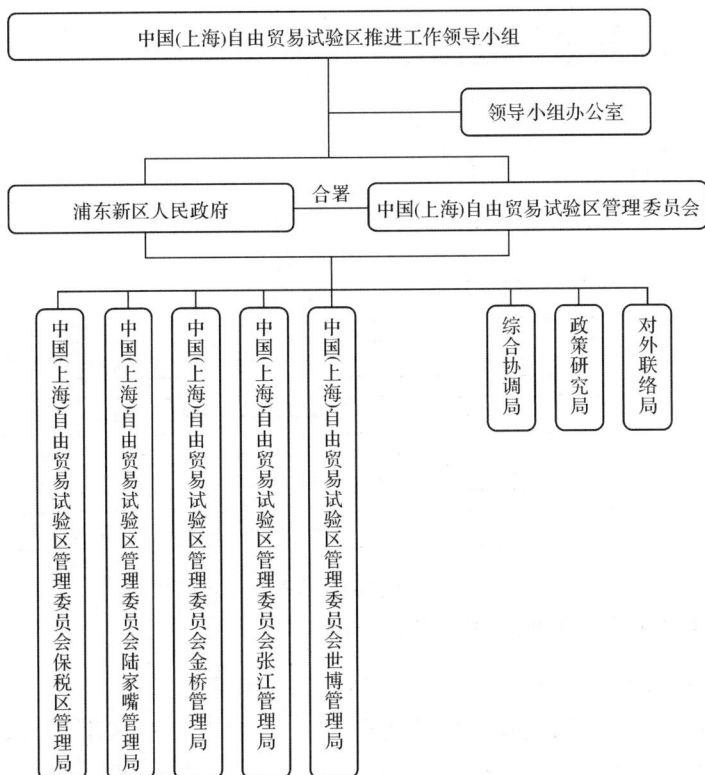

图 5-3　中国(上海)自由贸易试验区管理架构

资料来源：上海自由贸易试验区官网(http://www.china-shftz.gov.cn)。

度,接轨国际惯例。上海海关推出 19 项改革措施,包括凭舱单"先入区、后报关"、"分送集报、自行运输"、自动审放、自主报税、联网监管、优化查验等便利化措施,检验检疫推出了 23 项制度创新。同时,启动实施国际贸易"单一窗口"管理制度。通过借鉴国际通行规则,建立贸易、运输、加工、仓储等业务的跨部门综合管理服务平台。例如海关的全面电子化以及一体化平台,海关、安检、检验检疫部门全部一体化办公,包括边通关边卸货等,大大提高了通关效率。此外,还积极探索建立货物状态分类监管制度。对保税货物、非保税货物、口岸货物进行分类监管,提高通关效率,控制监管风险。

据上海口岸海关统计,上海自贸试验区从 2013 年 10 月至 2014 年 9 月底,累计实现进出口总值 7475.3 亿元,同比增长 6.5%。其中,出口 1965 亿元占全市出口总值的 15.4%,增长 10.3%,高出同期上海市出口总体增速 9.5 个百分点;进口 5510.3 亿元,占上海市进口总值的 35.5%,增长 5.2%。

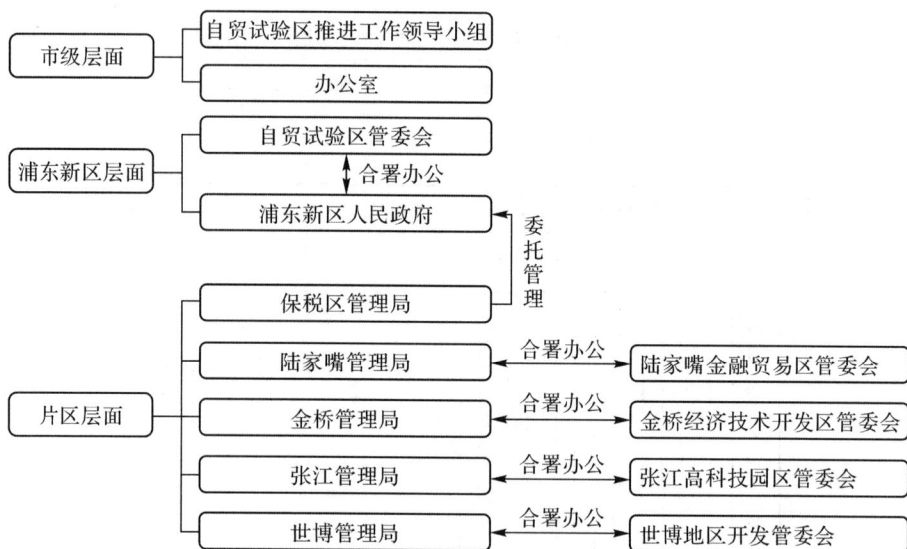

图 5-4　上海自贸试验区的管理体制框架
资料来源:作者根据相关资料整理绘制而成。

3. 金融制度创新的加强,服务实体经济发展

在坚持宏观审慎、风险可控的前提下,上海自贸试验区不断创新金融产品和服务模式。2013 年以来,人民银行、银监会、证监会、保监会先后推出了51 条创新举措,主要是围绕自由贸易账户体系、投融资汇兑便利、人民币跨境使用、利率市场化、外汇管理改革等五方面进行制度创新,形成了"一线放开、二线严格管理"的宏观审慎的金融制度框架和监管模式。此外,还不断推出金融创新措施,增强金融服务功能,建立完善金融监管和防范金融风险的机制。截至 2014 年 7 月末,上海自贸试验区客户贷款不良率为 0.28%。人民银行发布了自贸区"三反"(反洗钱、反恐融资和反逃税)细则,加强跨境资金流动监测和跟踪分析。为形成自贸区金融安全网,启动了以国家金融管理部门驻沪机构为主体的金融监管协调机制。

4. 投资管理制度的创新,形成更为开放透明的管理制度

首先,制定和完善负面清单①。在众多改革举措中,对外商投资实施负

①　负面清单(Negative List),又称消极清单或否定列表,是一个国家禁止外资进入或限定外资比例的行业清单。在清单中,国家明确开列不予外商投资准入或有限制要求的领域,清单以外领域则充分开放,也就是所谓的"法无禁止即可为"。

面清单管理,是改革的一大突破和亮点,"简化审批、打破垄断、一线放开、二线监管"是负面清单的核心原则。在 2014 版负面清单的基础上,2015 版的《自由贸易试验区外商投资准入特别管理措施(负面清单)》比 2014 年版减少了 17 项,调整率达 12.2%;与 2013 年版相比减少了 68 条,调整率达到了 35.8%(见表 5-8)。经过两次修订,负面清单的内容不断缩减,进一步提高了开放度和透明度,带来准入门槛的降低和开放区域的扩大,衔接了国际通行规则。并且,该新版"负面清单"统一试用上海、天津、广东、福建 4 个自由贸易试验区,这一统一也就有效避免了"政出多门"的问题。

表 5-8　2013—2015 年三版负面清单的比较

名称	《中国(上海)自由贸易试验区外商投资准入特别管理措施(负面清单)(2013 年)》	《中国(上海)自由贸易试验区外商投资准入特别管理措施(负面清单)(2014 年修订)》	《自由贸易试验区外商投资准入特别管理措施(负面清单)(2015 年修订)》
时间	2013.09.30	2014.06.30	2015.04.20
内容	18 个门类、190 项特别管理措施(89 个大类,106 个小类,约占行业比重 17.8%)。(禁止类 38 项,限制类 152 项)	18 个门类、139 项(110 条限制性措施＋29 条禁止性措施);第一产业 6 项,第二产业 66 项(其中制造业 46 项),第三产业 67 项	15 个门类、50 个条目、122 项特别管理措施(限制性措施 85 条,禁止性措施 37 条)
适用范围	上海外高桥保税区、外高桥保税物流园区、洋山保税港区和浦东机场综合保税区		上海、天津、广东、福建 4 个自贸区

资料来源:作者根据相关资料整理而成。

其次,实施外商投资备案管理和境外投资备案管理制度。负面清单以外领域的外商投资项目核准制和企业合同章程从原来的审批制改为备案制。同时,建立以备案制为主的境外投资管理方式,试验区管委会可在 5 个工作日内完成相关备案手续。

第三,深化商事登记制度的改革。工商部门实施注册资本认缴制等改革,区内新设公司注册资本的申报出资、认缴年限等未出现异常情况。实施了企业准入"单一窗口"制度,企业准入由"多个部门多头受理"改为"一个部门、一个窗口集中受理"。质监部门推出了组织机构代码实时赋码。税务部门推出 10 项"办税一网通"创新措施,实现税务登记号码网上自动赋码。

第四,积极落实服务业扩大开放措施。截至 2014 年 5 月,2013 年上海自贸试验区总体方案确定的涉及金融服务、航运服务、商贸服务、专业服务、文化服务以及社会服务等 18 个行业的 23 项服务业开放措施已经全面落实,并且建立了相应的监管制度和监管措施,目前已有 283 个项目落地。2014 年 7 月,国务院又批准了新一轮 31 项扩大开放措施。除商贸物流、会计审计、医疗等领域的服务业外,还涉及一般制造业,具体包括服务业领域 14 条、制造业领域 14 条、采矿业领域 2 条、建筑业领域 1 条。

除了上述四个方面的制度创新外,上海自贸试验区还积极推进了法治环境的建设。国家层面,已暂时调整实施了 3 部法律[①]、17 部行政法规、3 部国务院文件、3 部国务院批准的部门规章的有关内容;地方层面,上海市人大制定实施了《中国(上海)自由贸易试验区条例》,对自贸试验区建设涉及的制度创新内容和具体改革举措,以地方性法规的形式进行了全面规范。

总之,自贸试验区将以高标准国际投资贸易规则为标杆,加快政府职能转变,不断深化完善和创新拓展自贸试验区改革试点任务,更好地发挥改革攻坚排头兵和创新探索先行者的示范作用,为打造中国经济升级版作出积极努力。

三、上海自由贸易试验区的优势及其对其他区域的影响

(一)上海自由贸易试验区的优势

纵观我国经济改革开放的历史,在设立自贸试验区前,历经了这样几个阶段:首先是 1980 年 4 个经济特区(深圳、珠海、汕头、厦门)的设立,接着是 1984 年 14 个沿海城市(大连、秦皇岛、天津、烟台、青岛、连云港、南通、上海、宁波、温州、福州、广州、湛江、北海)的开放,然后是 1985 年起沿海经济开放区(长江三角洲、珠江三角洲、闽东南地区和环渤海地区)的开辟,再是 1988 年起经济技术开发区的设立。我国已形成经济特区、沿海开放城市、沿海开放区、沿江开放港口城市、沿边开放城镇、内地省会开放城市的体系,自由贸试验区的设立可以说是我国改革开放历史的又一个新的篇章。

作为我国首个与国际接轨的海关特殊监管区域,相较于其他海关特殊监管区域,上海自贸试验区具有多方面的优势(见表 5-9)。例如,区域功能方面,上海自贸试验区兼备了保税区、保税物流园区、保税港区、综合保税区等 4 个海关特殊监管区域的功能与优惠政策,更为齐全、更加全面地体现了国际贸易一体化的要求,推进贸易的自由化、便利化。而其他海关特殊监管

---

① 暂停的 3 部法律为《外资企业法》、《中外合资经营企业法》和《中外合作经营企事业法》。这 3 部涉外经济法,主要是限定外资一定的经营范围、出资比例等。前一部主要出于保护部分国内产业发展的需要,后两部则是为了防止区外外资成为绝对控股股东。

区域只是具备一定程度自贸区的特性,每个不同的区域又有着不同的功能,不及上海自贸试验区集综合性为一体。法律法规方面,在借鉴国际经验和之前其他海关特殊监管区域实践的基础上,上海自贸试验区的相关法律法规更加规范、完善。税收优惠方面,上海自贸试验区注重从促进投资和促进国际贸易角度进行制度设计,政策力度更大。主打产业方面,上海自贸试验区是在综合保税区的基础上发展起来的,以前保税区是以保税仓储、加工制造和转口贸易为主导的产业结构,而自贸试验区的产业结构已发生巨大变化,其主导产业是国际贸易、金融服务、航运服务、专业服务、高端制造业等五大产业。因此,我们可以说上海自贸试验区是其他海关特殊监管区域的升级版,是我国开放层次最高、优惠政策最多、功能最齐全、手续最简化、自由度最大的特殊开放区域。

表 5-9　上海自由贸易试验区与海关特殊监管区域的对比分析

	上海自由贸易试验区	海关特殊监管区域
区域功能	兼备了保税区、保税物流园区、保税港区、综合保税区等 4 个海关特殊监管区域的功能与优惠政策,更加全面地体现了国际贸易一体化的要求	只是具备一定程度自贸区的特性;每个不同的区域有着不同的功能,不及自贸区集综合性为一体
主打产业	国际贸易、金融服务、航运服务、专业服务、高端制造业等五大产业	保税仓储、加工制造和转口贸易为主导
税收	注重从促进投资和促进国际贸易角度进行制度设计	—
优势	试行注册资本认缴登记制; 试行"先照后证"登记制; 试行年度报告公示制; 试行外商投资广告企业项目备案制; 授予自贸区工商部门外资登记管理权; 自贸区内实行企业设立"一口受理"; 试行新的营业执照样式	—

资料来源:作者根据相关资料整理而成。

　　我们对 4 个自贸试验区和 4 个经济特区进行对比(见表 5-10),同样是"改革开放的试验田",深圳、珠海、汕头、厦门 4 个经济特区是以引进资金和技术为目的,对标港澳台小经济体的开放模式。主要以"三来一补"为主,即来料加工、来样加工、来件装配和补偿贸易。企业缺乏自主创新、自主品牌和"本土化"、"国产化"的动力。资源消耗大,且对环境的破坏严重。企业的盈利主要依靠"出口退税补贴",而非外销利润的获取。上海、广东、天津、厦门自由贸易试验区是新一轮改革开放的试验区,对标美日欧的大国经济体模式,是一种全方位的开放模式,从要素驱动转向创新驱动。不同于经济特区,自贸试验区建设的核心内容不再是"政策洼地",而是探索制度创新,打造"制度高地"。制度创新的核心则在于政府职能的转变,以及国际化、法治化营商环境的营造。经济特区以政策优势为诱饵,自贸试验区的诱饵是消除政策壁垒。这里的政策壁垒指的是"准入放开"和"国民待遇"。此外,自贸试验区的负面清单更是一种颠覆性的改革和创新,负面清单对所有的国资、外资、民资,所有的企业都一视同仁,负面清单外,政府都不审批。

表 5-10　自贸试验区与经济特区的对比分析

	自由贸易试验区	经济特区
成员	上海、天津、广东、福建	深圳、珠海、汕头、厦门
背景	改革的攻坚期和深水区、新常态	改革开放的初级阶段
使命	新常态下主动应对全球化竞争	"与国际惯例接轨"
目标	南北呼应,重在自我转型和升级	对接港澳台,引进外资和技术
选择标准	对标美日欧的大国经济体开放模式	对标港澳台的小经济体开放模式
核心内容	制度创新	优惠政策(减免关税)
红利	制度创新带来的发展契机和动力	税收优惠等优惠政策
着力点	消除政策壁垒(准入放开、国民待遇)	政策优惠
贸易形式	多样化	三来一补
驱动力	创新驱动	要素驱动

资料来源:作者根据人民网《中国经济周刊》2014 年 12 月 30 日的报道《聚焦自贸区与经济特区 4 不同:诱饵不再是政策优惠》整理而成。

(二)对其他区域的影响

设立上海自贸区是国家以开放激发改革红利、打造中国经济升级版和推动全球贸易规则重构的重大战略部署,是上海建设"四个中心"(国际经济中心、国际金融中心、国际航运中心、国际贸易中心)重要举措,将对其他区域,特别是上海自贸试验区邻近区域的长三角周边城市产生深刻而长远的影响。可以说,自贸试验区不是简单的配套加工和产业升级,而是新的发展动力,以开放促发展、促改革、促创新的发展动力,使分工更加精细。自贸试验区的制度优势带来大量的人流、物流、信息流、资金流的快速集聚,这些要素资源的集聚、溢出将给其他区域带来优化产业结构的契机、发展外贸出口的机遇和招商引资的好时机。但同时,上海自贸试验区因其颠覆常规的政策、区位、配套等优势,也会对周边地区形成强大的吸力。政策落差使得周边未能享受优惠政策地区的优质要素资源向上海集聚,产生一定的虹吸效应。

1. 溢出效应

首先,溢出效应主要体现在改革政策的溢出上,也就是上海自贸试验区的政策(制度创新)示范作用。我们知道上海自贸试验区不是针对单一城市的"政策红利",而是全国新一轮改革开放的"试验田"。制度创新是国家设立上海自贸试验区的重要目的所在。在上海自贸试验区的主要任务中,国务院明确提出要"形成可复制、可推广的经验",这种经验是指可复制、可推广的体制和机制。也就意味着,上海自贸试验区是改革破局的先行者,在投资、贸易、金融、监管等领域一系列制度改革以及政府职能转变方面,它所探索的新途径、积累的成功新经验,将为我国全面深化改革和扩大开放提供示范效应。国家信息中心研究员朱幼平曾指出,建立上海自贸试验区还有以开放促改革意图,就是要形成全国开放新格局中的先行试点,在接轨国际的制度规则、法律规范、政府服务、运作模式等方面率先实践,为我国深化改革开放提供可供借鉴的"制度试验池"和适合推广的新模式。[①] 因此,上海自试验贸区在贸易投资便利化和金融领域等方面的改革中形成的全方位、多类型的制度创新成果,可供周边城市充分借鉴和吸收,以更好地推动经济转型和升级。

其次,溢出效应体现在辐射带动作用上。上海自贸试验区的设立,将通过强化上海的城市功能和辐射力,辐射带动周边区域整体的对外开放和转型升级。自贸区的核心是自由贸易,跨到这个自由贸易区就等于走到了国际市场,将给周边地区的经济发展带来辐射和聚集效应。交通银行首席经济学家连平认为,这对于中国经济进一步融入国际市场,尤其是长三角这个中国经济最发达、最富庶的地区,国际化的经济、贸易、金融等各方面的需求会很好地得到解决,给中国经济带来更多活力,对推动经济改革会很有帮

---

① 朱幼平:《上海自贸试验区将对全国改革起到示范效应》,中国经济新闻网(http://www.cet.com.cn/ycpd/sdyd/965066.shtml),2013年9月9日。

助。① 上海自贸试验区的创新制度将吸引高端人才的流入,同时带动知识和信息的流动,从而形成高端要素的自由贸易。对于上海周边地区的企业来说,国际市场搬到了"家门口",缩短了距离,降低了国际资本、高端人才、国际信息等资源要素的获取成本,也为他们提供了便捷的渠道,以便把握全球新一轮产业演变样态。因此,上海自贸试验区在推进本地产业升级的同时,也进一步推动了周边城市外向型经济的升级,特别是辐射带动长三角区域的联动发展。

第三,溢出效应体现在产业发展的溢出上,即国际国内产业转移与承接。上海自贸试验区在加快上海向服务型国际城市升级的同时,也将加剧上海区域范围内的要素稀缺度,进一步推动上海的土地、劳动力、交通等有形要素成本大幅度上升,从而造成上海地区的商务成本增加。然而,人力资源成本和土地成本是要素依赖型企业在考量成本时的重要指标,这些企业将因此受到打击。基于降低商务成本的考虑,新一波产业从上海向外围城市梯度转移,从而为其他地区承接新的产业转移带来了良机。同时,自贸试验区基础设施建设、服务体系完善、产业配套发展等需求,对于周边区域的相关产业来说,是发展的又一机遇。自贸试验区的投资、贸易便利化也为周边区域企业的国际化提供了通道。

2. 虹吸效应

首先,虹吸效应体现在总部经济上。国家设立上海自贸试验区重要目的在于倒逼经济改革,挖掘改革红利,加强与国际接轨,提高国际化水平。上海自贸试验区在投资准入、贸易、金融等方面的改革赋予了企业国际化运营、贸易便利化、金融自由化等方面的政策以及税收的优惠,让企业更多地享受到优惠和便捷,从而成为跨国公司总部选址的首选之地,也吸引部分国内企业特别是有海外业务的企业,促使企业将总部尤其是财务中心、运营中心和营销中心等功能性的企业总部放在上海。以金融为例,上海作为建设中的国际金融中心,本来就已汇聚了大量的金融机构法人总部、国内一流金融人才和资金交易的平台。在此基础上,加上自贸试验区的设立所带来的利率市场化、汇率自由汇兑、金融业的对外开放、产品创新及相关金融离岸业务等方面独家优势,毋庸置疑会吸引更多的金融要素(资金、机构、人才)向上海集聚。据统计,截至 2014 年 8 月底,累计已有 41 家银行业金融机构

---

① 《上海把"国际市场"搬到家门口 自贸区不搞低端商贸 区域内推进金融开放》,《人民日报海外版》2013 年 7 月 5 日第 2 版。

正式获批在试验区设立 45 家营业性网点,其中:15 家中资银行分行,4 家中资银行支行,23 家外资银行支行,2 家金融租赁子公司,1 家资产管理公司分公司。此外,经国务院同意,将有 1 家民营银行落户自贸试验区。外资银行入区踊跃,占区内商业银行营业网点数量的 45%,占上海外资银行支行总数的 20%,覆盖了亚、欧、美主要国际银行。

其次,虹吸效应体现在高端产业竞争的加剧。上海自贸试验区税收政策优惠幅度较大。例如,可以按 15% 的税率征收企业所得税、对区内加工制造的产品免缴增值税、对境外投资收益采用分期缴纳所得税等。再加上通关便利、人民币自由兑换、利率市场化、外汇使用优惠等政策,对高端服务业、高端制造业、高端消费品进口等高端产业极具吸引力。免税、保税、完税功能使自贸试验区进口消费品的集散功能凸显,吸引附近区域的高端消费需求,从而影响相应省份的高端消费品进口。据上海口岸海关部门统计,2013 年 10 月至 2014 年 9 月底,上海自贸试验区进口消费品 1119.8 亿元,占上海全市消费品进口总值的 41.2%,增长 22.2%,较挂牌前一年提速13.1 个百分点。服务业是自贸试验区的主导产业,制造业是自贸区对外开放的重头戏,在制造业开放政策中,发展导向是要往高端引导,更注重于产品的研发和设计。例如,允许外商以独资的形式从事汽车电子总线网络技术、电动助力转向系统电子控制器的制造与研发;允许外商以独资形式从事豪华邮轮、游艇、船舶舱室机械的设计等。此外,包括绿茶加工、造纸业、通用设备制造业、电气机械和器材制造业等,拟进一步对外资开放。负面清单的两次"瘦身",其深意是重点发展高端服务业和高端制造业。瘦身后,实实在在的优惠,对高端产业形成巨大的入驻吸引力,进一步冲击周边相关产业尤其是生产性服务业(包括各种外贸、信息、金融等产业)。在一定程度上对产业结构调整、提升整体经济竞争力造成负面效应。

第三,虹吸效应体现在其他海关特殊监管区域面临的挤压上。上海自贸试验区作为国内首个自贸区,在海关监管方面有较多的制度创新,功能上比周边城市的保税区、保税物流园区、综合保税区等海关特殊监管区域更为综合,诸多"颠覆性"的优惠政策更是拉大了自贸试验区与其他海关特殊监管区域的距离。国外货物进入上海自贸试验区,在中国境内享受关外的待遇。此外,加上更加便利、快捷的通关,必将吸引更多周边城市的进出口货物来上海通关,从而使周边城市的海关特殊监管区域的发展空间受到压缩,迫使其转型升级,重视整合发展。

正所谓新常态机遇与挑战并存,上海自贸试验区的溢出效应与虹吸效应也是如此。从短期来看,虹吸效应会对周边城市的外资进入和外贸工作产生较大的压力。但相信,从长远来看,溢出效应将大于虹吸效应。当然,对于虹吸效应的有效应对是关键。这就要求周边区域在现有产业优势的基础上,积极进行转型升级,全力对接上海自贸试验区。

第二节 中国自由贸易试验区的推广

一、上海自贸试验区的经验总结

作为首个试点的上海自贸试验区先行探索一年多,2014 年 12 月 21 日,国务院发布了《关于推广中国(上海)自由贸易试验区可复制改革试点经验的通知》(国发〔2014〕65 号)。按照国务院总结,在过去的一年已取得阶段性成果,主要体现在:以负面清单为核心的投资管理制度取得突破;以贸易便利化、政府职能转变为事中事后监管为重点的监管制度实现平稳运行;同时以资本项目可兑换和金融服务业开放为目标的金融创新制度基本确立。

对于上海自贸试验区的经验,阶段性成果中可复制推广的四大创新制度值得其他自贸试验区学习和借鉴。一是以负面清单管理为核心的投资管理制度;二是以贸易便利化为重点的贸易监管制度;三是以资本项目可兑换和金融服务业开放为目标的金融创新制度;四是以政府职能转变为导向的事中事后监管制度。一年多来,上海自贸试验区已有 27 项制度创新成果在全国或部分地区推广。例如,货物可先出区后报关,企业注册登记时不用再提交验资报告在福建自贸试验区实施。上海自贸区实施金融扶持政策也获得中国证监会批复,依相应程序可以在广东自贸试验区的深圳前海蛇口片区试验和落地。下一步上海自贸区还将有 18 项改革措施、5 项开放措施在全国推广,包括允许设立外商股份制外资投资性公司、允许内外资企业从事游戏游艺设备生产和销售等。

当然,在上海自贸试验区的制度创新成果被复制推广的同时,需要注意的是要结合相关地区的功能定位、发展层次来进行。对此,上海财经大学自由贸易区研究院院长赵晓雷在接受澎湃新闻专访时提出了三点建议:一是应当充分发挥制度创新成果的公共产品效益,鼓励各个地区根据适用性原则,主动复制相关制度;二是避免复制推广的碎片化,复制推广需要组成一个制度模块,不应就事论事地碎片化复制;三是要根据当地的制度缺口和现实约束,主动进行适用性再创新。①并提出分三个层次进行考量:一是具有广泛治理意义的创新成果。例如,工商行政管理制度改革,商事登记制度改革,行政备案制,事中事后监管体系,以及法制建设等。这类创新成果可以在全国范围复制推广,最大限度释放制度红利。操作节点是增强行政管理透明度,增强法治和服务意识,减少政府对市场、经济活动的过度干预,加强公共服务职能等。二是有助于创造新的收入流效应的创新成果。例如:促进投资开放、促进贸易便利化的监管措施、创新金融监管措施等。这类创新成果可以优先在特定区域内复制推广,例如长三角,以及新设立的自由贸易园区。因为这类制度创新成果的复制推广,涉及高端生产要素的聚集,对区位条件、发展水平等有一定要求。即在经济社会发展、基本公共服务、城市规划、环境保护、产业布局、国际化发展、基础设施条件等方面有一体化的基础,有辐射的区位条件。三是具有资产专用性的制度红利。例如,离岸贸易监管、准入前国民待遇加负面清单管理模式,以及部分不适宜即时推广的金融开放措施,例如以资本项目可兑换为目标的投融资汇兑改革措施、人民币跨境使用、利率市场化、外汇管理改革等。这类措施,目前只能适用于特定领域区域,在一定时期中不具备普适性。

二、中国自贸试验区的推广

作为我国大陆境内第一个自由贸易区,上海自贸试验区的政策与经验强调复制性和推广性。2014年12月22日,国务院批准增设天津、广东和福建三个自由贸易试验区,从而与上海自贸试验区形成互补试验和对比试验。2015年4月21日上午10时,中国(广东)自由贸易试验区、中国(天津)自由贸易试验区、中国(福建)自由贸易试验区及上海(扩区)自由贸易试验区同步挂牌,标志着我国自贸区建设正式迎来"2.0"时代。四大自贸试验区的分布覆盖了中国的东南沿海、东部沿海以及北部沿海,由南到北"连点成线",形成了南北呼应的格局。

(一)中国(天津)自由贸易试验区

作为我国长江以北唯一的自贸试验区,天津自贸试验区的设立是在京津冀协同发展的背景下,依托天津东疆保税港区、国务院批设的第二个新区——滨海新区,引领北方经济的发展。如表5-11所示,天津自贸试验区的

---

① 澎湃新闻(http://www.thepaper.cn/newsDetail_forward_1285970),自贸区连线,《赵晓雷谈上海自贸区创新成果复制推广的三个层次》,2014.12.15,访问时间,2015.06.14。

实施范围为 119.9 平方公里,涵盖天津港、天津机场和滨海新区中心商务区三个片区。这三个片区全在滨海新区范围内,依托国务院批准的滨海新区,具有较好的改革基础,功能定位各具特色。天津港片区以东疆港区为核心,是天津最早申报方案中的核心区,重点发展与港口相关的高端服务业、加工制造业,其中东疆港将利用融资租赁、航运金融产业获得更多的改革空间,并打造一个融资租赁产业聚集地;滨海新区中心商务区作为一个营造国际化、法治化的营商环境的区域,重点在发展金融、总部经济、文化创意、科技互联网等方面承担先行先试的任务,尤其在以金融为代表的高端服务业,将成为北京金融业最优的承载地;天津机场片区是航空航天产业、先进制造业聚集区,重点发展先进制造业、高端服务业及与航空、机场服务相关的配套服务业。

天津自贸试验区的《总体方案》,明确了将重点在加快政府职能转变、扩大投资领域开放、推动贸易转型升级、深化金融开放创新、推动实施京津冀协同发展战略等五个方面进行探索。服务京津冀协同发展是天津自贸区的一大特色:在战略定位上,明确了努力营造国际化、市场化、法治化营商环境,成为京津冀协同发展高水平对外开放平台;在总体目标中,提出了要在京津冀协同发展和我国经济转型发展中发挥示范引领作用;在实施范围上,自贸区的三个片区也是京津冀协同发展的主要承接载体;在主要任务上,明确了打造成京津冀协同发展对外开放新引擎,推动实施京津冀协同发展战略。此外,有别于其他三个自贸试验区,天津自贸试验区把天津机场纳入了自贸试验区范围,有利于天津港与滨海国际机场的海空联动。

表 5-11　天津自由贸易试验区三大片区概况

片区		面积 (平方公里)	功能定位
天津港东疆片区		30.0	北方国际航运中心和国际物流中心的核心功能区,重点发展航运物流、国际贸易、融资租赁等现代服务业
其中	东疆保税港区	10.0	
天津机场片区		43.1	天津航空航天产业、先进制造业企业和科技研发转化机构的重要集聚区,重点发展航空航天、装备制造、新一代信息技术等高端制造业和研发设计、航空物流等生产性服务业
其中	天津港保税区空港部分	1.0	
	滨海新区综合保税区	2.0	
滨海新区中心商务片区		46.8	天津金融改革创新集聚区,也是滨海新区城市核心区,重点发展以金融创新为主的现代服务业
其中	天津港保税区海港部分 保税物流园区	4.0	

资料来源:作者根据天津自贸试验区官网的资料整理而成。

（二）中国（广东）自由贸易试验区

广东自贸试验区主打港澳牌,建立粤港澳金融合作创新体制、粤港澳服务贸易自由化,以及通过制度创新推动粤港澳交易规则的对接,共分广州南沙、深圳前海蛇口、珠海横琴三个片区,通过三大片区发挥独特优势,各有侧重,实现错位发展、优势互补。

如表 5-12 所示,广东自贸试验区三大片区在地理区位、产业优势、发展条件方面不尽相同。深圳前海蛇口片区将面向香港主打金融牌,依托深港深度合作,以国际化金融开放和创新为特色,重点建设我国金融业对外开放试验示范窗口、世界服务贸易重要基地和国际性枢纽港;珠海横琴新区片区重点是打好澳门牌,依托粤澳深度合作,重点发展旅游休闲健康、文化科教和高新技术等产业,建设成为文化教育开放先导区和国际商务服务休闲旅游基地,发挥促进澳门经济适度多元发展新载体、新高地的作用;广州南沙新区片区在广东自贸试验区中占地面积最大,背靠珠三角,又是省会城市的组成部分,优势是可兼顾港澳,定位为粤港澳全面合作区,并更多地面向国际,在投资贸易便利化方面与国际接轨,重点建设以生产性服务业为主导的现代产业新高地和具有世界先进水平的综合服务枢纽。特别是有效对接国家"一带一路"战略,推动广东与 21 世纪海上丝绸之路沿线国家和地区的贸易往来和投资合作,着力打造 21 世纪海上丝绸之路的重要枢纽,为 21 世纪海上丝绸之路建设服务。

表 5-12　广东自由贸易试验区三大片区概况

片区		面积 （平方公里）	功能定位
广州南沙新区片区		60.00	面向全球进一步扩大开放,在构建符合国际高标准的投资贸易规则体系上先行先试,重点发展生产性服务业、航运物流、特色金融以及高端制造业,建设具有世界先进水平的综合服务枢纽,打造成国际性高端生产性服务业要素集聚高地
其中	海港区块	15.00	
	明珠湾起步区区块	9.00	
	南沙枢纽区块	10.00	
	庆盛枢纽区块	8.00	
	南沙湾区块	5.00	
	蕉门河中心区区块	3.00	
	万顷沙保税港加工制造业区块	10.00	

续表

片区		面积 (平方公里)	功能定位
深圳前海蛇口片区		28.20	依托深港深度合作,以国际化金融开放和创新为特色,重点发展科技服务、信息服务、现代金融等高端服务业,建设我国金融业对外开放试验示范窗口、世界服务贸易重要基地和国际性枢纽港
其中	前海区块	15.00	
	蛇口区块	13.20	
珠海横琴新区片区		28.00	依托粤澳深度合作,重点发展旅游休闲健康、文化科教和高新技术等产业,建设成为文化教育开放先导区和国际商务服务休闲旅游基地,发挥促进澳门经济适度多元发展新载体、新高地的作用
其中	临澳区块	6.09	
	休闲旅游区块	10.99	
	文创区块	1.47	
	科技研发区块	1.78	
	高新技术区块	7.67	

资料来源:《广东自由贸易试验区三大片区概况》,《羊城晚报》2015 年 3 月 25 日。

(三)中国(福建)自由贸易试验区

如表 5-13 所示,福建自贸试验区以"对台湾开放"和"全面合作"为方向,在投资准入政策、货物贸易便利化措施、扩大服务业开放等方面先行先试,率先实现区内货物和服务贸易自由化。总面积 118.04 平方公里,分福州、平潭、厦门三个片区。三大片区的功能定位,按区域布局划分的话,福州片区重点建设先进制造业基地、21 世纪海上丝绸之路沿线国家和地区交流合作的重要平台、两岸服务贸易与金融创新合作示范区;平潭片区重点建设两岸共同家园和国际旅游岛,在投资贸易和资金人员往来方面实施更加自由便利的措施;厦门片区重点建设两岸新兴产业和现代服务业合作示范区、东南国际航运中心、两岸区域性金融服务中心和两岸贸易中心。

表 5-13 福建自由贸易试验区三大片区概况

片区		面积 (平方公里)	功能定位
福州片区		31.26	重点建设先进制造业基地、21 世纪海上丝绸之路沿线国家和地区交流合作的重要平台、两岸服务贸易与金融创新合作示范区
其中	福州经济开发区	22.00	
	福州保税港区	9.26	

续表

片区		面积 （平方公里）	功能定位
平潭片区		43.00	重点建设两岸共同家园和国际旅游岛，在投资贸易和资金人员往来方面实施更加自由便利的措施
其中	港口经贸区	16.00	
	高新技术产业区	15.00	
	旅游休闲区	12.00	
厦门片区		43.78	重点发展两岸新兴产业和现代服务业合作示范、东南国际航运中心、两岸区域性金融服务中心和两岸贸易中心
其中	两岸贸易中心核心区	19.37	
	东南国际航运中心海沧港区	24.41	

资料来源：作者根据福建自贸试验区官网资料整理而成。

　　此外，为配合自贸区建设，厦门国税拟定自贸区咨询、审批、办税和评级四大类 12 项措施，构建起立体化、全通道式便民办税服务网络，帮助企业提高竞争力。按海关监管方式划分，海关特殊监管区域重点探索以贸易便利化为主要内容的制度创新，开展国际贸易、保税加工和保税物流等业务。非海关特殊监管区域重点探索投资制度改革，推动金融制度创新，积极发展现代服务业和高端制造业。

三、我国四大自贸试验区的比较

　　四大自贸试验区是国家战略在重点区域的布局，是重要的战略节点和突破口，通过对比分析，可以看出它们各有特点，各具优势（见表 5-14）。从国家对各自贸试验区的定位来看，上海自贸试验区以建设开放度最高的自贸试验区为目标；天津自贸试验区重点面向东北亚，并统筹京津冀协同发展；广东自贸试验区侧重港澳，立足于面向港澳深度融合；福建自贸试验区对接台湾，着重于进一步深化两岸经济合作。同时天津、广东和福建三个自贸试验区与上海自贸试验区形成互补试验、对比试验，这样一来，区域化特征、目标指向性更加明显。

　　作为我国自贸区的首个试点，上海自贸试验区的作用是为中国改革再探路。2014 年 12 月 28 日，国务院批准上海自贸试验区扩区，把陆家嘴金融片区、金桥开发区片区和张江高科技片区纳入自贸试验区的范围。作为国内金融要素最密集的区域，陆家嘴纳入自贸试验区后，大大提升了上海自贸试验区金融创新的辐射力和穿透力；金桥和张江又将上海自贸试验区的试点内容从贸易业拓展到先进制造业和高科技产业，从而使自贸试验区建设更紧密地与上海"四个中心"建设有机结合。与此同时，扩围后的上海自贸试验区还有一大特色，即在一个完整的行政区（浦东新区）内进行试验，在海关特殊监管区域"铁丝网"以外进行试验，在城区功能形态丰富的成熟区域进行试验，这是其与全国其他自贸试验区的不同之处。此外，虽然，很多政策在全国四大自贸试验区同时实施，但在有些政策上，上海自贸试验区的先行先试的地位依旧。以2015年6月5日，交通部发布的关于在国家自由贸易试验区试点若干海运政策的公告为例，七条政策①中，相当一部分政策在上海自贸区已经先行先试。已实施的包括：外商可在自贸区设立股比不限的中外合资、合作企业，经营进出口中国港口的国际船舶运输业务；在自贸区设立的中外合资、合作企业可以经营公共国际船舶代理业务，外资股比放宽至51%；在自贸区设立的外商独资企业可以经营国际船舶管理业务；在自贸区设立的中外合资、合作国际船舶运输企业，其董事会主席和总经理由中外合资、合作的双方协商确定等。

　　融资租赁是天津自贸试验区的一个重要特色，东疆作为国家租赁创新示范区加快发展建设。自贸试验区设立后，东疆融资租赁集聚效应日益凸显。已注册的国内外融资租赁公司包括中民国际融资租赁股份有限公司

---

　　①　七条政策具体是：一、经国务院交通运输主管部门批准，外商可在自贸区设立股比不限的中外合资、合作企业，经营进出中国港口的国际船舶运输业务；其中，在上海自贸区可设立外商独资企业，在广东自贸区可设立港澳独资企业。二、经国务院交通运输主管部门批准，在自贸区设立的中外合资、合作企业可以经营公共国际船舶代理业务，外资股比放宽至51%；在自贸区设立的外商独资企业可以经营国际海运货物装卸、国际海运集装箱站和堆场业务。三、经自贸区所在地省级交通运输主管部门批准，在自贸区设立的外商独资企业可以经营国际船舶管理业务。自贸区所在地省级交通运输主管部门参照相关规定办理审批程序，并将审批结果向国务院交通运输主管部门备案。四、在自贸区设立的中外合资、合作国际船舶运输企业，其董事会主席和总经理由中外合资、合作的双方协商确定。五、在自贸区设立外商投资企业经营国际船舶运输业务，设立中外合资、合作企业经营公共国际船舶代理业务，或设立外商独资企业经营国际船舶管理业务、国际海运货物装卸业务、国际海上集装箱站和堆场业务，本公告未作规定的，适用"三资法"的有关规定。六、注册在境内的中资航运公司可利用其全资或控股拥有的非五星红旗国际航行船舶，经营以自贸区开放港口为国际中转港的外贸进出口集装箱在国内沿海对外开放港口与自贸区开放港口之间的捎带业务。从事上述业务时，应向国务院交通主管部门备案。七、中资航运公司不得擅自将经备案开展试点业务的船舶转租他人。除依照本公告备案的船舶外，其他任何非五星红旗船舶，不得承运中国港口间的集装箱货物，包括不得承运在国内一港装船、经国内另一港中转出境、或者经国内一港中转入境、在国内另一港卸船的外贸集装箱货物。

（中民投和韩国韩亚银行合资）、滨海新区科技融资租赁有限公司、国渝国际融资租赁有限公司等。据统计,目前,东疆保税港区航空器租赁资产板块约占全国的 90.5％,国际船舶租赁约占全国的 80％,海洋工程结构物租赁约占全国的 80％。此外,大型设备、医疗器械、地铁设备、高铁机车、水务、环保设施等租赁资产也呈快速增长势头。①

广东自贸试验区的最大特色在于依靠港澳优势,从三大片区的分工来看,深圳前海蛇口片区和珠海横琴片区分别依托深港和粤澳的深度合作,主要是对香港和澳门经济未来多元化发展提供支撑;广州南沙新区片区南沙除了面向港澳之外,更多地面向国际,要在投资贸易便利化方面与国际接轨。为促进粤港澳合作,广东自贸试验区多领域放宽准入限制,例如在多个领域暂停、取消或放宽对港澳投资者的准入限制,推进粤港澳服务业人员执业资格互认或单边认可,探索在自贸试验区工作、居住的港澳人士社会保障与港澳有效衔接等。

对台是福建自贸试验区的最大特色。自贸试验区设立后,三大片区在对台措施方面成果诸多。福州片区突出对台特色有三大亮点:一是突出对台特色,构建两岸融合发展新模式;二是突出华侨优势,打造 21 世纪海上丝绸之路建设重要平台;三是突出制度创新,打造改革创新的试验田。平潭片区在 2015 年 4 月推出 20 项对台特色措施,涉及两大方面:一方面是关于积极吸引台湾企业与人才到平潭经商、办企业和创业、就业,加快建设台胞第二生活圈;②另一方面是关于进一步扩大对台经贸、口岸合作,推动人员、车辆往来便利,加快建设对台合作主平台主通道。③ 为寻求对台特色的新突

---

① 天津滨海新区门户网站(http://www.bh.gov.cnhtmlbhxqzww/TZDT22010/2015-06-12/Detail_587306.htm),《天津自贸试验区"红利"持续释放　中外企业纷至沓来》,2015.6.12,访问日期 2015.6.14。

② 加快建设台胞第二生活圈的措施主要有:为在区内试点设立的台商合资或独资企业提供在线数据处理与交易服务业务,特许台湾航运企业在平潭设立独资或控股企业从事内地与港澳台海上运输、国际海运、船舶代理及船舶管理业务,推动符合条件的台资金融机构按照大陆有关规定在区内设立合资基金管理公司,对台湾服务提供者在自贸试验区内投资设立旅行社不限制其年旅游经营总额,推动持台湾地区身份证明文件的自然人到区内注册个体工商户并放宽其营业范围等。

③ 加快建设对台合作主平台主通道的措施主要有:完善跨境电子商务公共平台功能,在对台小额贸易市场范围内设立外币兑换机构,经风险评估合格的台湾熟制肉类产品可从平潭口岸进口,开展两岸货物原产地证书核查等方面合作,支持海峡股权交易中心为台商投资企业提供综合金融服务等。

破,厦门在 2015 年 6 月 3 日也推出了 20 条服务措施,包括"优化海关口岸管理体制"、"创新海关监管制度"、"完善海沧保税港区管理模式"、"促进新型贸易业态发展"、"加强闽台贸易合作"等五个方面,涵盖推进国际贸易"单一窗口"建设、深化口岸"三互"合作、创新海关监管查验机制、推进风险监控指挥分中心建设、实施现场业务单证受理一口对外等众多内容。从中可以看出厦门片区将加强两岸海关部门交流合作,探索建立与台湾的通关合作机制;同时,支持海沧港同台湾高雄港、基隆港、台中港等港口对接,建立两岸港口互为喂给港的局面,形成两岸港口优势互补。

　　四大自贸试验区通过对比试验,激发了探索制度创新的积极性。例如,福建自贸试验区在首批 18 项全国首创基础上,又新增 8 项,总首创成果增至 26 项。新增 8 项全国首创成果中,有 4 项涉及福州海关,分别为:试点海运快件进出境业务,建立闽台通关合作机制原产地证书核查,简化 CEPA 及 ECFA 货物进口原产地证书提交需求,放宽优惠贸易安排项下海运集装箱货物直接运输判定标准;3 项涉及福建检验检疫局,分别为:创新跨境电子商务高效便捷监管模式,台湾渔船自捕水产品申报时免予提供台湾主管部门出具的卫生证书,对中国—东盟水产品交易所进境水产品采取"统一申报、集中查验、分批核放"模式;1 项涉及厦门自贸区管委会(保税港区管委会),为:建设两岸青年创业创新创客基地。①

---

① 参见《福建自贸试验区新增 8 项全国首创成果》,《东南快报》2015 年 6 月 11 日(A7版)。

表5-14　四大自由贸易试验区的对比

	上海自贸试验区	天津自贸试验区	福建自贸试验区	广东自贸试验区
批准时间	2013.08.22	2014.12.22	2014.12.22	2014.12.22
挂牌时间	2013.09.29	2015.04.21	2015.04.21	2015.04.21
面积	120.72平方公里	119.90平方公里	118.04平方公里	116.20平方公里
主要范围	外高桥、洋山港、浦东机场综合保税区、陆家嘴、张江、金桥	天津港片区、天津机场片区、滨海新区中心商务片区	厦门片区、平潭片区、福州片区	广州南沙新区、深圳前海蛇口片区、珠海横琴新区
目标	力争建设成为开放度最高的投资贸易便利、货币兑换自由、监管高效便捷、法制环境规范的自由贸易区	国际一流自由贸易园区，在京津冀协同发展和我国经济转型发展中发挥示范引领作用	增强闽台经济关联度。加快形成更高水平的对外开放新格局，拓展与21世纪海上丝绸之路沿线国家和地区交流合作的深度和广度	实现粤港澳深度合作，形成国际经济合作竞争新优势，力争建成符合国际高标准的法制环境规范、投资贸易便利、监管安全有效、辐射带动功能突出的自由贸易园区
战略定位	推进改革和提高开放型经济水平的"试验田"	京津冀协同发展水平对外开放平台	深化两岸经济合作的示范区；21世纪海上丝绸之路区、面向21世纪海上丝绸之路沿线国家和地区开放合作新高地	粤港澳深度合作示范区，21世纪海上丝绸之路重要枢纽
辐射带动	通过建设长三角区域国际贸易"单一窗口"、亚太知识产权中心，助推长江经济带快速发展	促进京津冀协同发展的基础上，利用口岸协作等机制辐射带动内陆腹地发展	着力加强闽台产业对接，创新两岸服务业合作模式，辐射带动海峡西岸经济区发展	通过促进加工贸易转型升级，打造区域发展综合服务区等，带动泛珠三角区域和内陆地产业转型升级

续表

	上海自贸试验区	天津自贸试验区	福建自贸试验区	广东自贸试验区
金融改革	货币兑换自由	区内试行资本项目限额内可兑换,符合条件的区内机构在限额内自主开展直接投资、并购、债务工具、金融类投资等交易；做大做强融资租赁业；在完善相关配套措施前提下,研究适当减少对境外投资者资质要求、股权比例、业务范围等准入限制	两岸金融合作先行先试	与港澳地区开展双向人民币融资；金融服务进一步向港澳地区开放
产业开放	在扩围区域适用已推出的2批54项扩大开放措施；进一步扩大服务业和制造业等领域开放	重点选择航运服务、商贸服务、文化服务、社会服务及现代服务业和装备制造、新一代信息技术等先进制造业领域扩大对外开放,积极有效吸引外资	先行选择航运服务、专业服务、文化服务、社会服务及先进制造业等领域扩大对外开放；降低外商投资性公司准入条件；稳步推进外商投资商业保理、典当等试点	提出在CEPA框架下探索对港澳更深度的开放,进一步取消或放宽对港澳投资者的资质要求、股比限制,经营范围等准入限制,重点在金融服务、交通运输服务、商贸服务、专业服务、科技服务等领域取得突破。允许港澳服务提供者在自贸试验区设立独资船舶运输企业,经营国际海上船舶运输业。允许港澳服务提供者在自贸试验区设立自费出国留学中介服务机构等
税收政策	在符合税制改革方向和国际惯例,以及不导致利润转移和税基侵蚀的前提下,调整完善境外股权投资和离岸业务的税收制度；符合条件的地区可按照政策规定申请实施境外旅客购物离境退税政策	试点上海自贸试验区已经试点的税收政策；在符合税制改革方向和国际惯例,以及不导致利润转移和税基侵蚀的前提下,积极研究完善适应境外股权投资和离岸业务发展的税收政策		深圳前海深港现代服务业合作区,珠海横琴税收优惠政策不适用于自贸试验区内其他区域。符合条件的地区可按照政策规定申请实施境外旅客购物离境退税政策

续表

	上海自贸试验区	天津自贸试验区	福建自贸试验区	广东自贸试验区
土地开发	自贸试验区土地开发利用须遵守土地利用法律法规			
	负面清单：《自由贸易试验区外商投资准入特别管理措施（负面清单）》（国办发〔2015〕23号）（2015.4.20）			
	复制推广：《国务院关于推广中国（上海）自由贸易试验区可复制改革试点经验的通知》（国发〔2014〕65号）（2014.12.21）			
政策法规　国家层面	《中国（上海）自由贸易试验区总体方案》（2013.9.18）、《进一步深化中国（上海）自由贸易试验区改革开放方案》（国发〔2015〕21号）（2015.4.20）	《中国（天津）自由贸易试验区总体方案》（国发〔2015〕19号）（2015.4.20）；《海关总署关于支持和促进中国（天津）自由贸易试验区建设发展的若干措施》（2015.5.13）	《中国（福建）自由贸易试验区总体方案》（国发〔2015〕20号）（2015.4.20）	《中国（广东）自由贸易试验区总体方案》（国发〔2015〕18号）（2015.4.20）
政策法规　地方层面	《中国（上海）自由贸易试验区管理办法》（2013.9.29）、《中国（上海）自由贸易试验区外商投资企业备案管理办法》（2013.9.29）	《中国（天津）自由贸易试验区管理规定》（2015.4.20）《中国（天津）自由贸易试验区内企业登记管理办法》（2015.4.20）《中国（天津）自由贸易试验区外商投资和境外投资项目备案管理两个办法》（2015.4.21）《天津市市场和质量监督管理委员会关于支持中国（天津）自由贸易试验区建设的若干意见》（2015.4.24）	《中国（福建）境外投资项目备案管理办法》（2015.4.15）、《中国（福建）自由贸易试验区管理办法》（2015.4.20）、《福建自贸试验区管理机构运行机制规定》（2015.5.1）	《中国（广东）自由贸易试验区管理办法》（2015.4.20）

	上海自贸试验区	天津自贸试验区	福建自贸试验区	广东自贸试验区
优势	已经先期建设了18个月,对于自贸区的意义、理念,改革路径有了清晰的认识;相关的改革基础架构已经搭建,政府与企业就自贸区建设的互动日益充分;金融市场的发达,适合发展重点发展新金为金融改革提供了良好的土壤,提出了"货币兑换自由"的概念	天津是北方特殊的交通枢纽,港口、物流枢纽,可以辐射环渤海乃至三北地区;作为老牌直辖市、高校林立,人力资源丰富;高端人力资源丰富、基础比较好;与上海的金融业、服务业较发达有区别;天津租赁在全国走在前列;作为京津冀经济区联动发展的新引擎,将有效吸引北京的产业外溢,对接日韩东北亚经济圈	承接台湾制造业、高新产业的外溢、转移。自贸区辐射区域虽有限,但自贸区的效应可以密集辐射到全省,辐射台湾	广州至贵州等地高铁的开通,使得广东自贸区的人力资源极大丰富。资源腹地进一步扩大。借力前海、横琴特区等粤港澳合作,"特区"优势、民营经济活跃、创新力强
劣势	商务成本高、土地资源紧张	水资源是瓶颈,环境承载能力有限。工业经济转型升级依然是困扰;市场机制、市场动力相对不足;缺少产业平台、产业群体	人力资源有限,成本相对较高,水、电资源承载能力有限	亟待对深圳前海、珠海横琴等开放区域在功能方面进行整合

资料来源:作者根据相关资料整理而成。

第六章 浙江海洋经济核心区建设自由贸易园区的战略选择

上一章对我国自由贸易试验区的设立背景、发展现状进行了细致的梳理分析。从中让我们深刻意识到建设自由贸易试验区对区域经济发展带来的巨大推动作用。自由贸易园区在贸易、投资、监管、金融等方面的创新为处于转型关键期的我国经济注入了新的活力。而作为我国海洋经济强省的浙江,面临着自由贸易试验区的建设所带来的、前所未有的机遇和挑战。该如何把握? 又该如何应对? 本章将立足浙江海洋经济核心区的现状,探讨核心区建设自由贸易区的必要性与可行性,并提出建设方案、关键及对策建议。

第一节 核心区建设自由贸易园区的必要性与可行性

一、核心区建设自由贸易园区的必要性

2011 年 2 月,国务院正式批复了《浙江海洋经济发展示范区规划》,意味着浙江海洋经济发展示范区建设上升为国家战略,而浙江海洋经济的核心区(在本书中简称为核心区)是宁波—舟山港海域、海岛及其依托的城市。改革开放以来,依托市场的先发优势和民营经济的灵活机制,浙江赢得了先机,形成了"民营经济＋块状经济＋县域经济"①的发展模式。然而,国际金

---

① "民营经济＋块状经济＋县域经济"具体指的是民营企业为市场主体,在地域上形成块状特色产业,并与专业市场互动发展,带动县域经济繁荣,从而持续推动全省经济的快速发展。(《再创浙江体制机制新优势》,《浙江日报》2014 年 1 月 6 日第 14 版。)

融危机后,众多的不稳定、不确定因素使得全球经济复苏缓慢,而世界经济贸易投资秩序重构的步伐却不断加快。现阶段我国经济又进入"三期叠加"(经济增长速度换挡期①、结构调整阵痛期②、前期刺激政策消化期③)的阶段。随着我国国家区域发展总体战略的深入实施,在新经济浪潮一浪高过一浪、世界经济日趋一体化的今天,浙江所拥有的体制机制优势正在日益弱化,面临着更为严峻的竞争和挑战。

在这样的国内外经济新形势下,浙江海洋经济核心区建设自由贸易园区的必要性可以从以下几个层面进行分析。

(一)推进浙江省实施海洋经济发展战略的现实需要

海洋经济发展示范区是浙江省首个国家战略④,是国家区域发展战略的重要环节,事关我国完善沿海区域发展的战略大局,事关维护海洋权益保障和国家经济安全的大局。为此,浙江省确立了"一个中心、四个示范区"的海洋经济战略定位。"一个中心"是指建设我国重要的大宗商品国际物流中心;"四个示范区"是指建设我国海洋海岛开发开放改革示范区、我国现代海洋产业发展示范区、我国海陆协调发展示范区、我国海洋生态文明和清洁能源示范区。海洋经济发展战略的推进迫切需要通过体制机制创新,加快资源整合和要素集聚。核心区建立宁波—舟山自由贸易园区,契合国家开放战略需求,也符合浙江省海洋经济发展的需要,有利于充分利用"两个市场、两种资源",更高层次地参与国际产业分工,加快对外贸易转型升级和沿海开放格局形成。

(二)浙江省再创发展新优势的现实需求

在经过 30 多年高增长后,核心区的经济增长放缓。以核心区的重要城

---

① 所谓"经济增速换挡期",指的是我国经济正在由原先年均 10% 左右的高速增长阶段稳步向年均 7% 左右的中高速增长阶段过渡,可能 7% 左右的平均增速将成为我国今后十几、二十几年经济增长的常态。

② 所谓"结构调整阵痛期",是指经济结构调整的根本目的是以数量、速度换质量、效益,以短期阵痛换长远发展,包括产业结构的升级、区域结构的平衡、增长动力的转换、财富分配的调节、要素投入结构的调整、排放结构的优化等诸多方面。

③ 所谓"前期刺激政策",主要是指为了应对 2008 年国际金融危机的不利影响,我国政府采取的总计 4 万亿元的拉动内需、振兴产业等一揽子刺激计划,这些刺激政策对我国经济迅速企稳回升产生了良好的效果,也对世界经济起到了"压舱石"的作用。

④ 目前,浙江省的国家战略有四项,分别是海洋经济发展示范区、舟山群岛新区建设、温州金融综合改革和义乌国际贸易综合改革。

市宁波市为例,2006 年到 2014 年,在国内外严峻复杂的背景下,宁波的经济发展放缓明显。金融危机后,增速有所回升,但从 2010 年开始又进入下滑阶段,且回落明显。2014 年宁波实现生产总值 7602.5 亿元,比上年增长7.6%,但增速同比回落 0.5 个百分点(见图 6-1)。同样,从进出口发展上看,受到国内外经济的影响,2006 年到 2014 年,宁波市的自营进出口增速波动大,整体上呈放缓趋势(见图 6-2)。核心区试点建立自由贸易园区,将成为新的经济增长极,为核心区的发展提供新的动力和新的发展平台,从而支撑区域开放经济的持续发展和提升。

图 6-1　宁波市经济发展情况(2006—2014 年)

资料来源:2006—2013 年的统计数据出自宁波市统计局的统计年鉴;2014 年的数据出自 2014 年宁波市国民经济和社会发展统计公报。

(三)提升宁波—舟山港国际竞争力的客观需要

一方面,当前世界各国的竞争日趋激烈,国际分工的进一步深化,使国际贸易和投资对交易速度、效率和质量的要求日益提高。航运联盟、船舶大型化和多样化加剧了世界主要港口间的竞争,使宁波—舟山港面临更为严峻的考验。另一方面,宁波、舟山港口的一体化进程也有待进一步推进。宁波、舟山港口一体化的提出是在 2014 年,其推进的原则是"统一规划、统一品牌、统一建设、统一管理"。于 2006 年 1 月 1 日起,正式启用了"宁波—舟山港"名称。一体化政策主张推出多年来,宁波—舟山港的吞吐量已跃居全球首位,但由于两地各自为政的区域分割和行政垄断,两地港口分多合少,重复建设、同质竞争现象严重,现有体制的束缚使一体化的实质进展效果滞

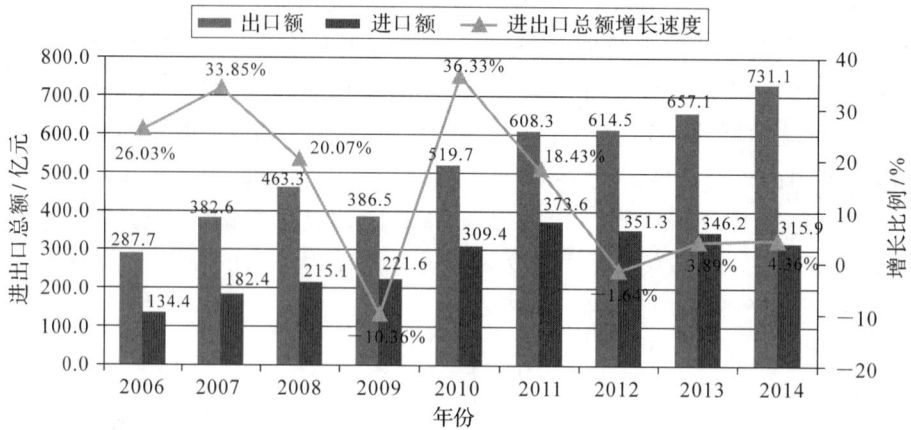

图 6-2 宁波市自营进出口贸易发展情况(2006—2014 年)

资料来源:2006—2013 年的统计数据出自宁波市统计局的统计年鉴;2014 年的数据出自2014 年宁波国民经济和社会发展统计公报。

后。要遏制港口产能过剩、减少资源浪费、促进结构调整和转型升级,需要有更大的举措来打破僵局。为此,试点建立宁波—舟山自由贸易园区,将进一步推进宁波—舟山港一体化发展,加快国际港口物流中心的形成,提升宁波—舟山港的综合竞争力。

根据我国交通运输部的统计(见表 6-1),2014 年,宁波—舟山港完成货物吞吐量 87346.5 万吨,同比增长 7.9%,连续六年蝉联世界第一。其中,宁波港域完成 52646.4 万吨,同比增长 6.2%;舟山港域完成 34700.1 万吨,同比增长 10.6%。完成外贸货物吞吐量 41881.6 万吨,同比增长 9.0%。其中,宁波港域完成 29722.8 万吨,同比增长 7.6%;舟山港域完成 12158.7 万吨,同比增长 12.7%。完成集装箱吞吐量 1945.0 万标箱,同比增长 12.0%,超越韩国釜山港,跃居世界第五。其中,宁波港域完成 1870.0 万标箱,同比增长 11.5%;舟山港域完成 75.0 万标箱,同比增长 29.8%。完成旅客吞吐量 332.2 万人,同比减少 5.2%。其中,宁波港域完成 161.5 万人,同比增长 1.8%;舟山港域完成 170.7 万人,同比减少 11.0%。分货种来看,舟山港域金属矿石增幅较大,吞吐量为 13927.7 万吨,同比增长 25.3%;煤炭吞吐量 3184.5 万吨,同比减少 0.9%;石油及制品吞吐量 5062.1 万吨,同比增加 3.8%。此外,由于浙江外贸顺差大,宁波港进口集装箱空箱率较高,2012 年进口空箱达 479.5 万标箱,进口空箱率达 67.3%。

表 6-1　2014 年宁波—舟山港吞吐量情况

	宁波—舟山港	增幅（%）	宁波港域	增幅（%）	舟山港域	增幅（%）
货物吞吐量（万吨）	87346.5	7.9	52646.4	6.2	34700.1	10.6
集装箱吞吐量（万标箱）	1945.0	12.0	1870.0	11.5	75.0	29.8
外贸货物吞吐量（万吨）	41881.6	9.0	29722.8	7.6	12158.7	12.7
旅客吞吐量（万人）	332.2	—5.2	161.5	1.8	170.7	—11.0

资料来源：交通运输部。

从 2014 年宁波—舟山港的发展情况来看，宁波港域和舟山海域的发展不均衡。除在旅客吞量上略胜一筹外，舟山港域在货物、集装箱、外贸货物等吞吐量上，与宁波港域相去甚远。尤其是在集装箱运输方面，呈现一边倒现象，宁波港域占绝对优势。

（四）促进贸易自由化和投资便利化的内在要求

国务院批准设立的保税区、出口加工区、保税港区和综合保税区等海关特殊监管区域，一定程度上具备了"自由贸易园区"的某些特征，可以说是最接近自由贸易园区的特殊区域，为我国主动参与国际分工，促进国内外经济深度融合，发挥了积极作用。截至 2015 年 5 月底，浙江省有 4 种共 7 个海关特殊监管区域，分别为宁波北仑港保税区、3 个出口加工区（宁波出口加工区、慈溪出口加工区、杭州出口加工区）、宁波梅山保税港区和 2 个综合保税区（舟山港综合保税区、嘉兴综合保税区），其中嘉兴综合保税区是在 2015年 2 月 25 日由嘉兴出口加工区转型升级而成。这些海关特殊监管区域对区域经济，特别是对对外贸易的拉动作用，促成了浙江成为我国经济发展最活跃的省份之一，形成特色鲜明的"浙江经济"。2014 年浙江海关特殊监管区域进出口发展情况如表 6-2 所示。

但是，随着国际竞争的不断加剧，不同类型的监管区域功能不完善，政策不统一，监管程序复杂，不仅不利于企业经营发展，还造成了区域发展的不平衡，同时也影响了区域性物流和资源配置中心的有效形成。试点建立宁波—舟山自由贸易园区，将有效整合海关特殊监管区域的功能和政策优势，有利于实现贸易自由化和投资便利化发展。

表 6-2　2014 年浙江海关特殊监管区域进出口发展情况

单位:千美元

	进出口额	比上年±%	出口额	比上年±%	进口额	比上年±%
宁波北仑港保税区	8569361	48.9	4322471	176.2	4246890	1.3
宁波出口加工区	4337778	−9.0	1872794	−7.0	2464984	−10.5
杭州出口加工区	2148805	4.9	1738581	5.1	410223	3.9
嘉兴出口加工区	166761	26.8	84113	−6.9	82648	100.5
慈溪出口加工区	172506	60.3	73453	125.3	99053	32.1
宁波梅山保税港区	242390	−8.8	171126	−27.7	71264	146.4
舟山港综合保税区	5868	—	1821	—	4047	—

资料来源:作者根据海关总署的统计数据整理而成。

二、核心区建设自由贸易园区的可行性

正如本书第三章中提到的,世界现有的成熟自由贸易园区大多设在港口或其附近的沿海地区,并拥有健全完善的法律体系、灵活高效的监管机制、便捷全面的服务以及公平开放的环境。与此相对照,浙江海洋经济核心区已具备了建设自由贸易园区的良好基础,优势明显。简要概括而言,包括优越的口岸条件、发展良好的海关特殊监管区域、雄厚的制造业基础、独特的发展空间、突出的开发开放业绩等。拥有海洋经济和港口经济圈发展双重国家战略相契合的重大机遇,为自由贸易园区的发展奠定了坚实的基础。

(一)具备优越的区位条件及丰富的港口岸线资源

浙江位于长三角地区南部,南接海峡西岸经济区,东临太平洋,西连长江流域和内陆中部地区。区域内外海陆空交通发达,又紧邻国际航运战略通道,具有深化国内外区域合作、加快开发开放的有利条件。核心区的地理位置优势更是突出,从全球的航线分布来看,核心区的整个宁波—舟山港濒临国际主航道,这条国际主航道经大西洋东海岸到美国西海岸,航道线上集中了鹿特丹、安特卫普、新加坡、中国香港、釜山和洛杉矶等主要国际大港,承担着国际货物贸易量的 60% 以上和全球 60%~70% 的集装箱运输量,与国际主航道相距不足 50 公里。在整个亚太地区港口群分布形态上,与日本的神户、大阪,韩国的釜山,中国香港等国际大港都处于近乎相等的距离,这里也是整个亚太区域中经济份额最重、发达程度最高的地区。

并且,坐拥丰富的港口岸线资源。浙江省有海岸线 6696 公里,居全国

首位。可规划建设万吨级以上泊位的深水岸线 506 公里,约占全国的
30.7%。而这些岸线资源相对集中分布于核心区宁波—舟山港域。宁波—
舟山港域海岸线总长 4750 公里,用于规划港口深水岸线 384.9 公里,是我
国建设深水港群的理想区域。截至 2013 年底,宁波—舟山港码头长度为
81269 米,占了全国的 11%,拥有 683 个泊位,其中万吨级 146 个;生产用码
头长度 78371 米,生产用泊位 613 个,占了总泊位数的近 90%(见表 6-3)。
相较于我国自由贸易试验区的港口,宁波—舟山港的整体泊位条件仅次于
上海港,优势显著。

表 6-3　宁波—舟山港与我国自由贸易试验园区港口的比较(截至 2013 年底)

名称		总计			生产用			非生产用	
		码头长度	泊位		码头长度	泊位		码头长度	泊位
		(米)	(个)	#万吨级	(米)	(个)	#万吨级	(米)	(个)
全国		744469	5761	1524	669379	4841	1524	75090	920
宁波—舟山		81269	683	146	78371	613	146	2898	70
上海		123988	1191	170	74487	608	156	49501	583
天津		35756	160	102	34408	149	102	1348	11
广东	广州	49273	545	68	45477	498	66	3796	47
	深圳	30790	159	66	29384	147	66	1406	12
	湛江	17243	177	30	15542	146	30	1701	31
	汕头	9898	92	19	9627	87	19	271	5
福建	厦门	26620	165	65	25596	146	65	1024	19
	福州	23025	186	48	22824	181	48	201	5

资料来源:作者根据宁波市统计局 2013 年年鉴的统计数据整理而成。

宁波海域海岸线总长为 1562 公里,占浙江省的三分之一。根据《宁
波—舟山港总体规划》,在宁波千余公里的海岸线上,规划的港口岸线总长
170 公里,其中港口深水岸线 139.1 公里,占规划的 81.8%。在良好的岸线
资源基础上,宁波港域形成了甬江、镇海、北仑、穿山、大榭、梅山、象山港和
石浦八大港区。这些港区拥有各类泊位 500 多个,其中港口生产用泊位 332
个,包括 21 个集装箱泊位,85 个万吨级以上大型泊位,21 个 10 万吨级以上
特大型深水泊位;舟山全港域可开发利用岸线总长 2444 公里,其中水深大

于 15 米的深水岸线 200.7 公里，水深大于 20 米以上的深水岸线 103.7 公里。该港域目前已形成定海、老塘山、金塘、马岙等 11 个港区，每个港区都具有各自的功能特点，具体如表 6-4 所示。

表 6-4 舟山各港区的功能特点

港区	主要功能
定海港区	主要承担城市生活物资运输，提供旅游、客运服务、原油和成品油仓储、中转运输
老塘山港区	主要以煤炭、木材、粮食等散杂货运输为主
金塘港区	以集装箱运输为主，并发展现代物流业
马岙港区	以石油化工品等液体散货、煤炭和散杂货等运输为主
沈家门港区	以省际、岛屿客运和当地物资运输为主
六横港区	以煤炭、石油化工品、集装箱运输为主
高亭港区	主要为东海油气田储存、中转油气，并为临港工业园区服务
衢山港区	主要以石油化工品和大宗干散货中转运输为主
泗礁港区	主要承担大宗散货的储存和中转运输服务
绿华山港区	主要开展水上过驳、水水中转作业
洋山港区	重点发展集装箱运输、保税、物流及相关的综合服务功能

资料来源：作者根据中国海洋在线网站（http://www.oceanol.com/topics/20121119/?com=com_special&tid=28&block=9&auto_id=21863）的相关资料整理而成。

目前，作为我国大型和特大型深水泊位最多的港口之一，宁波—舟山港已成为全国最主要的原油、铁矿石、集装箱、液体化工中转储存基地，华东地区主要的煤炭、粮食等散杂货中转和储存基地，已跻身世界大港之列。为了加快宁波—舟山港一体化建设，根据 2015 年 2 月通过部省联合审查的《宁波—舟山港总体规划（2012—2030 年）》，宁波—舟山港将在原有港区划分的基础上，合并泗礁、绿华山两个港区，新增白泉港区，总体上呈"一港、四核、十九区"①的空间格局。

---

① "一港"即宁波—舟山港；"四核"即六横、梅山及穿山核心发展区，北仑、金塘、大榭、岑港核心发展区，白泉、岱山大长涂核心发展区，洋山及衢山核心发展区，在空间上引导港口集中发展；"十九区"即调整后的十九个港区，分别为北仑、洋山、六横、衢山、穿山、金塘、大榭、岑港、梅山、嵊泗、岱山、镇海、白泉、马岙、定海、石浦、象山港、甬江、沈家门港区。

(二)具备优越的集疏运条件

处于海陆节点的自由贸易园区,需要有发达的基础设施和集疏运网络提供硬件支撑。宁波—舟山港地理位置优良,港口条件国内首屈一指,腹地经济开阔,运输网络发达,具备建立自由贸易园区的独特优势。

海路运输方面,宁波港是一个多功能、综合性的现代化大港。向内连接沿海各港口,通过江海联运、海铁联运,直接覆盖华东地区及长江流域。向外直接面向东南亚及整个环太平洋地区,是中国沿海向美洲、大洋洲和南美洲等港口远洋运输辐射的理想集散地。目前,已与世界上100多个国家和地区的600多个港口通航。航空运输方面,宁波栎社国际机场已与上海、杭州、南京等城市海关先后达成协议,实行"直通关"措施,全面融入长三角地区的"空中交通圈"。机场有直航香港、澳门班机,先后开通马来西亚、泰国、韩国等临时国际旅游包机航线,新航站楼的启用为宁波航空口岸的发展提供了更为良好的硬件设施。陆路运输方面,"一环六射"①高速公路网、"一绕五射"②铁路网,以及镇海大宗货物海铁联运枢纽港等集疏运网路建设,使宁波—舟山港区与周边区域之间的基础设施网络日益完善,大大拓展了宁波—舟山港的经济腹地。宁波和舟山的海陆联动方面,连接舟山本岛和宁波镇海的舟山连岛跨海大桥,已于2009年12月建成通车;投资175亿元的第二条跨海大桥——宁波—舟山港六横公路大桥已于2013年3月通过国家发改委立项,工程项目选址在2014年12月正式获批。六横公路大桥建成后,将把六横港区、梅山保税港区、宁波城区连成一体,届时,从宁波市区到六横岛的通行时间将缩短至少1小时。

(三)拥有可借鉴的成功经验范本

中国设立自由贸易园区,没有现成模式可以照搬,是全新的制度创新,在探索推进过程中既要借鉴国际标杆,也要符合中国国情。中央对自贸试验区制度创新有一个明确的要求,就是要立足可复制、可推广,而不是打造政策洼地。对标国际成熟自由贸易园区,国家建设上海自由贸易试验区,主

---

①　"一环"指宁波绕城高速;"六射"分别是杭甬高速、甬金高速、甬台温高速、杭州湾跨海大桥及南岸连接线、舟山跨海大桥和象山港大桥及接线,实现了宁波全大市1小时交通圈。

②　"一绕"指北环线;"五射"是指向南的甬台温铁路、往西南的甬金铁路、向西的杭甬客运专线和萧甬铁路、向北的沪甬(跨杭州湾)铁路、向东的甬舟铁路。建成杭甬客运专线和宁波铁路枢纽工程(含货运北环线、南站改建、北站迁建等项目),规划建设沪甬(跨杭州湾)铁路、甬金铁路等。

要目的在于主动顺应全球化经济治理新趋势,先行试验国际经贸新规则新标准,形成全国开放新格局中的先行试点,形成可复制、可推广的制度创新范式,最终建成与国际惯例完全接轨、具有世界一流水准的自由贸易园区。上海推进建设自贸试验区的成功经验,以及新设的天津、广东、福建三个自由贸易试验区都为核心区提供了可借鉴的范本。

(四)具备扎实的海关特殊监管区域的发展基础

上海自贸试验区是在上海综合保税区的发展基础上设立的。近年来,上海海关特殊监管区域坚持开放创新和改革突破,以实现最便捷服务、最低廉成本、最优良环境的贸易便利化为目标,在功能开发、投资环境、管理体制等方面先行先试,探索建设自由贸易园区。上海经验证明,依托特殊监管区推进贸易便利化建设,是建设自由贸易园区的有效途径。[①]

核心区是全国少数几个拥有全部类型海关特殊监管区域的区域,聚集了宁波保税区、宁波出口加工区、梅山保税港区、舟山综合保税区和空港物流。紧临北仑港区的宁波保税区、梅山保税港区和紧临舟山港区舟山综合保税区,拥有基础配套条件和多层次的功能政策体系,已形成较完备的产业体系,构成了"三区两港"的对外开放格局,为浙江省对外贸易的大通道。

宁波保税区(出口加工区)2014年实现地区生产总值159.3亿元,同比增长5.4%;完成固定资产投资14.5亿元,同比增长18.6%;实现财政总收入36.8亿元,同比增长5.1%;新引进企业636家,同比增长26.2%;实现进出口总值约139.9亿美元,增长20.3%,其中出口为71.1亿美元,增长57.3%。截至2015年月底,宁波保税区(出口加工区)入驻企业数达到4252家,其中外企268家。

宁波梅山保税港区作为开放层次高、政策优惠、功能齐全的海关特殊监管区域,在建设之初就按照自由贸易园区的模式来构建。近年来,宁波在建设梅山保税港的同时一直谋划自由贸易园区建设。2014年,梅山保税港区实现地区生产总值40.3亿元,同比增长25.0%;完成固定资产投资166.7亿元,同比增长17.6%;实现财政总收入36.0亿元,同比增长48.8%;新引进企业2100家,同比增长78.3%,新增企业注册资本金1447.9亿元,同比增长74.6%;实现外贸进出口总额11.6亿美元,同比增长32.7%;完成集装

---

① 李宇:《以投资贸易便利化推进宁波自由贸易园区建设》,《三江论坛》2014年第11期,第37页。

箱吞吐量 153.7 万标箱,同比增长 39.3％。同时,梅山保税港区形成特色贸易平台,如,整车进口口岸,2014 年全年进口汽车整车 1613 台,货值 5.2 亿元;天然橡胶平台,全年完成贸易额超 90 亿元,引进 40 余家橡胶进出口贸易企业;进口木材、食品冷链、通用航空、医疗器械等一批特色平台,区域全年完成市场交易额近千亿元,成为第二批省级进口公共服务平台。"千亿级国际贸易岛"、"千亿级财富管理岛"建设高效推进,形成类金融产业集聚,全年共引进类金融企业 726 家,注册资本超 1300 亿元,梅山已成为浙江省资本密度最高、发展成效最显著的区域。

舟山港综合保税区在设立之初就以成为面向亚太地区、以大宗商品为主的综合保税区和舟山自由贸易港先行区为目标,提出了以海洋经济为主题的国家级新区的"三步走"(综合保税区—自由贸易园区—自由港区)战略,已于 2014 年 1 月 8 日实现本岛分区封关运作。舟山港综合保税区建立大通关模式,累计引进企业 1107 家,注册资金 150 亿元。保税燃料油供应中心建设取得实效,改革突破了一船多供、跨关区燃油直供、同税号下混合调和等政策,完成直供量 66.5 万吨、结算量 337.2 万吨,分别增长 62.2％和 17％,实现逆势增长。[①]

综上所述,宁波保税区的稳步发展、梅山保税港区的快速发展和舟山综合保税区的良好起步为自由贸易园区的申报提供了巨大的发展空间,将这 3 个园区列入自由贸易园区试点范围,将充分发挥宁波保税区的先发优势和梅山保税港区、舟山综合保税港区的后发优势,既有利于试点的申报,也有利于获批后的开发实施。

(五)具备丰富的创新实践探索

多年来,核心区发挥区位和港口优势,结合多项改革政策试点实施,积极探索创新,建设与国际接轨的贸易便利化环境,取得了一定成效。宁波保税区和梅山保税港区积极探索区域功能拓展创新,创新管理服务体制机制,深化区港联动,为自由贸易园区做了大量准备。宁波保税区在全国率先开展出口加工区保税物流、维修检测和国际采购等功能拓展试点,大力推进贸易便利化。成功开发区域间海关信息化管理系统,是国家 4 个进口贸易促

---

① 　统计数据:宁波保税区数据出自宁波保税区(出口加工区)网站(http://www.nftz. gov.cn/gov/);梅山保税港区数据出自宁波梅山保税港区网站(http://www.msd.gov. cn/);舟山港综合保税区数据出自"2015 年舟山市政府工作报告"舟山第六届人民代表大会第五次会议,2015.2.4。

进创新示范区之一。梅山保税港区是全国第七个汽车整车进口口岸、第二个进口罗汉松特定口岸,浙江十大金融创新工程(集聚区)之一,积极推进船舶、飞机等大型装备的融资租赁业务及股权投资产业、类金融创新,探索建设国际期货保税交割仓储专区等。上述创新实践和探索,既是申报自由贸易园区试点的基础条件,也是自由贸易园区试点需要探索实践的具体内容。

第二节　核心区建设自由贸易园区的方案选择

一、核心区建设自由贸易园区的方案

　　了解了核心区建设自由贸易园区的必要性和可行性,那么,核心区推进自由贸易园区战略靠什么? 打什么牌? 有以下几张牌值得考虑:

　　首先是资源牌。区位条件和历史基础是自由贸易园区建设可亮出的资源牌。核心区位居我国沿海岸线中部,与国际主航道比较接近,有得天独厚的深水岸线资源。而且,本区域物流服务业的可扩展性好。宁波积累了开放的经验和人才,舟山拥有比较充裕的发展空间,随着跨海、连岛大桥的开通,陆路运输和服务条件优越。

　　其次是历史牌。本区域的"双屿港"①曾经是举世闻名的亚洲最繁华的自由贸易港。早在1524—1548年(明嘉靖年间),葡萄牙等地商人把舟山群岛南部的六横岛、佛渡岛开辟为"双屿港",成为亚、非、欧各国商人云集的繁荣商港,长住外商3000余人,被日本学者藤田丰八称为"16世纪的上海",比世界公认最早的意大利热那亚湾的里南那自由港(1547年)还要早,并且持续长达20多年。先人已经用事实说明了其可行性。改革开放后,宁波是我国重点开发开放区域,新一轮发展中舟山新区的设立,又给本区域建设自由贸易园区增添了信心。

　　第三是腹地牌。核心区腹地的经济发展水平高,转口贸易量较大,进出口箱源增长潜力大。核心区腹地既是经济大省、市场大省,又是外贸大省,口岸地位突出。浙江民营经济发达,是长三角南翼重要的制造业中心、华东地区重要的能源原材料生产基地,有大量原材料进口和工业制品输出需求;

---

　　①　http://blog.sina.com.cn/s/blog_5f055e4d01018hjv.html,王文洪.双屿港:世界上最早的自由港——葡萄牙人平托《远游记》对双屿港的描述.2013.6.16。

区域创新能力强,我国 5 个跨境贸易电子商务试点中,浙江占了 2 个席位,为今后自由贸易园区发展提供了大量的贸易流、货物流和资金流。再加上各级地方政府的高度重视,构成了示范区推进保税区升级为自由贸易园区的扎实基础。

此外,浙江经济发展特点决定了海洋经济核心示范区建设自由贸易园区的可行性。改革意识强让浙江拥有体制机制先发优势,良好的经济基础也为浙江加快转变发展方式提供了条件。而且,率先发展的浙江,在转变外贸发展方式的探索中,也率先碰到了一些体制机制性问题,有能力率先进行改革突破。

二、核心区建设自由贸易园区的方案

(一)舟山方案

舟山建设自由贸易园区的方案在国务院批复《浙江舟山群岛新区发展规划》中得到了详细的体现。该规划提到,"加快建设舟山港综合保税区。按照'一区两片'架构规划建设舟山岛片区和衢山片区,重点发展海洋工程装备部件、船舶配件、电子产品、精密机械、国际服务外包和海洋生物医药等产业的保税物流、加工及相关增值业务。探索建立舟山自由贸易园区。加快建设大宗商品储运中转加工交易中心,推进国际化市场体系建设,条件成熟时探索建立自由贸易园区,推动贸易投资便利化。逐步研究建设舟山自由港区。在探索建设自由贸易园的基础上,充分借鉴国际先进经验,全面推进贸易投资便利化,切实提高资源配置能力和对外开放水平,积极创造条件,在舟山群岛新区进行建立自由港区的改革探索",明确了新区建设的"三步走"发展战略目标。对此,可以说规划对舟山群岛新区的建设作了原则性的指示,好比是国家给予了一个"可装诸多丰富内容的大篮子",这也就为自由贸易园区的建设留下了巨大的可探索的空间。只要在条件成熟的情况下,舟山可争取的政策空间非常大。

舟山群岛新区在建设自由贸易园区上有"监管方便、辐射很广、功能特殊和风险较低"等其他地区所不具备的有利条件。同时,自贸区建设有助于推动舟山建设大宗商品交易平台、海陆联动集疏运网络、金融和信息支撑系统"三位一体"的港航物流服务体系,打造国际物流枢纽,从而有利于集中建设大宗物资国家战略储备基地,保证国家重要战略物资的供应安全。此外,舟山群岛新区管委会具有省级经济社会管理权限,这种自主决策权大、行政效率高的管理机制,可以说是一种创新,与国际成熟自贸区的管理模式类似。为日后自贸区建设中的日常管理运营，积累了经验。

然而，舟山也存在诸多"短板"。首先，城市、人口规模小，经济基础薄弱；其次，由于是海岛城市，土地和淡水资源有限，资源承载力弱；第三，基础配套设施建设方面存在不足，服务业能级低；第四，舟山港综合保税区起步还不到一年半，未形成规模，优势并不突出；第五，已有临港工业产业层次低，港口物流业发展水平低，与自由贸易园区功能定位存在较大冲突；第六，人才资源积累不足，人才瓶颈突出等。

（二）宁波方案

基于对宁波保税区现状、国际主要自贸区建设启示以及未来地区发展需求的分析，宁波自由贸易园区建设的总体思路是：坚持以科学发展观为统领，认真贯彻省委"创业富民、创新强省"总战略和市委"六个加快"战略，抢抓浙江海洋经济发展示范区建设重大机遇，以改革开放、体制创新为动力，进一步解放思想、转变理念，推进保税区空间布局优化，强化监管、税收和外汇等政策创新，完善贸易综合服务功能，大力推动宁波保税区向自由贸易园区转型，努力建设成为我国接轨国际惯例的贸易便利化先行区和以贸易航运为支撑的国际资源交易配置中心。

建设的具体方案是：依托宁波自身国际贸易基础优势及典型特点，综合考虑现有各类保税经济区的区位条件、空间资源、业务功能和发展基础，并参考国内外典型自由贸易园区建设经验，建设浙江宁波自由贸易园区。在空间布局上，可以采用"大、中、小"三种方案。大方案的核心区为宁波—舟山港两岸的北仑港区、穿山港区、梅山港区、大榭港区、六横港区及其周边邻近区域；中方案的核心区为宁波梅山国际物流产业集聚区（包括梅山岛、春晓、穿山）及其周边邻近区域，空间面积约 220 平方公里；小方案的核心区为包括宁波保税区、宁波出口加工区、宁波梅山保税港区、宁波栎社空港（保税物流中心）、大榭港区、宁波空港物流园区在内的宁波保税经济区。除上述核心区外，上述三种方案都应把宁波东部新城的国际会展中心、国际航运服务中心、国际金融服务中心以及部分海岛纳入宁波自由贸易园区的配套区域，作为对核心区主体功能的辅助支撑。其中，东部新城国际会展中心的作用在于，利用其商务资源解决宁波自由贸易园区企业商务办公不便问题，同时利用会展中心品牌资源，有效扩大进出口商品展示、批发、零售、信息服务、融资结算、航运保险等功能的承载空间，进一步增强宁波自由贸易园区的比较优势。

　　主要任务为大力发展四大产业,积极开展监管机制创新。为充分发挥自由贸易园区的政策优势,强化自由贸易园区在供应链和价值链的引领作用,更好服务腹地发展,建设浙江宁波自由贸易园区,应大力发展国际贸易、港口物流、金融服务、商贸服务等四大产业。

　　国际贸易方面,国际贸易主要包括进出口贸易和转口贸易。依托宁波腹地型港口特色、国际贸易基础,明确将进出口贸易作为宁波自由贸易园区的首要主体功能,侧重发展进口贸易产业,扩大大宗原材料、消费品、贵金属材料、关键设备和零部件、高新技术产品、节能环保产品以及创新技术进口。依托深水良港、区位条件及政策高地等优势,大力发展转口贸易业。一方面,要为内陆商品进出口提供转口支撑,着重发挥进口交易口岸功能,加大汽车、药品、医疗器械、图书等货种的进口和向内地转销的力度;另一方面,发展两头在外的国际转口贸易,赚取国际生产利润。

　　港口物流方面,积极引进和培育一批具有国际物流运作经验和市场控制能力的物流主体,进一步增强保税经济区的港航运营、揽货能力和信息服务功能,大力发展国际中转、国际采购、国际配送等高端物流。以间接中转为主,以国内出口集装箱为切入点,替代中国香港、新加坡等地扮演的国内外贸集装箱中转角色,逐步拓展国际集装箱中转箱源,成为以保税物流基地为依托的大型中转枢纽。依托区港一体化运作的良好基础和优势,以现有保税经济区内的国际配送作业区为载体,开展国际配送业务,同时积极培育一批进口商品交易市场,建立进口产品的内销网络。以跨国采购市场活跃的长三角地区为腹地支撑,以现有宁波保税区、宁波出口加工区物流中心、梅山保税港区为主要载体,大力发展占地面积小、附加值高、市场需求大且适合常年采购配送的电子信息产品、化纤、汽车零配件、小家电、轻纺、塑料制品等产品的国际采购。利用保税加工政策优势,以宁波出口加工区、梅山保税港区为主要区块,适度发展对外加工装配、进料加工贸易、中小型补偿贸易等加工贸易,提升出口加工科技内涵,延长加工贸易增值链,推动加工贸易转型升级。

　　金融服务方面,顺应自由贸易发展需求,重点发展国际贸易、国际物流和国际航运三大金融业务。国际贸易金融的重点是发展国际结算、信贷和担保,国际结算的重点是依托信息技术提高结算效率和质量,国际信贷的重点是发展供应链融资,国际担保的重点是发展信用证、保函、保理等业务;国际航运金融重点是依托东部新城的国际航运服务中心和国际金融服务中心,重点选择航运金融、船舶交易、航运信息等中高端航运服务领域优先发展;重点鼓励船价评估、海事登记、海事法律等专业服务发展,探索建立船舶航运产业投资基金,吸引金融机构来浙江设立分支机构。同时,着眼于发展离岸金融业,建立新型股权融资、期货交易市场,形成集中交易、多点交割、物流配送的交易机制。

商贸服务方面,商务服务业重点围绕园区主导功能,健全商务、会展、金融、文化、保健、科教、旅游休闲等配套服务产业。以服务贸易和航运为重点,高标准搭建机械设备、石化、仪器、船舶、金属材料等商品交易平台,完善构筑货运代理、船舶代理、船舶管理、船员劳务、航运融资、海事保险、海事仲裁、航运交易、航运咨询等产业链,建设以高技术产品、特色消费品为主的国际会展中心。

然而,在拥有建设自由贸易园区诸多优势的同时,宁波也有"短板"。首先,从国家战略角度来看,到目前为止,宁波还没有大的国家战略,无法享受国家层面政策体系的覆盖。其次,从岸线资源来看,宁波海域岸线资源的开发已基本饱和,对发展形成了制约。第三,从区位优势来看,相较于其他城市,宁波有优势,但仍不够理想。由于宁波离国际主航道比舟山更远,进出港的便利度不如舟山,弱化了水水中转的能力。而陆路中转的承载有限,特别是对于宁波的优势大宗商品储运来说,这无疑是个瓶颈。

(三)核心区方案

以国务院批准的宁波保税区、梅山保税港区和舟山综合保税区的区域范围为主体,辐射带动周边区域(宁波—舟山港海域、海岛及其依托城市),开展自由贸易园区试点工作。

指导思想方面,以邓小平理论和"三个代表"重要思想为指导,深入贯彻落实科学发展观,按照党的十八大关于实施更加积极主动开发战略、完善开放型经济体系的要求,以国务院正式批复舟山群岛新区规划同意"探索建立自由贸易园区,推动贸易投资便利化"和宁波国家进口贸易促进创新示范区建设为契机,参照国际通行做法,推进功能创新、政策创新、管理创新,建设我国率先接轨国际惯例的贸易便利化先行区、海洋经济发展示范区和国际性资源配置功能区,为全国扩大开放探索新思路和新路径。

目标方面,努力把宁波—舟山自由贸易园区建设成为功能创新领先、贸易投资便利、国际贸易发达、离岸型产业聚集、物流监管高效的开放区域。具体要实现以下目标:

国际贸易创新引领区。加快国家进口贸易促进创新示范区建设,推进贸易便利化创新、商贸物流监管创新、金融服务创新,转变外贸发展方式、完善外贸发展环境、促进高能级贸易主体集聚,提升外贸发展竞争力。

海洋经济发展示范区。贯彻国家海洋经济发展战略,依托宁波和舟山的良好口岸、临港产业、民营经济发达优势,大力发展海洋装备、海洋生物医药与制品、海洋食品、海洋公共服务产业,成为我国参与国际海洋产业分工与协作的重要战略平台。

国际性资源配置功能区。发挥自由贸易园区"两个市场、两种资源"功能,完善市场体系,建设市场展示交易平台,强化对国际资源配置、平衡供需、调整结构、促进国民经济健康发展的作用,构筑内外对接、集聚辐射功能明显的贸易体系,成为面向长三角和亚太地区两个扇面、辐射中西部的贸易物流集散基地。

服务贸易先行区。创新商贸物流服务模式,发展第三方、第四方物流,建设以供应链管理为核心,建设集"贸易、仓储、加工、展示、配送、金融服务"于一体、上下游无缝对接的流通服务体系。培育离岸型服务产业,发展国际中转集拼、国际融资租赁、国际维修、研发外包、数据服务、离岸贸易等功能,提升参与全球价值链分工能力。

监管改革示范区。借鉴国际上自由贸易园区先进监管经验,改革区域监管模式,建设安全、高效、便捷的通关通检和外汇管理模式,为国内其他区域监管改革提供经验。

综上所述,舟山和宁波有着各自独特的优势,但独立申报自由贸易园区也存在"短板",因此,路径选择上,核心区共建方案更为可行。建议在宁波、舟山区域依托北仑、镇海、普陀等地,整合现有保税区、保税港区、出口加工区,尽快实现批准浙江设立自由贸易园区。这是有依据的。早在2006年时任国务院总理温家宝视察海关总署时,把区域整合工作提升到转变外贸增长方式的高度,"推进海关特殊监管区域整合,充分发挥特殊监管区域的示范、导向和辐射作用,增强国内配套能力,延长加工贸易价值链。加快建立新型保税监管体系,积极支持大型物流枢纽、区域性物流中心建设,更好地承接国际现代服务业的转移"。为此,海关总署提出了进行"区域整合"的目标、内容,区域整合的目标是通过对现有各类特殊监管区域进行政策叠加和功能整合,使其基本具备保税加工和保税物流两大功能并实施统一的配套政策和管理措施,形成既监管到位又服务到位的综合型海关保税监管区。不仅就目前行政区内功能的整合,还要大胆探索跨行政区的区域整合。宁波拥有除自由贸易园区之外的各类开发开放区,积累了丰富的经验和一批人才;舟山拥有新一轮国家开发开放的优势资源和发展的空间资源,以区域整合的理念申报并获得批准自由贸易区试点的成功概率更高。这一方案建设自由贸易园区有以下优势:

一是具备良好的发展基础。核心区的开放型经济实力较强,区内已聚集了一大批国际贸易、保税物流、出口加工等企业。如表 6-5 所示,2014 年,宁波保税区(出口加工区)和梅山保税港区的生产总值已达到 199.6 亿元,财政收入 72.8 亿元,完成进出口总额 151.5 亿美元。拟整合申报的核心区区域面积约为 18.85 平方公里,规模大小适宜,岸线资源丰富,留有较大的发展空间,能为未来自由贸易园区功能拓展提供足够的土地资源储备。

表 6-5 核心区海关特殊监管区域 2014 年发展概况

	宁波保税区	宁波梅山保税港区	舟山港综合保税区	总计
区块面积(平方公里)	5.3	7.7	5.85	18.85
生产总值(亿元)	159.3	40.3	—	199.6
财政收入(亿元)	36.8	36	—	72.8
进出口额(亿美元)	139.9	11.6	—	151.5
固定资产投资(亿元)	14.5	166.7		181.2
新引进企业(家)	636	2100	1107	3843
新注册资金(亿元)	91.7	1447.9	150	1689.6

资料来源:作者根据相关数据整理而成。

二是形成良好的区域组合优势。核心区一体化发展共建自由贸易园区,可以克服各自的相对劣势,形成互补,使原有的优势更加突出,并更好地使资源得到优化配置,形成更大的经济体量和经济载体。规划中的核心区自由贸易园区具备保税区、出口加工区、保税港区和综合保税区等不同类型海关特殊监管区域的功能,兼具海运和空运的物流优势,可以让入区企业根据经营需要,充分利用宁波和舟山各自在资源和政策方面的组合优势。

三是形成可持续发展的合力。宁波、舟山港口一体化政策推出多年来,由于缺乏整体的规划和管理,在区域的发展过程中,存在同质竞争现象,造成了资源的浪费,甚至出现土地和岸线等稀缺资源闲置浪费和紧缺不足并存的不合理现象。核心区各区块共建自由贸易园区,有利于推进核心区一体化实质进展。通过统一规划和管理,利用各个区块不同的产业特色、港口条件和海关政策,共同构成一个功能互补的有机整体,发挥综合优势。同时,合力建设有利于各个海关特殊监管区域突破发展瓶颈,加快转型升级,从而促进核心区整体经济的可持续发展。

第三节　核心区建设自由贸易园区的功能定位与战略选择

一、发展路径

建设自由贸易园区既必要且可行,接下来的问题就是具体路径和目标取向了。虽然在保税区和保税港区的建设上,核心区已经积累了一定的经验,但是向自由贸易园区转型毕竟是一项全新的探索,要周密设计好发展路径。

（一）进行差异化的自由贸易园区申报

目前,我国已经设立上海、天津、广东、福建四个自由贸易试验区,武汉、西安、兰州都在积极争取进入第三批自由贸易园区行列,这种政策资源竞争依旧非常激烈。考虑到核心区与上海自贸试验区的距离比较近,从国家的整个战略布局上看,若没有特点,没有差异,国家不可能在长三角设立两个功能类似的自由贸易园区,申报就不可能成功。因此,在路径选择上建议在宁波、舟山区域依托北仑、镇海、普陀等地,整合现有保税区、保税港区、出口加工区,贴合核心区的资源禀赋,以"大宗商品储运交易为特色",进行差异化的自由贸易园区申报。

（二）形成齐心协力的良好氛围

自由贸易园区建设是一项以改革创新为核心的系统工程,涉及领域广、内容多、难度大,需要顶层设计和统筹推进,以及社会各方的协同合作。浙江省委、省政府作为运筹帷幄的主角,要增强组织领导作用;宁波和舟山市政府要突破行政区划上的分割,切实响应,通力合作;各相关职能部门要积极应对,全力协作;高等院校、科研院所等研究机构要针对创新"出谋划策";其他社会各界及民众要积极支持和参与,努力形成政府主导、多方参与的社会共建机制。

（三）组建高端、专业人才汇聚的团队

从国际成熟自由贸易园区的建设经验来看,自由贸易园区的建设与发展离不开高素质人才发挥的积极作用。核心区正处于自由贸易园区申报的关键时期,迫切需要组建一支高素质,特别是极具创新思维的研究型人才队伍。组织专家学者以宁波保税区、梅山保税港区和舟山保税港区为核心,研究实施路线图,尽快把以大宗商品储运为主线的产业实施路线图研究出来。通过夯实微观基础,明确需要的政策,有的放矢地向国家部委要政策。人才的汇聚可以通过从区外引进国内外的高端人才,以及与区内的大学、研究院等研究机构合力培养的方式,为自由贸易园区的申报工作助力,也为今后自由贸易园区的发展奠定基础。

(四)跟踪把握其他自贸试验区政策的落地情况

要组建专项工作组对上海、天津、广东、福建4个自贸试验区,特别是上海自贸试验区政策落地情况进行跟踪、研究工作。与国家相关部委、自贸试验区以及周边城市建立稳定的联系渠道,及时收集自贸试验区可复制、可推广的创新制度,研究这些改革举措在核心区落地的可行性,并结合核心区的实际,积极向中央部委争取政策。

(五)加快推进核心区海关特殊监管区域的建设

在核心区建设自由贸易园区中,区内现有的海关特殊监管区域承担着先行先试的重要使命。为此,有必要借鉴上海自贸试验区的经验,在现有的宁波保税区、梅山保税港区和舟山港综合保税区率先复制,并结合各区的实际特点,重点围绕投资、贸易、金融、监管,大胆进行自主创新,主动争取国家部委的支持,力争形成竞争优势,为自由贸易园区建设的启动打下扎实基础。

总之,现阶段建立自由贸易园区是我国对外开放与市场化改革释放出来的又一次机会,是宁波、舟山创新发展模式的难得契机。

二、功能定位

在功能定位方面,核心区的自由贸易园区建设一定要立足于区域的优势,把特色做强做好,更好地服务国家战略的实施及区域的发展。

(一)参与"一带一路"和"长江经济带"建设的重要载体

核心区建设自由贸易园区,可以充分发挥核心区的港口优势,并以自贸区为载体,利用自贸区贸易、金融、税收、监管等方面的优惠政策,培育开放合作的创新机制,发挥核心区在"长江经济带"中的水运交通枢纽作用。利用自贸区的先行先试优势,强化核心区与"海上丝绸之路"国家之间的经贸合作和人文交流,并助推"丝绸之路经济带"的发展。

(二)是带动浙江海洋经济发展的新引擎

浙江海洋经济发展试验区是完善我国沿海区域发展、维护海洋权利、保障国家经济安全的国家级重要战略。核心区建设自由贸易园区要与之对接，利用自贸区吸引海内外贸易物流高端资源的优势，集聚资本、技术、人才、信息等要素，有效推进大宗商品交易平台、海陆联动集疏运网络、金融和信息支撑系统"三位一体"港航服务体系的构筑，带动船舶、海洋工程装备、海洋生物、高端海洋电子信息等先进临港制造业发展，成为浙江海洋经济发展的新引擎，引领浙江海洋经济新的腾飞。

(三)接轨国际惯例的贸易创新先行区

全球一体化趋势下，产业分工日益明晰并呈现出高度链式专业化。核心区自由贸易园区要创新发展贸易新业态，特别是创新服务贸易发展新模式，推动贸易发展从数量扩张为主向质量和结构提升的转变，发挥服务贸易的支撑作用，不断提升货物贸易的附加值。夯实服务贸易基础，增强在国际贸易格局中的竞争力和影响力。在国家进口贸易促进创新示范区建设和全国电子商务试点城市基础上，稳步推进促进投资贸易便利化的改革举措，积极发展服务贸易和跨境贸易电子商务，推动贸易转型升级，带动中国服务"走出去"。

(四)推动浙江民营经济"走出去"的示范区

民营经济始终是浙江发展最大的活力所在。核心区通过自贸区的金融开放政策，鼓励本地民营企业进行全国化、全球化布局，引导有条件的企业对沿海上丝绸之路沿线国家开展包括资本合作、品牌共享、技术交流、管理创新、网络互通等国际交流与合作，增强企业的国际市场拓展能力。搭建面向东盟国家的跨境电子商务及物流信息共享平台，支持企业在境外建设经贸合作区，探索绿地投资、并购投资、证券投资、联合投资等"走出去"新模式。

三、自由港模式选择

从世界自由贸易园区的建设来看，发展模式一般由自由贸易园区所在国家或地区的政治体制、经济基础、区位条件以及社会发展水平决定。而港口是浙江海洋经济的核心引擎，浙江海洋经济核心区建设自由贸易园区离不开对港口的依托。根据我国自由贸易园区建设的战略目标及对外开放经济的发展规划，结合浙江省发展战略及核心区的区位条件、经济水平等实际情况,自由港模式符合核心区的客观条件,有利于在现有基础上发挥核心区的潜能。而中国香港作为自由港模式的最典型代表,是核心区建设自由贸易园区最好的对标对象。在进行模式对标之前,有必要再来更为详细地阐述一下世界自由港的特征。

自由港,是美国著名经济学家弗里德曼最为推崇的自由经济体。首先,自由港一定是"境内关外",一定是港口或者是港口的一部分,而自由贸易区、保税区则不一定有这样的限定条件,在非港口的地方也可以设立自由贸易区,如在内陆、边境区或远离港区的地方。第二,自由港是"一线放开,二线管住",在二线以外的货物进出手续非常便利、简捷、快速,适用于国际贸易所需要的货物集散、中转、储存和简单加工等,有利于开展国际转口贸易、货物中转业务、建立国际物流中心、国际配送业务等。第三,自由港要有现代化、高科技的港口设施支撑。自由港通常要有樊篱封闭与外界隔离,要有现代化的计算机管理系统、通信手段和信息网络系统,规模完善的集疏运系统和口岸管理部门支撑。自由港的商务成本比较高。第四,自由港是"区内不干预",表现为贸易自由,即没有贸易限制;金融自由,即外币自由兑换,资金自由转移和经营;投资自由,即没有行业限制;运输自由,货物进出装卸自由即免办海关手续,船员可自由登岸等。

自由港的基本管理模式是"一线放开,二线管住,区内不干预"。这些已成为国际上自由港的通则。"一线放开"是指境外进入自由港区范围的货物,进口只需向海关申报验关放行;从自由港出口货物的自产产品,除国际配额凭证放行外,其余出口商品只需报关验放;非自由港自产产品经自由港出口,属于国有配额许可管理的商品,凭许可证验放;对于自由港的转口商品,可自由地、不受海关监管地进出;国内货物出口进入自由港区,即视作已经出口,马上即可退税。"二线管住"是指自由港与关境内的通道口,为二线口岸管理。二线管住是指从自由港区进入国内非自由港区(关境内)或货物从国内非自由港区进入自由港区(关境外)时,海关必须依据我国海关法赋予的使命,管住管严,以保护国内的关税收入,严厉打击走私。"区内不干预"是指自由港区内的货物可以进行任何形式的储存、展览、组装、制造和加工。自由流动和买卖,物流配送等这些活动无须经过海关批准,只须备案。但是,不干预并不意味着不管理,从自由港区内进行任何工业、商业或服务业活动,应事先通知海关,并按海关当局规定的格式制作存货记录,存货记录应当使海关能够辨认货物并载有货物的流动情况。

那么,核心区离自由港还有多大距离呢?下面将核心区对标世界自由港的典型代表香港。

地理位置方面，两个地区都拥有得天独厚的地理位置优势，均位于重要河流域海岸线的 T 型入口处，交通便利，腹地广阔。香港位于珠江入海口与南海海岸交汇处，背靠内地，是亚太航运枢纽；核心区位于我国东海海岸与长江黄金水道交汇处，是我国港口资源最优秀和最丰富的地区，海运、河运都十分便利，背靠长江三角洲地区，拥有广阔的内陆腹地，且直接经济腹地是我国经济发展水平最高、最具活力和发展潜力的地区之一。

资源条件方面，两个地区都是群岛地貌，港口岸线资源丰富，且都是国际著名的深水良港。香港由香港岛、九龙和"新界"三部分及其周围 200 多个岛屿组成，而香港岛和九龙半岛之间的水域，是优良的天然海港，拥有世界上最繁忙集装箱港口之一的维多利亚港。而核心区区域中的舟山群岛由 1300 多个大小岛屿组成，港口岸线资源丰富；核心区的宁波—舟山港是全球第一大港。从港口的通航条件上来看，核心区甚至优于香港。

经济基础方面，两个地区都位于中国最发达的经济地带，并可辐射世界重要的经济区域。香港位于珠三角地带，贸易主要辐射东盟各国。2014 年香港的 GDP 为 2896.21 亿美元，比上年增长 5.4%，人均 GDP 近 4 万美元。核心区位于长三角地带，贸易主要辐射日本、韩国，以及我国台湾地区。2014 年，宁波和舟山 GDP 的总和为 8624.2 亿元，人均 GDP 为 1.6 万美元。核心区与香港的比较如表 6-6 所示。

表 6-6　核心区与香港的比较

	香港	核心区		
地理位置	交通便利，腹地广阔	交通便利，腹地广阔		
人口（万人）	724.2	882.5		
		其中	宁波	舟山
			768.1	114.4
GDP（亿元）	17790.8	8624.2		
		其中	宁波	舟山
			7602.51(7.6%)	1021.66(10.2%)
人均 GDP（美元）	39994	15907		
		其中	宁波	舟山
			16112	14538

续表

	香港	核心区
资源条件	港口岸线丰富,拥有深水良港	港口岸线丰富,拥有深水良港
主要港口	维多利亚港	宁波—舟山港
港口吞吐量 (万 TEU)	2228(−3%)	1945(12%)
全球排名	第四位	第五位
产业优势	金融业、服务业	临港工业、制造业、造船业

注:人民币兑美元汇率按 2014 年的平均汇率 6.1428∶1 计算。

资料来源:香港的数据出自香港特区统计处;宁波和舟山的数据分别出自各自的 2014 年国民经济和社会发展统计公报,其中部分数据为作者根据宁波市、舟山市的 2014 年国民经济和社会发展统计公报计算所得。

这些相似点,也即是核心区已具备的条件。除此以外,核心区和国际先进自由港香港的差距依然很大。这些差距也就是核心区在推进自由贸易园区建设中,需要向香港借鉴和学习的地方,将在下文的对策措施部分进行详细阐述。

四、核心区建设自由贸易园区的关键问题

在对我国自由贸易园区建设与对外开放新常态等发展环境的透彻分析,以及对浙江海关特殊监管区域发展现状与问题客观分析的基础上,浙江海洋经济核心区建设自由贸易园区关键问题可简述为"1+2+4+5",即:

(一)围绕一个核心

应以核心区自由贸易园区的功能定位为核心。当前,我国自由贸易园区的建设已经形成了上海率先推进,天津、福建、广东沿海布局的态势,自由贸易园区已成为对外开放的新高地。浙江海洋经济核心区建设自由贸易园区需要在上海自由贸易园区的复制、扩散基础上,寻求依托港口和开放优势,融入长江经济带与 21 世纪海上丝绸之路国家战略的新功能。

(二)紧扣两大主题

一是以自由贸易园区引导的国家新一轮全面开放战略,着重上海自由贸易园区的复制与对接,以及后续的相关自贸区政策,用开放倒逼改革。二是港口经济圈战略的实施及新常态下现代化国际港口城市的开放新优势打造,着重服务核心区城市群开放型经济及核心区港口群功能发挥。

（三）体现四个导向

一是以创新为导向。应该清楚地认识核心区自由贸易园区的建设不是简单的对接复制，要有超越上海自由贸易园区的理念和勇气。可以"人有我复，人无我有"，拓展服务领域，争取单项的突破。例如，航空器零件的落户。二是以改革为导向。应对吸纳新一轮改革开放新举措。三是以辐射为导向。2014年11月李克强总理来浙江考察时所说"宁波、舟山要成为长江经济带龙头的两只龙眼之一"。因此，浙江海洋核心区的自由贸易园区在配套浙江省城市的发展，服务好城市功能和新优势打造的同时，要争取辐射长三角。四是要以协同为导向。重视与重点合作伙伴协调、协作互动发展，功能出区。例如正在宁波保税区推进的象保合作区（象山—保税区），电子商务、进口中心等形式，盘活形式。

（四）明确五项落实

一落实到具体功能。核心区自由贸易园区的功能在落实物流仓储功能的基础上，应突出贸易服务功能。二落实到产业。三落实到政策。这里包括海关、国检、财政政策。四落实到要素保障，如土地、税收。五落实到体制机制保障。管委会、机构的级别是否够，机构数是否充足。

五、核心区推动自由贸易园区建设的对策措施

自由贸易园区的建设，有助于推进体制机制创新，营造更加国际化、市场化、法治化的营商环境，并有利于促进核心区经济的转型升级，增强竞争力。可谓是意义重大。为充分发挥自由贸易园区的政策优势，强化自由贸易园区在供应链和价值链的引领作用，更好地服务腹地发展，建设浙江核心区自由贸易园区，应大力发展国际贸易、港口物流、金融服务、商贸服务四大产业，积极开展监管机制创新。核心区推动自由贸易园区的对策措施具体如下。

（一）完善法制环境，创造良好制度保障

根据世界主要自由贸易园区的建设经验，自由港、对外贸易区等通常都是"先立法，后设区"，如美国的《对外贸易法案》、韩国的《自由贸易地域法》、新加坡的《自由贸易区法案》等。法制的完善，制度保障优越，从而为资金迅速、安全集散提供了可靠保障。针对自贸区的建设，国家已颁布了《自由贸易试验区外商投资准入特别管理措施（负面清单）》、《中国（上海）自由贸易试验区总体方案》等国家层面的立法，除此以外，现有的4个自贸试验区都

有各地方政府制定的自贸试验区的管理办法及外商投资企业备案管理办法。这些法规结合各地的实情，对自贸试验区的目的、功能定位、管理体制和优惠制度等内容作了较为明确的规定，为核心区提供了很好的借鉴。因此，核心区建设自由贸易港时，需要在充分认识和突出核心区自由贸易园区的特色优势，明确性质、目的、功能定位的基础上，深入研究国家层面的相关法规，梳理可能不支撑的地方性法规。通过学习借鉴上海、天津、广东、福建等4个自贸试验区的经验，并参照国际自由港的惯例，进一步完善地方的法律体系。

法律法规也要与时俱进。核心区要注重根据形势的变化，及时对相关法律进行调整和完善，为自由贸易园区建设提供有力的法律支撑，确保政策措施的权威性、统一性和稳定性。

（二）加大外商投资准入政策创新，推动投资便利化

改革境外投资管理规则，进一步简化外商投资项目管理内容和程序，降低外企特别是东盟成员和中东欧国家企业进驻核心区自由贸易港的门槛。一是放宽投资准入。推进金融、教育、文化、医疗等服务业领域的有序开放，放开育幼养老、建筑设计、会计审计、商贸物流、电子商务等服务领域外资准入限制，吸引东盟及中东欧国家的知名企业来核心区投资和开展业务合作。二是探索建立负面清单管理模式。在对负面清单进行深入研究的基础上，借鉴上海自贸试验区的做法，对外商投资实行准入前国民待遇加负面清单的管理模式。根据我国《自由贸易试验区外商投资准入特别管理措施（负面清单）》(2015)，对负面清单之外的领域，按照内外资一致的原则，将外商投资项目由核准制改为备案制进行管理。

（三）深化口岸监管模式创新，提升口岸便利化

创新口岸监管模式，以推进贸易便利化为抓手，强化核心区与海上丝绸之路国家的经济联系。一是"单一窗口"服务提高通关效率。完善电子口岸功能，在关检合作"三个一"（一次申报、一次检验、一次放行）基础上，进一步整合海关、检验检疫、海事、边检等口岸监管部门的信息资源，建设综合性公共电子信息服务平台；打破"信息孤岛"隔阂，建立口岸管理部门通过公共信息平台进行共享信息互换的机制，实现"三互"（信息互换、执法互助、监管互认）；深化区港联动，实行"三区两港"货物进出一体化放行，提高货物通关效率。二是探索跨境电子商务模式的管理机制创新。促进口岸通关全程无纸化和贸易便利化，全面实施海关出口货物电子放行和检验检疫进口货物电

子闸口放行。以信息平台、商业模式、供应体系、电商主体、仓储物流、快递配送、电子支付等环节构建为切入点和突破口,进一步完善跨境贸易电子商务出口企业的跨境支付、退税和结汇服务体系。支持核心区加快建立国际邮件互换局和国际邮件交换站,实现核心区周边邮件和快件在宁波关区进行通关,力争设立海关驻邮办。三是争取海关监管创新试点。探索"一线逐步彻底放开、二线安全高效管住、区内货物自由流动"的新型监管服务模式,简化进出境备案清单,简化国际中转、集拼和分拨等业务进出境手续。允许企业凭进口舱单先进区、后报关。实现监管手段以信息化电子围网为主、物理围网为辅,加强电子账册管理,探索建立货物状态分类监管模式。推进自由贸易港海关监管一体化,为区内企业货物跨关区转运输、交易和仓储提供便利。

(四)培育航运功能产业,提升航运服务能级

依托核心区港口的优势,加大培育航运功能产业,提升国际航运服务能级,发展邮轮旅游经济,加快打造国际强港。一是争取设立国际航运发展综合试验区。在自由港区内试行航运企业营业税减免、启运港退税、融资租赁船舶出口退税、沿海捎带、第二船籍等级制度等优惠政策。发挥核心区作为江海联运节点的优势,扩大宁波海上丝路指数的影响力,建设区域性航运要素配置中心、交易中心和定价中心。二是争取设立全国海铁联运综合试验区。完善核心区宁波区域港口铁路集疏运网络体系,推进专业码头和陆域堆场建设,给予宁波港海铁联运优于同等运输通道的运价优惠,争取交通部和中铁公司的支持。协调海关、国检等部门,对中西部地区到宁波海铁联运、国际跨境联运转关转检,提供政策上的支持和手续的便利。三是加大航运功能产业的培育。加大发展航运服务业,探索形成具有国际竞争力的航运发展制度和运作模式。积极培育航运金融、国际船舶运输、国际船舶管理、国际航运经纪、国际船舶租赁、国际船员管理等功能产业,支持鼓励发展邮轮产业,允许境外国际邮轮公司在核心区自由贸易港经营国际航线邮轮业务,给予国外入境邮轮乘客中转免签,允许境外大型邮轮公司挂靠梅山港区。创新航运保险产业,培育航运保险营运机构和航运保险经纪人队伍。

(五)加大金融政策创新,增强金融体系支撑力

党的十八大报告中明确指出,要"深化金融机制改革,健全促进宏观经济稳定、支持实体经济发展的现代金融体系,加快发展多层次资本市场,稳步推进利率和汇率市场化改革,逐步实现人民币资本项目可兑换"。自由贸

易园区建设是国家战略,其核心任务是制度创新,而金融领域开放是最大亮点。核心区自由贸易园区要坚持创新驱动,从提升金融发展层次与服务功能入手,打造开放、安全、高效的区域金融体系,营造优良金融生态环境。同时还要发挥核心区民营资本的优势,鼓励民企发起新兴金融机构,支持更多企业"走出去",促进 21 世纪海上丝绸之路的建设。一是探索区域性离岸金融服务中心的创建。需要对国际成熟自由贸易园区以及我国上海自贸试验区的离岸金融中心建设的经验进行深入研究,在学习和借鉴的基础上,充分利用宁波保税区、梅山保税港区和舟山港综合保税区的多种资源,积极争取创建离岸金融服务中心,吸引离岸金融相关服务机构聚集,开展各类特色的离岸金融业务。可以鼓励核心区区内金融机构根据实际情况,自由开发外汇金融衍生产品,以活跃核心区的资本市场。二是争取设立本外币自由贸易账户。允许自由贸易账户与境外账户、境内区外的非居民账户、非居民自由贸易账户以及其他居民自由贸易账户之间的资金可自由划转,自由贸易园区企业的外汇收入可以存放在自由贸易账户。三是争取外汇和跨境人民币使用改革试点。探索国际贸易结算中心本外币管理试点,鼓励境内企业开展全球采购和离岸贸易业务。探索区内企业开展集团内双向人民币资金池业务,争取个人境外直接投资改革试点,开展中资企业跨境融资改革可行性研究。四是争取互联网金融创新试点。紧密配合电子商务城建设,推动本地民营资本与境外的金融业企业合作,发起基于电子商务大数据的小额贷款公司、新型业态第三方支付机构、网络保险公司等互联网金融机构。

（六）争取税收政策试点,打造低成本环境优势

以核心区的宁波保税区、梅山保税港区和舟山港综合保税区等海关特殊监管区域为政策试点区,争取推动税收政策创新。一是减免航运企业营业税。借鉴上海洋山、天津东疆实施免征营业税政策,争取对注册在自由贸易港的航运企业从事海上国际航运业务取得的收入,免征营业税。对注册在自由贸易港的仓储、物流、航运等服务企业从事货物运输、仓储、装卸搬运业务取得的收入,免征营业税。对注册在核心区的保险企业从事国际航运保险业务取得的收入,免征营业税等。二是推动启运港出口退税。向上争取"准境外港口"地位,实行国际启运港制度、船舶保税特别登记制度,允许国内运往港区的货物实行无条件启运港退税。三是减少企业的税负。自由港区内通过降低进口流转税和所得税率,来减轻企业的税负。开展进口流转税政策改革试点,允许区内企业销往境内区外的产品,可自主选择按所含进口料件、成品或按货物实际

状态征收关税和进口环节税。实行低企业所得税率政策,减按 15％征收企业所得税,对符合优惠条件的企业进一步减按 10％征收。

(七)探索管理体制创新,构建简捷高效的管理体系

自由贸易园区要营造自由宽松的经营环境,离不开简捷高效的管理,这也就意味着管理体制创新成了关键,其中区域运行监管机制创新最为关键。核心区自由贸易港要在高度开放、充分授权、高效透明的原则下,积极推进政府职能转变,探索形成与国际惯例接轨的监管运作机制。

在行政管理体制上,从世界主要自由贸易园区来看,其管理体制多为"二级化"管理,由中央管理部门承担对自由贸易园区的宏观层面的管理,并对其所授权的自由贸易园区的直接运作的"专门机构"进行监督。而我国上海自贸试验区的管理体制分为市级层面、浦东新区层面和片区层面的三级化,管理部门对直接运作机构的管理是通过委托其所在地的地方政府和管委会共同代为管辖来实现的。在实际运行中,如何协调自贸试验区管委会和地方政府合署办公的关系就显得尤为重要。这种复杂多层的管理架构,核心区在建设自由贸易园区时可以予以改革创新。此外,核心区自由贸易港又是跨行政区划的组合式自由贸易园区,为避免因权力分配而引起宁波和舟山地方政府的矛盾,核心区自由贸易港借鉴我国香港和鹿特丹等世界自由港的经验,采用"二级化"的管理机制更为适合。第一级是中央政府设立由国家和地方政府共同参与的自由贸易港管理委员会,打破原有的行政区划界限,授权其行使自由贸易港的统一开发管理权,并负责对下级的开发公司进行监管。第二级是设立一个或多个开发公司,负责自由贸易港的日常经营管理。开发公司则可以采用政府公开招标的形式进行。整个管理机制实行独立监管、政企分开的模式。

在海关监管机制上,通过创新措施,适应国际投资和贸易规则,加快政府职能的转变,积极探索政府管理方式的创新,激发体制机制活力。核心区自由贸易园区的监管模式,应参照自由港模式,积极学习和复制上海自贸试验区的经验,简化监管流程,实施关、检、贸、运一体化运作。海关对园区实行以电子围网监管为主、物理围网监管为辅;监管目标从"货物"向"货、企、人"三位一体转变;实行园区与港区之间的货物进出一体化放行。货物从境内入区和区内入境,按进出口程序监管。船舶等交通工具实行"先申报、后进港"通关模式,到港船舶靠泊前预查验制度。要始终注重服务意识的强化,审批流程的简化,行政效率的提高。

第七章   浙江海洋经济核心区自由贸易园区建设中的港口城市再开放

在上一章，通过对浙江海洋经济核心区建设自由贸易园区必要性和可行性的分析，以及对三个不同方案的比较，阐述了核心区建设自由贸易园区的战略选择，也进一步明确了自由贸易园区建设对核心区的重大意义。自由贸易园区的建设，将为核心区的港口城市带来重大机遇。本章将分析港口城市如何通过再开放去迎接这一机遇，并推进核心区的自由贸易园区建设。

改革开放以来，我国的对外经济贸易取得了突飞猛进的发展。作为港口和城市的有机结合体，港口城市以较发达的港口经济为主导，以一定的腹地为依托，是我国对外开放的最前沿阵地。依靠民营企业和市场经济先发优势，浙江海洋经济核心区的港口城市更是在上一轮改革开放中占得先机。经过30多年的高增长后，随着开放促进效应的衰减，核心区港口城市的优势也逐渐减弱。全球经济下行引发的外需萎缩，让经济外向度高的宁波遭遇新的考验。从瓶颈中脱离，转型升级势在必行。但却又遭遇上升空间有限、人才引进难等重重问题，核心区在政策环境、投资贸易、口岸管理、航运物流、金融监管、政府管理等方面，与上海等区域相比，与企业的现实需求相比，存在较大差距和不少问题；舟山作为国务院新批准的国家级新区，虽然有了国家赋予的先行先试的特殊权限和政策，但受到陆域发展空间小、基础设施不足、资源匮乏等问题制约。在复杂的经济形势下，核心区港口城市砥砺前行亟须新的动力和发展平台。

正如本书第三章第三节中所述，世界主要自由贸易园区的发展历程证实了，作为港口及其经济发展的产物，自由贸易园区是港口城市发展的积极因素。港口城市与自由贸易园区在发展中彼此依存、紧密配合、互相促进，形成了息息相关的利益共同体。自由贸易园区建设带来的贸易与投资自由化的推进，以及对港口城市参与世界经济活动的促进作用，将进一步拓展港口城市的优势，是核心区港口城市再发展的新引擎和平台。核心区的港口城市要积极推进交通互通、产业互补、要素互融、信息互通、人文互动、成果共享，合力打造海洋经济核心区的竞争优势，从而推进自由贸易园区建设。

第一节　港口城市的功能再定位

2011年3月，国务院正式批复的《浙江海洋经济发展示范区规划》，明确指出，"以宁波—舟山港海域、海岛及其依托城市为核心区，促进宁波、舟山区域统筹联动发展"。核心区建设自由贸易园区有助于推进浙江海洋经济发展示范区建设，并服务国家的"一带一路"发展战略。这就需要宁波和舟山两市以推进自由贸易园区建设为动力，以协同发展为落脚点，立足于各自的优势和特点，进行功能再定位，实现差异化发展、错位化竞争，更好地促进两市的协同发展。

一、坚持协同发展的总基调

宁波和舟山一衣带水，地缘相接。从历史上看，两市的渊源深厚，文化一脉相承，经济、文化等方面的交流沟通密切；从地理上看，两市的港口处于同一海域，使用统一的航道和锚地，拥有统一经济腹地。从而为两市的协同发展奠定了良好的地缘和情缘的基础。

2006年1月1日，宁波港和舟山港以一个港口、一个品牌参与国内往外航运市场的竞争，自此，通过宁波—舟山港的一体化，两市走上了协同发展的道路。但是，由于行政区划和管理体制的障碍，宁波—舟山港的一体化并没有发挥应有的作用。宁波港和舟山港分属两市管辖，有各自的港口运营公司，规划上很难达成统一，两港的协作更多地只体现在连岛大桥和港口投资上。港口同质化竞争、资源浪费等问题依然存在。不仅如此，两市的产业也同样存在同质化现象。可以说，宏观层面上的整体谋划和统筹的缺乏，法规约束和规划引领的缺失，使得宁波和舟山在一体化发展中无法得到有效协调，造成资源要素无法得到合理的配置，核心区的区位优势无法得到充分的发挥。这一问题上升至国家战略层面，则阻碍了海洋经济的进一步发展。

一体化要想实现实质性的进展,宁波和舟山必须打破行政区划上的分隔,坚持协同发展的总基调。这就需要从顶层设计入手,对功能布局、产业分工、财政、投资、项目安排等方面进行统一规划,确立强有力的统筹协调机制。

二、确立差异化发展的总思路

作为浙江海洋经济的核心区域,宁波和舟山由于均为港口城市,在主打产业的定位上,都围绕海洋这一主题,产业存在明显的类同现象。在两市各自重点发展产业序列中,大宗商品交易、航运服务、石化、海洋工程装备、船舶工业、海洋生物及制药、海洋新能源、海洋新材料等海洋产业都榜上有名。虽然同一个产业可以有不同的发展侧重点,但核心区同一区域内,类同产业的普遍存在会导致有限的资源无法得到合理有序利用,造成恶性竞争加剧,阻碍产业的发展。因此,功能的再定位,需要先从核心区的整体出发,通过一体化经济功能布局,进行合理分工。当然在这一过程中,要兼顾宁波、舟山的基础和优势,确立两市差异化发展的总思路。

在产业具体布局上,作为我国华东地区重要的能源、原材料基地和先进制造业基地,宁波的优势在于纺织、服装、轻工、汽配、家电、五金、文具等传统产业发达,以及近些年来发展迅速的电子信息、新材料、生物医药等新兴产业,并已经形成了宁波海工装备与高端船舶基地、宁波(镇海北仑)现代港航物流产业基地、宁波梅山国际物流基地、宁波南部滨海旅游休闲基地和宁波象山现代海洋渔业基地等五大海洋特色产业基地。自由贸易园区建设,需要宁波提升产业的层次和水平,继续推进优势产业集群化建设,发展一批重大功能平台和项目。相对宁波来讲,舟山的区位、岸线及航运综合优势更为明显,加上海洋资源的丰富,江海联运服务中心和大宗商品储备加工交易基地建设的推进,舟山适合于大力发展大宗商品交易、船舶修造业、现代物流业。依托国际海事服务基地和外轮供应服务中心的建设,发展船舶维修、货运代理、淡水和物资补给等现代航运服务业。由于环境承载能力的薄弱,要加大推进传统水产加工业向水产品精深加工产业的转型升级。此外,众多的海岛,优美的生态环境,有利于舟山重点发展海岛风情旅游产业,打造海洋旅游休闲胜地。目前,舟山的旅游业正处于成长期,有着巨大的潜力,邮轮游艇、养生健康等海洋旅游新业态有待于深入挖掘。

核心区整体的产业布局要形成差异化发展的格局,避免低水平重复建设。对于两市交叉发展的产业,要根据宁波和舟山各自特色和优势,错位化竞争,相互协调,实现两个城市发展的融合。

第二节　港口城市互联互通新体系的建设

从国际成熟自由贸易园区的发展经验来看,自由贸易园区的形成和发展都离不开四通八达的运输网络和先进高效的基础设施。核心区打造自由贸易园区更是需要推进港口城市互联互通新体系的建设,有必要通过推进基础设施、服务平台、统筹保障体系的建设,实现城市间的互联互通,保障物流、人流的无缝衔接,在推进核心区港口城市协同发展的同时,促成港口城市的再发展。港口城市的互联互通新体系包括硬、软件基础设施的一体化、物流服务信息化、口岸通行便利化等。高效、便捷是互联互通新体系的关键。

一、推进基础设施的一体化建设

(一)实现交通的全面接轨

交通是经济社会发展的命门,现代交通枢纽的建设是城市发展的基础和关键。卓越地理位置优势需要通过发达、便捷的集疏运网络来发挥。核心区有着得天独厚的区位优势,但交通仍是制约发展的瓶颈之一,尤其是对于舟山而言,由于是海岛,交通不便和水、电资源的匮乏等问题一直影响着舟山的经济发展以及人民的生产和生活。宁波舟山之间虽然已经有了杭州湾跨海大桥,第二座跨海大桥——六横公路大桥工程项目选址也已在 2014 年 12 月正式获批。但舟山在交通基础设施方面,仍然经受着考验。打破现有的交通瓶颈障碍,需要追求改革和新突破,构筑高效便捷的海陆空立体交通体系,实现宁波和舟山在交通方面的"无缝衔接"。除了由杭州湾跨海大桥、正在推进的六横公路大桥以及考虑中的六横至桃花、桃花至朱家尖等跨海大桥,在舟山与宁波之间形成环形的高速公路网外,还可以考虑水上飞机、甬舟铁路及轻轨等项目的建设。形成陆海空交通衔接紧密通畅的集疏运网络,与物流业的发展相配套。为物资、人员进出的通畅与便捷提供保障,确保港口城市间的无缝衔接。

(二)实现供电、引水系统的全面贯通

供电方面,宁波和舟山建成的电力走廊主要是两条,一条是 220 千伏的舟山——大陆联网工程,另一条是 110 千伏的光电复合海底电缆。2015 年

3月和7月初,110千伏交流输电海缆铺设工程和220千伏芦江变至舟山六横岛新架设的110千伏输电线路工程分别完成。虽然舟山的供电问题得到了缓解,但要确保可持续发展,还需进一步增强舟山群岛的供电能力,规划两市之间新的电力走廊。此外,要构筑安全可靠的能源保障体系和高效利用机制,借用智能在线监控技术等远程化管控,确保能源的安全。引水方面,宁波要配合浙江省的统一部署,和舟山一起推进引水工程和引曹南线工程建设,帮助解决舟山水资源的不足。舟山要加大对海水淡化技术的研发,缓解供水缺口。两市要共同加强对水资源和输送设施的保护,确保供水质量的安全。

（三）实现便民服务的一体化

积极推进公交、金融、通信服务的同城化,如用"一卡通"的形式实现宁波、舟山两地公交线路的相互延伸及便捷换乘服务;银行卡与票据结算双方享受同城待遇;电信电话并为同一区号,市民卡两市可以通用等。除了公交、金融、电信外,便民服务的一体化还可包括户籍制度和社会保障机制一体化的实现。统一两市的社保政策,推进同城化管理模式的建立,实现两市政府便民服务的无缝对接。

（四）实现文化资源共享服务的一体化

一是教育资源共享。统筹考虑高中段教育,优质教育资源兼顾两市、统筹安排。通过跨区域双向招生、互设科研院所分院等,加大两市在教育方面的合作。二是医疗卫生资源共享。双方医保卡联网,相互认可是重点,医疗机构及设施通过合作模式在两市之间合理布局。通过医疗技术交流和医护人员互换,加大两市医疗方面的交流合作。三是文化旅游资源共享。推进两市旅游资源的整合工作,旅游线路及配套服务以市场为导向优化配置。可以考虑建设甬舟公共文化资源共享平台,联合向海内外市场推介浙东佛教文化、海洋文化及民俗文化等文化资源,共同推进文化产业发展。

二、加快宁波—舟山港一体化建设

港口是港口城市再开放的窗口。自由贸易园区的发展离不开对港口的依托,而核心区以"海洋经济"为特色申报建设自贸园区,更是需要充分发挥港口这一载体的引擎作用。

自浙江省政府在2003年提出宁波舟山两港资源整合的战略构想以来,宁波—舟山港的开发一直是宁波和舟山两市合作的重点内容,但一体化实质进展滞后。而"一带一路"、长江经济带、浙江海洋经济发展示范区和浙江舟山群岛新区等国家战略，以及浙江江海联运服务中心建设的推进又都对宁波—舟山港的发展提出了更高要求。国家、地方相关部门也正着力推进一体化建设，如，《宁波—舟山港总体规划（2012—2030年）》在2015年2月通过了部省联合审查；在2015年3月25日国务院批复的《宁波市城市总体规划（2006—2020年）》中，推动宁波—舟山港一体化建设仍是重点。推进宁波—舟山港的一体化建设，体制机制改革是突破口，具体包括以下几个方面。

（一）相关政策法规的确立

立法是关键，核心区需要健全和完善岸线资源开发、港口建设、管理与保护的政策法规，为港口资源开发提供一个科学的、合理的有效依据。通过向国家相关部门争取落实我国现有4个自由贸易试验区优惠政策的同时，积极进行已有相关政策制度的完善和创新。可以借鉴国际经验，采用"地主港"物流中心模式对港口进行管理，切实增强宁波—舟山港管理委员会统筹开发管理权的权威性和执行力，切实落实习近平总书记对宁波—舟山港一体化的"四个统一"（统一规划、统一招商、统一开发、统一管理）的指示，提高管理效率。通过政策改善核心区的贸易环境，打造效率高、成本低的国际贸易政策环境，促进国际投资贸易的进一步增长，逐步实现宁波—舟山港从物流集聚向人流、物流、资金流、信息流综合集聚转变。

（二）港口发展规划的统一

宁波和舟山要突破体制机制的障碍，从互利共赢的立场出发，妥善解决内耗问题，合理规划、共同开发同一海域的港口资源。在岸线资源上，我们国家岸线开发利用的总体原则是"统一规划，远近结合，合理布置，分期实施"和"深水深用，浅水浅用，综合开发，合力使用"。核心区对岸线资源应贯彻这一原则，以合理开发和集约化利用为目标，充分利用两港域的岸线、航道和锚地等资源，发挥两港的整体优势。在岸线开发和利用上，舟山港域岸线资源明显优于宁波，且可开发的深水岸线丰富，宁波港域的后备岸线资源较为紧缺。因此，要有所侧重，以舟山港域为重点，在宁波港域继续推进"腾笼换鸟"项目，通过岸线资源整合、港区功能优化调整及老旧码头升级改造等，提高岸线利用率。在功能定位上，要推进差异化发展。舟山港区的集疏运系统不如宁波，要大力发挥水水中转的优势，宁波港区则可以按照"散集并举、以集为主"的方针，进一步发挥海铁联运等多式联运的优势，并将宁波的海铁联运业务和舟山江海联运服务中心相融。据统计，2014年宁波—舟山港完成海铁联运集装箱 13.1 万 TEU,增速高达 30%,但与宁波—舟山港 1800 多万 TEU 的吞吐量相比,还有很大的上升空间。

(三)港口通关效率的提高

从国际港口城市的发展经验来看,港口通关效率的提高除了要具备现代化、智能化的硬件基础设施外,离不开通关便利化战略实施这一软件方面的配套,达到"软硬兼备"。通关便利化包括贸易便利化和自由化、便捷高效的区域监管模式、更具竞争力的低成本贸易通关环境等。核心区港口城市要借鉴国际经验,加快区域"大通关"体系的建设。通过推动海关、国检、代理、报关公司、场站等各职能部门间的"信息互换、监管互认、执法互助"改革,推进"单一窗口"建设,提供"一站式作业"和"一条龙服务",实现区域内的无缝对接,提升口岸的通关效率和服务水平,并大力推进贸易便利化。

三、加快港航物流服务体系一体化建设

"三位一体"港航物流服务体系是核心区海洋经济发展的战略重点,其中,大宗商品交易是核心,海陆联动的集疏运网络是基础,金融和信息服务是支撑。①

(一)推进海陆联动集疏运体系的建设

海陆联动的集疏运网络是"硬设施",是保障大宗商品发展的基础设施条件。核心区港口城市要在统一规划的基础上,推进港口物流园区、无水港及物流通道的建设,通过海铁联运、江海联运、高速公路网络等运输方式的有机结合,实现核心区物流链的无缝衔接,把核心区的港口与长三角及内陆腹地连成一个整体,有效拓展宁波—舟山港服务经济腹地的能力。同时,要积极打造"绿色低碳、节能高效"的集疏运系统。

(二)推进大宗商品交易平台的建设

大宗商品交易是实现港航物流和港口经济转型升级的载体。在推进大宗商品交易中心平台建设时,要结合宁波和舟山各自的优势,错位发展。宁波大宗商品交易平台要以液体化工、塑料原料、化纤、有色金属交易市场为基础;舟山大宗商品交易平台则可侧重煤炭、石油、船舶、水产、粮食、木材等大宗商品的交易。同时还要不断完善大宗商品交易市场配套设施,把大宗商品交易市场做大做强,提升在全国乃至世界的影响力。

---

① 许继琴、杨丹萍:《宁波港航物流服务体系研究》,浙江大学出版社 2012 年版。

（三）推进金融和信息服务的一体化建设

金融和信息服务是"软环境"，服务于大宗商品交易的发展和海陆联动集疏运网络的建设。金融一体化方面，要共同争取国家相关政策，积极探索金融服务功能的创新，如大宗商品交易综合金融服务、船舶融资、航运保险、航运资金结算、航运价格衍生产品等领域的创新。积极引进金融机构，提升核心区的金融服务功能；信息服务方面，核心区要加快现代物流信息化建设。要用"互联网＋"①的思维和运行模式协同发展，充分运用现代信息技术和现有信息系统资源，开发建设统一、标准、安全、开放的物流信息平台和现货电子交易平台，扩大港航物流信息的共享面，为国内外客户提供全方位便捷服务。注重信息技术与生产发展的紧密结合，通过引进条码技术、电子数据交换技术、电子订货系统等现代物流信息技术，提高宁波—舟山港的智能化程度，实现电子商务与物流服务相结合的发展模式。并构建物流商贸一体化系统，实现核心区政务、商务、生产三个板块信息的无缝对接。

第三节　核心区的"三群"联动发展

新形势、新机遇下，核心区的港口城市需要在功能再定位、互联互通新体系建设的基础上，借鉴福建省厦门、漳州、泉州三市的"三群"联动发展战略，以宁波—舟山港为核心，推进核心区区域内港口群、产业群、城市群的联动发展。

核心区的港口城市要着眼于增强区域整体竞争力，牢固树立港口群、产业群、城市群联动发展观念。统筹兼顾"三群"关系，加快推进宁波—舟山港的一体化建设，切实把港口资源优势转化为带动城市协调发展的优势，带动腹地发展的优势，带动金融、保险、租赁、信息咨询、口岸通关、航运代理、海运结算等现代服务业发展的优势，实现以港聚产兴市、以产兴港强市、以市促港育产。

---

① 2015 年 7 月 4 日发布的《国务院关于积极推进"互联网＋"行动的指导意见》，明确了"互联网＋"的 11 个重点行动领域为创业创新、协同制造、现代农业、智慧能源、普惠金融、益民服务、高效物流、电子商务、便捷交通、绿色生态、人工智能。

一、"三群"联动的理论基础

（一）"三群"联动的概念

"三群"指的是港口群、产业群、城市群，"三群"联动就是统筹做好港口群、城市群、产业群的规划，综合考虑海洋资源开发与沿海城市规划，顺应人口、经济、产业不断向沿海地区聚集的趋势，形成新的经济增长点。

理解"三群"联动需要把握两个重点。首先，在港产城联动中，港口、产业、城市是作用主体，三者之间关系密切，各自又承担着特定功能。世界港口城市的开发与发展规律表明，港口是龙头，可促进临港产业的聚集，并延伸出以港口为依托的现代港口物流体系，带动产业发展，增强港城的辐射效应，是港口城市发展的引擎；产业是抓手，以工业、商贸、服务、运输等基本业态发展成为城市产业体系，是拓展港口功能、带动港城发展的核心；城市是平台，以城市建设、管理、服务等为基础形成城市功能体系，为促进港口建设、拓展临港产业发展空间提供必要的平台支撑。"三群"呈现有机联系的关系，具有很强的耦合、协同和联动发展效应。其次，"三群"联动建立在港口、产业、城市三个主体两两协调互动的基础之上。由港产互动、港城互动、产城互动，最终形成整体联动。

（二）"三群"联动发展系统的特性

第一，开放性。"三群"联动发展系统具有开放性的特点，不断地进行着输入和输出活动，不断地发生着物质、信息和能量的交换。其中，输入活动主要是港口、城市和产业的建设和发展所需投入的资金、技术、劳动力、土地、信息等生产要素的交换；输出活动则是系统内各行为主体的发展及其提供的服务。港口体现为港口吞吐量、港口货运量、集装箱、航运线路等，产业体现为三大产业产值、增加值、全员劳动生产率等；城市体现为城市规模、城市人口、城市生活水平等。系统的开放性使得系统中的适应性主体不断地进行模仿性学习、利用性学习、探究性学习。[①]

第二，自组织性。之所以要联动发展，是因为在实际中"三群"之间存在着割裂，无法达到统一协调的效果。因此，系统的远离均衡态是联动发展的力量源泉。在联动发展中，"三群"之间的关系不断地进行着调整和变化。"三群"联动发展系统发生演化的动因并非完全可以预见，往往是随机变化，

---

① 李艳波、刘松先：《港口群、产业群与城市群符合系统的共生关系研究——以厦漳泉同城化为例》，《华东经济管理》2014 年第 8 期，第 63 页。

导致了涨落现象。这种涨落力使得偏离平衡态的系统恢复到原来的状态，如果系统处于某一临界点，涨落可能会使得系统达到一种新的稳定状态。因此，系统的涨落力是联动发展的触发器。由于外界输入系统的物质、信息和能量具有非线性的特征，从而使"三群"联动发展的结构和功能变得更为复杂，更加无序。当外界的条件达到一定阈值后，联动发展系统从无序的混乱状态经过自组织演化达到一种新的有序状态。因此，系统的非线性是联动发展的根本依据。

第三，竞合性。港口群内的港口与港口之间、产业群内的产业与产业之间，以及城市群内的城市与城市之间既存在着竞争关系，也存在着合作关系。竞争是"三群"联动发展的重要动力，通过竞争实现优胜劣汰，使资源得到优化配置。但要注意的是，为避免港口与港口之间、城市与城市之间、产业与产业之间的盲目过度竞争，竞争要规范，需要建立良好的竞争机制。合作是集群共生现象的本质特征之一，"三群"联动系统更注重的是三者的融合，在合作中谋求更好的发展。

(三)"三群"联动的共生系统

港口群、产业群、城市群"三群"联动的共生系统是指一定时间和空间范围内，港口群、产业群与城市群之间相互作用、相互影响的一种态势。"三群"互动发展最终形成产业布局、港口布局和城市空间布局一体化的局面。

根据共生理论原理，共生系统内有三个要素分别为共生单元(U)、共生模式(M)和共生环境(E)。在"三群"联动的共生系统中，共生单元(U)包括：港口、产业、城市以及在这些基本共生单元基础上形成的港口群、产业群以及城市群。共生模式(M)是"三群"共生关系的体现，是联系方式及强度、物质信息能量交换、与共生环境相互作用及影响程度的直观反映，如生产、交换、分配等活动。共生环境(E)即三大共生单元生存与发展所依赖的外部环境，包括政策、技术、信息、人才、资金、管理经验等。

如图7-1所示，U_1，U_2，U_3分别代表港口群、产业群和城市群；M_1，M_2，…，M_n代表"三群"之间关系的不同模式；E_1，E_2，…，E_n代表"三群"之间的共生环境。港口群、产业群与城市群之间相互影响、相互促进，构成一个大的共生系统，同时共生系统内部的三个子系统又是一个共生子系统。

二、核心区"三群"联动发展的现状

(一)核心区"三群"联动发展的基础

港口群是产业群发展的重要支撑，是城市群对外开放的门户，产业群、城市群是港口群发展的推动力,"三群"彼此有机联系、相辅相成、相互促进,可以有效促进区域经济的发展。目前,核心区"三群"联动发展已具备良好的发展基础。

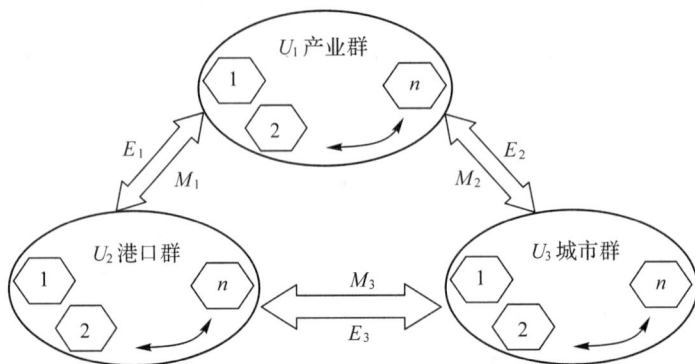

图 7-1　港口—产业—城市"三群"联动发展的共生系统

资料来源:王珍珍、李雪莲《海西"产业—港口—城市"三群联动的共生系统》,《厦门理工学院学报》2013 年第 2 期,第 10 页。

　　首先,宁波港和舟山港的一体化建设在"量"的方面成效显现。自 2006 年起到现在,宁波—舟山港呈现稳步增长的态势。2014 年,宁波—舟山港完成货物吞吐量 87347 亿吨,同比增长 7.9%;集装箱吞吐量 1945 万 TEU,同比增长 12%(见图 7-2),已跃居成为货物吞吐量世界第一、集装箱吞吐量世界第五的国际大港。

　　其次,产业群发展效应显著。核心区在原有的传统产业基础上,加快产业的转型升级,先进制造业基地发展迅速。宁波已形成海工装备与高端船舶、现代港航物流、国际物流、滨海旅游休闲和现代海洋渔业等五大海洋特色产业基地。2014 年,宁波的汽车制造业实现增加值 232.9 亿元,对宁波全市规模以上工业增加值增长的贡献率达到 30.8%。新兴创新产业中,装备制造业增速加快,实现增加值 1054.7 亿元,比上年增长 11.1%。舟山已初步形成船舶修造、水产加工、临港化工等产业为支柱的现代临港工业体系。如表 7-2 所示,2014 年,舟山规上工业总产值为 1524.29 亿元,其中医药、化纤、船舶修造、石油化工和水产加工均发展迅速,特别是医药、化纤等新兴产业的增速高达 24.7%和 27.9%。而舟山的优势产业船舶修造、石油化工和水产加工等三个现代临港产业共实现工业总产值 1168.76 亿元,占规上工业总产值的比重高达 76.7%。

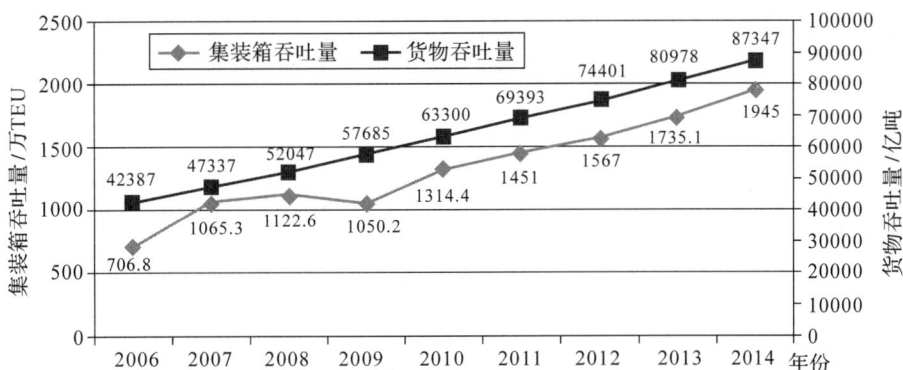

图 7-2　宁波—舟山港的吞吐量情况(2006—2014 年)

数据来源：宁波—舟山港的货物吞吐量数据为宁波港域和舟山港域的加总，各港域的统计数据出自各市的统计年鉴；集装箱吞吐量数据中 2006 年到 2013 年出自 IAPH(http://www.iaphworldports.org/Statistics.aspx)"World Container Traffic Data 2014"，2014 年出自交通运输部。

表 7-2　舟山市 2014 年规模以上工业主要行业企业数和总产值

行业	企业数(家)	工业总产值(亿元)	比上年±%
规模以上工业企业合计	385	1524.29	13.0
船舶修造业	81	762.07	14.4
水产加工业	120	169.88	9.7
机械制造业	37	44.72	8.1
纺织服装业	9	14.49	−1.5
化纤制造业	4	31.81	27.9
电子电机业	19	28.32	−21.6
医药制造业	3	4.91	24.7
石油化工业	16	236.81	14.5
电力供应业	7	67.68	55.5

资料来源：舟山市 2014 年国民经济和社会发展统计公报。

(二)核心区"三群"联动发展的制约因素

从整体上来看，核心区"三群"联动处于起步阶段。港—产—城联动发展的优势尚未得到充分发挥。

首先，核心区港口岸线资源的开发利用缺乏统筹规划，导致资源利用率低,无序竞争。岸线资源不均衡,结构性矛盾突出。宁波港域岸线资源存量紧张,却因集约化程度不够,造成浪费;舟山港域可用岸线资源丰富,但因产业基础薄弱、陆向腹地有限,以及基础配套设施不足等因素,规模化不高。宁波—舟山港航道、锚地开辟已经跟不上到港船舶数量的快速增长和大型化、超大型化趋势,"大港口,小锚地"矛盾比较突出,从而影响了宁波—舟山港国际竞争力的提升。

其次,核心区产业同构较为突出。根据宁波和舟山的经济发展规划,可以发现两市产业的类同现象明显,特别是在海洋产业方面,如航运服务、石油化工、海洋工程装备、船舶工业、海洋生物及制药、海洋新能源、海洋新材料等,还未能真正形成差异化发展、错位化竞争,资源无法得到最有效的配置。此外,区域产业分工协作少,"低小散"块状行业存在产业层次不高、资源利用效率低、工艺装备落后、环境污染重等问题,产业集群程度较低,需要进一步发挥优势企业的集聚效应,整合提升"低小散"块状行业,推进产业的转型升级。

第三,核心区城市的同质化高,竞争多于合作。均为港口城市的宁波和舟山,围绕发展海洋经济,把生物制药、港航物流、新能源、新材料等确定为战略性新兴产业,从而产生无序竞争,导致两市的融合程度低,难以实现优势互补,造成有限的资源无法得到优化配置。

三、核心区"三群"联动的发展对策

在新形势下,核心区要通过产业的错位竞争、港口的一体化发展、城市的融合互通,充分核心区的整合优势。在充分发挥港口内引外联的引擎作用的基础上,大力发展临港先进制造业和海洋新兴产业,加快产业结构的整合优化;深化核心区港口城市宁波和舟山的互动发展,增强城市集聚辐射能力。

(一)强化政府在联动发展中的组织领导作用

核心区港口—产业—城市"三群"联动是一项长期的、复杂的系统工程,需要多层面、各主体的协作协同。政府应明确"三群"联动的作用机制,制定和完善相关的政策法规,解决"三群"协同发展中的制度障碍;加强两市发展规划的联动,有效推进一体化发展;建立协调推进机制,确保全方位互动工作的顺利展开。

(二)构建以港口为中心的临港工业体系

根据港口经济与港口产业之间管理程度的紧密性,港口产业可划分为

港口直接产业和港口关联产业两大类。港口直接产业包括由于港口存在而直接产生的共生行业,如海运、港口装卸、仓储、物流等,还包括依赖港口及共生产业而形成和发展起来的行业,如拆造修船、石化加工、机械加工等;港口关联产业则是与港口直接产业密切相关的其他行业,如管理、金融、保险、咨询、商业、旅游、娱乐等。核心区应加强港口间的分工与合作,拓展陆海联运效率,在发展中必须优化不同等级城市的功能定位,引导城市分工协作,形成互补。宁波要依托传统产业的基础,在港口周边地区开发临港物流园区或加工基地,通过港口的生产经营活动带动海运、仓储、物流等临港产业,以及海洋工程装备、海洋新能源等港口直接产业的发展。舟山则除了发展船舶修造业、石油化工等直接产业外,还要依托国际海事服务基地和外轮供应服务中心的建设,发展船舶维修、货运代理、淡水和物资补给等港口关联产业。由于环境承载能力的薄弱,舟山还需加大推进传统水产加工业向水产品精深加工产业转型升级。

(三)借力产业集群,加快产业园区建设

港口产业发展具有阶段性、层次性和联动性特征。阶段性上,港口产业发展是先直接产业、再依存产业、后关联产业。层次性上,港口产业发展核心是港口、内层是临港产业集群、外层是相关区域协同产业链,呈现出围绕核心港口"波纹"式向外扩展的同心圆。联动性上,港口直接产业、依存产业、关联产业通过生产、交换和服务活动,产生商品、资本、信息、技术、资金和劳动力等的密切联系,港口产业的发展演变呈现规模不断扩张、结构不断优化的态势。[①] 加快发展临港工业,是国内外先进港口城市实现工业化和经济快速发展的成功战略。核心区海洋资源丰富,港口的一体化发展将宁波和舟山紧密"捆绑"在了一起。两个城市拥有各自的优势产业,并已形成了产业集聚。区域产业集聚的成功经验表明,产业集聚不仅能促进产业联动和区域联动发展,而且还有助于推动区域商业与创新网络的形成和发展。要充分发挥产业群在核心区"三群"联动过程中的中间载体作用,需要加快推进产业园区的发展,并使园区与产业集聚发展规划相衔接。核心区可借鉴国际先进港口的"前港后园"模式,在传统产业的基础上,以发展高新技术产业为先导,积极推进高新技术产业园区和新型海洋产业基地发展,突出抓好一批重大产业项目,培育形成一批新型产业群。逐步形成以宁波—舟山

---

① 《加快打造港口经济圈 主动服务国家战略》,《宁波日报》2014 年 12 月 23 日。

港为龙头，周边城区为配套的产业园区，实现港口群、产业群、城市群的联动发展。

（四）完善"三群"联动的外部共生环境

首先，要加快现代物流信息化建设。核心区要通过加强物流公共信息平台建设，不断提升物流信息化水平。利用现代信息技术，建设公共信息平台，实现核心区区域内物流资源信息的共享，提高效率，降低社会物流成本。其次，要建立和完善人才的共享机制。核心区的宁波和舟山可以通过合作建立人才信息资源共享、人才培养与合作，以及双向服务合作等机制，积极开展项目研讨会、学术讲座、考察访问等多样化的活动，更加灵活有效地发挥两市人才的创造力。

附　录

自由贸易试验区外商投资准入特别管理措施(负面清单)(2015)

序号	领域	特别管理措施
一、农、林、牧、渔业			
(一)	种业	1.禁止投资中国稀有和特有的珍贵优良品种的研发、养殖、种植以及相关繁殖材料的生产(包括种植业、畜牧业、水产业的优良基因)。 2.禁止投资农作物、种畜禽、水产苗种转基因品种选育及其转基因种子(苗)生产。 3.农作物新品种选育和种子生产属于限制类,须由中方控股。 4.未经批准,禁止采集农作物种质资源。
(二)	渔业捕捞	5.在中国管辖水域从事渔业活动,须经中国政府批准。 6.不批准以合作、合资等方式引进渔船在管辖水域作业的船网工具指标申请。
二、采矿业			
(三)	专属经济区与大陆架勘探开发	7.对中国专属经济区和大陆架的自然资源进行勘查、开发活动或在中国大陆架上以任何目的进行钻探,须经中国政府批准。
(四)	石油和天然气开采	8.石油、天然气(含油页岩、油砂、页岩气、煤层气等非常规油气)的勘探、开发,限于合资、合作。
(五)	稀土和稀有矿采选	9.禁止投资稀土勘查、开采及选矿;未经允许,禁止进入稀土矿区或取得矿山地质资料、矿石样品及生产工艺技术。 10.禁止投资钨、钼、锡、锑、萤石的勘查、开采。 11.禁止投资放射性矿产的勘查、开采、选矿。
(六)	金属矿及非金属矿采选	12.贵金属(金、银、铂族)勘查、开采,属于限制类。 13.锂矿开采、选矿,属于限制类。 14.石墨勘查、开采,属于限制类。
三、制造业			
(七)	航空制造	15.干线、支线飞机设计、制造与维修,3吨级及以上民用直升机设计与制造,地面、水面效应飞机制造及无人机、浮空器设计与制造,须由中方控股。 16.通用飞机设计、制造与维修限于合资、合作。
(八)	船舶制造	17.船用低、中速柴油机及曲轴制造,须由中方控股。 18.海洋工程装备(含模块)制造与修理,须由中方控股。 19.船舶(含分段)修理、设计与制造属于限制类,须由中方控股。

续表

序号	领域	特别管理措施
(九)	汽车制造	20.汽车整车、专用汽车制造属于限制类,中方股比不低于50%;同一家外商可在国内建立两家(含两家)以下生产同类(乘用车类、商用车类)整车产品的合资企业,如与中方合资伙伴联合兼并国内其他汽车生产企业可不受两家的限制。 21.新建纯电动乘用车生产企业生产的产品须使用自有品牌,拥有自主知识产权和已授权的相关发明专利。
(十)	轨道交通设备制造	22.轨道交通运输设备制造限于合资、合作(与高速铁路、铁路客运专线、城际铁路配套的乘客服务设施和设备的研发、设计与制造,与高速铁路、铁路客运专线、城际铁路相关的轨道和桥梁设备研发、设计与制造,电气化铁路设备和器材制造,铁路客车排污设备制造等除外)。 23.城市轨道交通项目设备国产化比例须达到70%及以上。
(十一)	通信设备制造	24.民用卫星设计与制造、民用卫星有效载荷制造须由中方控股。 25.卫星电视广播地面接收设施及关键件生产属于限制类。
(十二)	矿产冶炼和压延加工	26.钨、钼、锡(锡化合物除外)、锑(含氧化锑和硫化锑)等稀有金属冶炼属于限制类。 27.稀土冶炼、分离属于限制类,限于合资、合作。 28.禁止投资放射性矿产冶炼、加工。
(十三)	医药制造	29.禁止投资列入《野生药材资源保护管理条例》和《中国稀有濒危保护植物名录》的中药材加工。 30.禁止投资中药饮片的蒸、炒、炙、煅等炮制技术的应用及中成药保密处方产品的生产。
(十四)	其他制造业	31.禁止投资象牙雕刻、虎骨加工、宣纸和墨锭生产等民族传统工艺。
四、电力、热力、燃气及水生产和供应业		
(十五)	原子能	32.核电站的建设、经营,须由中方控股。 33.核燃料、核材料、铀产品以及相关核技术的生产经营和进出口由具有资质的中央企业实行专营。 34.国有或国有控股企业才可从事放射性固体废物处置活动。
(十六)	管网设施	35.城市人口50万以上的城市燃气、热力和供排水管网的建设、经营属于限制类,须由中方控股。 36.电网的建设、经营须由中方控股。

序号	领域	特别管理措施
		五、批发和零售业
（十七）	专营及特许经营	37. 对烟草实行专营制度。烟草专卖品(指卷烟、雪茄烟、烟丝、复烤烟叶、烟叶、卷烟纸、滤嘴棒、烟用丝束、烟草专用机械)的生产、销售、进出口实行专卖管理,并实行烟草专卖许可证制度。禁止投资烟叶、卷烟、复烤烟叶及其他烟草制品的批发、零售。 38. 对中央储备粮(油)实行专营制度。中国储备粮管理总公司具体负责中央储备粮(含中央储备油)的收购、储存、经营和管理。 39. 对免税商品销售业务实行特许经营和集中统一管理。 40. 对彩票发行、销售实行特许经营,禁止在中华人民共和国境内发行、销售境外彩票。
		六、交通运输、仓储和邮政业
（十八）	道路运输	41. 公路旅客运输公司属于限制类。
（十九）	铁路运输	42. 铁路干线路网的建设、经营须由中方控股。 43. 铁路旅客运输公司属于限制类,须由中方控股。
（二十）	水上运输	44. 水上运输公司(上海自贸试验区内设立的国际船舶运输企业除外)属于限制类,须由中方控股,且不得经营以下业务:(1)中国国内水路运输业务,包括以租用中国籍船舶或者舱位等方式变相经营水路运输业务;(2)国内船舶管理、水路旅客运输代理和水路货物运输代理业务。 45. 船舶代理外资比例不超过51%。 46. 外轮理货属于限制类,限于合资、合作。 47. 水路运输经营者不得使用外国籍船舶经营国内水路运输业务,经中国政府许可的特殊情形除外。 48. 中国港口之间的海上运输和拖航,由悬挂中华人民共和国国旗的船舶经营。外国籍船舶经营中国港口之间的海上运输和拖航,须经中国政府批准。
（二十一）	公共航空运输	49. 公共航空运输企业须由中方控股,单一外国投资者(包括其关联企业)投资比例不超过25%。 50. 公共航空运输企业董事长和法定代表人须由中国籍公民担任。 51. 外国航空器经营人不得经营中国境内两点之间的运输。 52. 只有中国指定承运人可以经营中国与其他缔约方签订的双边运输协议确定的双边航空运输市场。
（二十二）	通用航空	53. 允许以合资方式投资专门从事农、林、渔业的通用航空企业,其他通用航空企业须由中方控股。 54. 通用航空企业法定代表人须由中国籍公民担任。 55. 禁止外籍航空器或者外籍人员从事航空摄影、遥感测绘、矿产资源勘查等重要专业领域的通用航空飞行。

续表

序号	领域	特别管理措施
(二十三)	民用机场与空中交通管制	56.禁止投资和经营空中交通管制系统。 57.民用机场的建设、经营,须由中方相对控股。
(二十四)	邮政	58.禁止投资邮政企业和经营邮政服务。 59.禁止经营信件的国内快递业务。
七、信息传输、软件和信息技术服务业		
(二十五)	电信传输服务	60.电信公司属于限制类,限于中国入世承诺开放的电信业务,其中:增值电信业务(电子商务除外)外资比例不超过50%,基础电信业务经营者须为依法设立的专门从事基础电信业务的公司,且公司中国有股权或者股份不少于51%。
(二十六)	互联网和相关服务	61.禁止投资互联网新闻服务、网络出版服务、网络视听节目服务、网络文化经营(音乐除外)、互联网上网服务营业场所、互联网公众发布信息服务(上述服务中,中国入世承诺中已开放的内容除外)。 62.禁止从事互联网地图编制和出版活动(上述服务中,中国入世承诺中已开放的内容除外)。 63.互联网新闻信息服务单位与外国投资者进行涉及互联网新闻信息服务业务的合作,应报经中国政府进行安全评估。
八、金融业		
(二十七)	银行业股东机构类型要求	64.境外投资者投资银行业金融机构,应为金融机构或特定类型机构。具体要求: (1)外商独资银行股东、中外合资银行外方股东应为金融机构,且外方唯一或者控股/主要股东应为商业银行; (2)投资中资商业银行、信托公司的应为金融机构; (3)投资农村商业银行、农村合作银行、农村信用(合作)联社、村镇银行的应为境外银行; (4)投资金融租赁公司的应为金融机构或融资租赁公司; (5)消费金融公司的主要出资人应为金融机构; (6)投资货币经纪公司的应为货币经纪公司; (7)投资金融资产管理公司的应为金融机构,且不得参与发起设立金融资产管理公司; (8)法律法规未明确的应为金融机构。

序号	领域	特别管理措施
(二十八)	银行业资质要求	65.境外投资者投资银行业金融机构须符合一定数额的总资产要求,具体包括: (1)外资法人银行外方唯一或者控股/主要股东、外国银行分行的母行; (2)中资商业银行、农村商业银行、农村合作银行、农村信用(合作)联社、村镇银行、信托公司、金融租赁公司、贷款公司、金融资产管理公司的境外投资者; (3)法律法规未明确不适用的其他银行业金融机构的境外投资者。 66.境外投资者投资货币经纪公司须满足相关业务年限、全球机构网络和资讯通信网络等特定条件。
(二十九)	银行业股比要求	67.境外投资者入股中资商业银行、农村商业银行、农村合作银行、农村信用(合作)联社、金融资产管理公司等银行业金融机构受单一股东和合计持股比例限制。
(三十)	外资银行	68.除符合股东机构类型要求和资质要求外,外资银行还受限于以下条件: (1)外国银行分行不可从事《中华人民共和国商业银行法》允许经营的"代理发行、代理兑付、承销政府债券"、"代理收付款项"、"从事银行卡业务",除可以吸收中国境内公民每笔不少于100万元人民币的定期存款外,外国银行分行不得经营对中国境内公民的人民币业务; (2)外国银行分行应当由总行无偿拨付营运资金,营运资金的一部分应以特定形式存在并符合相应管理要求; (3)外国银行分行须满足人民币营运资金充足性(8%)要求; (4)外资银行获准经营人民币业务须满足最低开业时间要求。
(三十一)	期货公司	69.期货公司属于限制类,须由中方控股。
(三十二)	证券公司	70.证券公司属于限制类,外资比例不超过49%。 71.单个境外投资者持有(包括直接持有和间接控制)上市内资证券公司股份的比例不超过20%;全部境外投资者持有(包括直接持有和间接控制)上市内资证券公司股份的比例不超过25%。
(三十三)	证券投资基金管理公司	72.证券投资基金管理公司属于限制类,外资比例不超过49%。
(三十四)	证券和期货交易	73.不得成为证券交易所的普通会员和期货交易所的会员。 74.不得申请开立A股证券账户以及期货账户。
(三十五)	保险机构设立	75.保险公司属于限制类(寿险公司外资比例不超过50%),境内保险公司合计持有保险资产管理公司的股份不低于75%。 76.申请设立外资保险公司的外国保险公司,以及投资入股保险公司的境外金融机构(通过证券交易所购买上市保险公司股票的除外),须符合中国保险监管部门规定的经营年限、总资产等条件。

续表

序号	领域	特别管理措施
(三十六)	保险业务	77.非经中国保险监管部门批准,外资保险公司不得与其关联企业从事再保险的分出或者分入业务。

九、租赁和商务服务业

序号	领域	特别管理措施
(三十七)	会计审计	78.担任特殊普通合伙会计师事务所首席合伙人(或履行最高管理职责的其他职务),须具有中国国籍。
(三十八)	法律服务	79.外国律师事务所只能以代表机构的方式进入中国,在华设立代表机构、派驻代表,须经中国司法行政部门许可。 80.禁止从事中国法律事务,不得成为国内律师事务所合伙人。 81.外国律师事务所驻华代表机构不得聘用中国执业律师,聘用的辅助人员不得为当事人提供法律服务。
(三十九)	统计调查	82.实行涉外调查机构资格认定制度和涉外社会调查项目审批制度。 83.禁止投资社会调查。 84.市场调查属于限制类,限于合资、合作,其中广播电视收听、收视调查须由中方控股。 85.评级服务属于限制类。
(四十)	其他商务服务	86.因私出入境中介机构法定代表人须为具有境内常住户口、具有完全民事行为能力的中国公民。

十、科学研究和技术服务业

序号	领域	特别管理措施
(四十一)	专业技术服务	87.禁止投资大地测量、海洋测绘、测绘航空摄影、行政区域界线测绘,地形图、世界政区地图、全国政区地图、省级及以下政区地图、全国性教学地图、地方性教学地图和真三维地图编制,导航电子地图编制,区域性的地质填图、矿产地质、地球物理、地球化学、水文地质、环境地质、地质灾害、遥感地质等调查。 88.测绘公司属于限制类,须由中方控股。 89.禁止投资人体干细胞、基因诊断与治疗技术开发和应用。 90.禁止设立和运营人文社会科学研究机构。

十一、水利、环境和公共设施管理业

序号	领域	特别管理措施
(四十二)	动植物资源保护	91.禁止投资国家保护的原产于中国的野生动植物资源开发。 92.禁止采集或收购国家重点保护野生植物。

序号	领域	特别管理措施
十二、教育		
（四十三）	教育	93.外国教育机构、其他组织或者个人不得单独设立以中国公民为主要招生对象的学校及其他教育机构（不包括非学制类职业技能培训）。 94.外国教育机构可以同中国教育机构合作举办以中国公民为主要招生对象的教育机构，中外合作办学者可以合作举办各级各类教育机构，但是： (1)不得举办实施义务教育和实施军事、警察、政治和党校等特殊领域教育机构； (2)外国宗教组织、宗教机构、宗教院校和宗教教职人员不得在中国境内从事合作办学活动，中外合作办学机构不得进行宗教教育和开展宗教活动； (3)普通高中教育机构、高等教育机构和学前教育属于限制类，须由中方主导（校长或者主要行政负责人应当具有中国国籍，在中国境内定居；理事会、董事会或者联合管理委员会的中方组成人员不得少于1/2；教育教学活动和课程教材须遵守我国相关法律法规及有关规定）。
十三、卫生和社会工作		
（四十四）	医疗	95.医疗机构属于限制类，限于合资、合作。
十四、文化、体育和娱乐业		
（四十五）	广播电视播出、传输、制作、经营	96.禁止投资设立和经营各级广播电台（站）、电视台（站）、广播电视频率频道和时段栏目、广播电视传输覆盖网（广播电视发射台、转播台（包括差转台、收转台）、广播电视卫星、卫星上行站、卫星收转站、微波站、监测台（站）及有线广播电视传输覆盖网等），禁止从事广播电视视频点播业务和卫星电视广播地面接收设施安装服务。 97.禁止投资广播电视节目制作经营公司。 98.对境外卫星频道落地实行审批制度。引进境外影视剧和以卫星传送方式引进其他境外电视节目由新闻出版广电总局指定的单位申报。 99.对中外合作制作电视剧（含电视动画片）实行许可制度。

续表

序号	领域	特别管理措施
(四十六)	新闻出版、广播影视、金融信息	100. 禁止投资设立通讯社、报刊社、出版社以及新闻机构。 101. 外国新闻机构在中国境内设立常驻新闻机构、向中国派遣常驻记者,应当经中国政府批准。 102. 外国通讯社在中国境内提供新闻的服务业务须由中国政府审批。 103. 禁止投资经营图书、报纸、期刊、音像制品和电子出版物的出版、制作业务;禁止经营报刊版面。 104. 中外新闻机构业务合作、中外合作新闻出版项目,须中方主导,且须经中国政府批准(经中国政府批准,允许境内科学技术类期刊与境外期刊建立版权合作关系,合作期限不超过 5 年,合作期满需延长的,须再次申请报批。中方掌握内容的终审权,外方人员不得参与中方期刊的编辑、出版活动)。 105. 禁止从事电影、广播电视节目、美术品和数字文献数据库及其出版物等文化产品进口业务(上述服务中,中国入世承诺中已开放的内容除外)。 106. 出版物印刷属于限制类,须中方控股。 107. 未经中国政府批准,禁止在中国境内提供金融信息服务。 108. 境外传媒(包括外国和港澳台地区报社、期刊社、图书出版社、音像出版社、电子出版物出版公司以及广播、电影、电视等大众传播机构)不得在中国境内设立代理机构或编辑部。如需设立办事机构,须经审批。
(四十七)	电影制作、发行、放映	109. 禁止投资电影制作公司、发行公司、院线公司。 110. 中国政府对中外合作摄制电影片实行许可制度。 111. 电影院的建设、经营须由中方控股。放映电影片,应当符合中国政府规定的国产电影片与进口电影片放映的时间比例。放映单位年放映国产电影片的时间不得低于年放映电影片时间总和的 2/3。
(四十八)	非物质文化遗产、文物及考古	112. 禁止投资和经营文物拍卖的拍卖企业、文物购销企业。 113. 禁止投资和运营国有文物博物馆。 114. 禁止不可移动文物及国家禁止出境的文物转让、抵押、出租给外国人。 115. 禁止设立与经营非物质文化遗产调查机构。 116. 境外组织或个人在中国境内进行非物质文化遗产调查和考古调查、勘探、发掘,应采取与中国合作的形式并经专门审批许可。
(四十九)	文化娱乐	117. 禁止设立文艺表演团体。 118. 演出经纪机构属于限制类,须中方控股(为本省市提供服务的除外)。 119. 大型主题公园的建设、经营属于限制类。

十五、所有行业		
（五十）	所有行业	120.不得作为个体工商户、个人独资企业投资人、农民专业合作社成员，从事经营活动。 121.《外商投资产业指导目录》中的禁止类以及标注有"限于合资"、"限于合作"、"限于合资、合作"、"中方控股"、"中方相对控股"和有外资比例要求的项目，不得设立外商投资合伙企业。 122.外国投资者并购境内企业、外国投资者对上市公司的战略投资、境外投资者以其持有的中国境内企业股权出资涉及外商投资项目和企业设立及变更事项的，按现行规定办理。

主要参考文献

［1］Albert O. Hirschman. The Strategy of Economic Development［M］. New Haven,Conn. ：Yale University Press,1958.

［2］Ary Jane Bolle & Brock R. Williams. US Foreign-Trade Zones：Background and Issues for Congress. Congressional Research Service, Library of Congress,2012.

［3］Beenhakker Arie. Globalization of Free Trade Zones：The Case of the United States［J］. International Trade Journal,1992,7(2).

［4］Belay Seyoum and Juan Ramirez. Foreign Trade Zones in the United States：A Study with Special Emphasis on the Proposal for Trade Agreement Parity［J］. Journal of Economic Studies,2012,39(1):13-30.

［5］Bharat R. Hazari. Free Trade Zones,Tariffs and the Real Exchange Rate ［J］. Open Economies Review, 1996,7(3):199-217.

［6］Bolle and Williams. U. S. Foreign-Trade Zones：Background and Issues for Congress ［R］. CRS Report for Congress,2012.

［7］Chee Kian Leong. Special Economic Zones and Growth in China and India：An Empirical Investigation ［J］. International Economic Policy, 2012,10(4):119-140.

［8］DaPonte. The Foreign Trade Zones Act：Keeping up with the Changing Times. ［J］ Business American,1997(12)：24-27.

［9］Giovanni Facchini and Gerald Willmann. The Gains from Duty Free Zones［J］. Journal of International Economics,1999,49(2):403-412.

［10］ Gunnar Myrdal. Economic Theory and Underdeveloped Regions. London:Gerald Duckworth,1957.

［11］ Hamada Koichi. An Economic Analysis of the Duty-Free Zones[J]. Journal of International Economics,1974,4(3):225-241.

［12］ Hamilton and Svensson. On the Welfare Effects of a "Duty Free Zone"[J], Journal of International Economics,1982(13):45-64.

［13］ Helena Johansson. The Economics of the Export Processing Zones Revisited[J]. Development Policy Review,1994,12(4):387-402.

［14］ Kankesu Jayantha Kumaran. An Overview of Export Processing Zones:Selected Asian Countries. University of Wollongong Department of Economics Working Paper Series,2002.

［15］ Manash Ranjan Gupta. Duty-free Zone,Unemployment,and Welfare [J].Journal of Economics,1994,59(2): 217-236.

［16］ Polloek. Freeport,Free Trade Zone and Economic Development. In City Industrialization and Regional Development:Spatial Analysis and Planning Strategies,ed. By Hoyle and Pinder, Perfamon Press,1989.

［17］ Raymond Vernon. International Investment and International Trade in the Product Cycle[J]. The Quarterly Journal of Economics,1966,80 (2):190-207.

［18］ Robert J. McCalla. The Geographical Spread of Free Zones Associated with Ports[J]. Geoforum,1990,21(2):121-134.

［19］ Robles Fernando and George C. Hozier. Understanding Foreign Trade Zones[J]. International Marketing Review,1986,3(2):44-54.

［20］ Rhee, et al. Free Trade Zones in Export Strategies[M]. The World Bank Industry and Energy Department,PRE,1990.

［21］ Seyoum and Ramirez. Foreign Trade Zones in the United States: A Study with Special Emphasis on the Proposal for Trade Agreement Parity[J].Journal of Economic Studies,2012,39(1):13-30.

［22］ Young. Unemployment and the Optimal Export-Processing Zone[J]. Journal of Development Economics,1992(37):369-385.

［23］ 藤森英男. 亚洲地区的出口加工区[M]. 北京:中国社会科学出版社,1981.

［24］ 成思危.从保税港区到自由贸易区:中国保税区的改革与发展[M].北

京:经济科学出版社,2003.

[25] 崔卫杰,张威.中国自由贸易试验区建设的模式选择[J].国际经济合作,2013(10):30—33.

[26] 丁焰辉.港口城市的发展规律与发展对策——兼论以大力发展港口贸易为突破口 推进钦州市区域性国际贸易大港建设的若干对策[J].广西经济,2013(5):25—30.

[27] 高娟,吕长红,周文平,等.新加坡自由贸易园区运营的经验及启示[J].世界海运,2014(3):4—6.

[28] 宫权凌.我国海关特殊监管区域的发展现状与未来[J].科技与创新,2014(2):123—125.

[29] 谷源洋.世界经济自由区大观[M].北京:世界知识出版社,1993.

[30] 郭信昌.世界自由港和自由贸易区概论[M].北京:北京航空航天大学出版社,1987.

[31] 贺水金.开放时代上海区域优势的国内外比较与国际航运中心建设[J].上海经济研究,2012(9):55—66.

[32] 贺小勇.中国(上海)自由贸易试验区金融开放创新的法制保障[J].法学,2013(12):114—121.

[33] 怀谷.世界经济特区的演进与发展趋势[J].国外社会科学情况,1996(1):16—20.

[34] 黄志勇.中国保税港区与自由贸易区发展模式比较研究[J].改革与战略,2012,7(8):76—82.

[35] 李泊溪,周飞跃,孙兵,等.中国自由贸易园区的构建[M].北京:机械工业出版社,2013.

[36] 李春梅,王丽娟.国际自由贸易区与我国保税区发展转型的探讨[J].对外经贸实务,2008(10):75—78.

[37] 李捷枚.中国(上海)自由贸易试验区——背景、意义及推进难点[J].新经济,2013,12(中):16.

[38] 李立.世界自由贸易区研究[M].北京:改革出版社,1995.

[39] 李敏杰.福建自由贸易区与上海自由贸易区经验的学习复制与创新[J].物流工程与管理,2015,37(3):159—160.

[40] 李艳波,刘松先.港口群、产业群与城市群符合系统的共生关系研究——以厦漳泉同城化为例[J].华东经济管理,2014,28(8):61—65.

[41] 李友华.我国保税区管理体制改革目标模式分析——兼及我国保税区

与国外自由贸易区比较[J].烟台大学学报(哲学社会科学版),2006,
　　(1):57—60.

[42] 李宇.以投资贸易便利化推进宁波自由贸易园区建设[J].三江论坛,
　　2014(11):36—44.

[43] 李志鹏.中国建设自由贸易园区内涵和发展模式探索[J].国际贸易,
　　2013(7):4—7.

[44] 刘恩专.天津保税区区域经济发展效应的分析评价[J].天津财经学院
　　学报,1999(2):16—23.

[45] 刘奇超.欧美自由贸易区贸易便利化经验及对中国的启示[J].西南大
　　学学报,2014,33(6):76—84.

[46] 刘庆国.国际经济规则多重视阈下建立广州自由贸易园区的构想[J].
　　法治论坛,2014(34):165.

[47] 鲁楠."改革促进开放"抑或"开放倒逼改革"[J].文化纵横,2013(6):
　　74—76.

[48] 陆军荣,石建勋.海关特殊监管区域的国际比较研究[J].经济纵横,
　　2008(9):101—103.

[49] 陆军荣,杨建文.中国保税港区创新与发展[M].上海:上海社会科学院
　　出版社,2008.

[50] 曲云厚.世界经济特区[M].北京:中国对外经济贸易出版社,1990.

[51] 散襄军.保税区向具有综合竞争优势的自由贸易区转型探讨[J].管理
　　世界,2002(5):132—133.

[52] 上海保税区管委会研究室.世界自由贸易区研究[M].北京:改革出版
　　社,1996.

[53] 沈开艳,徐琳.中国上海自由贸易试验区:制度创新与经验研究[J].广
　　东社会科学,2015(3):14—20.

[54] 石钢,熊路歆,徐摇萍,等.中国(上海)自由贸易试验区海关特殊监管区
　　域制度创新研究——以舟山海关首批复制推广制度为视角[J].现代物
　　业·现代经济,2015,14(2):42—43.

[55] 苏珊珊.中国(上海)自由贸易试验区政策分析——基于中国台湾基隆
　　自由港区、韩国釜山自贸区的比较[J].当代经济管理,2014,36(9):
　　42—47.

[56] 孙建军,董静儿,胡佳.比较视野下舟山自由贸易园区建设研究[J].浙
　　江海洋学院学报,2014,31(4):47—53.

[57] 王任祥,邵万清.保税港区建设与发展探索——宁波梅山保税港区建设与发展专题研究[M].北京:经济管理出版社,2010.

[58] 王珍珍,李雪莲.海西"产业—港口—城市""三群"联动的共生系统[J].厦门理工学院学报,2013,21(2):10—14.

[59] 魏达志.保税工业区功能探索[J].特区经济,1990(2):14.

[60] 武俊奎.综合保税区向自由贸易园区转型战略研究[J].现代信息经济,2013(12):118—119.

[61] 肖林.自贸区"国际水准"全对标——中国(上海)自由贸易试验区之国际标杆研究[N].国标金融报,2013-09-30(5).

[62] 许继琴,杨丹萍.宁波港航物流服务体系研究[M].杭州:浙江大学出版社,2012.

[63] 杨力.中国改革深水区的法律试验新难题[J].政法论丛,2014(1):5—14.

[64] 杨明华.我国保税区向自由贸易区转型研究[J].学海,2008(1):201—204.

[65] 杨杞煌.发展自由贸易区是深化开放的根本性问题[J].科学发展,2014(2):36—42.

[66] 杨爽,孟广文,陈会珠,等.韩国自由经济区发展演化过程及启示[J].经济地理,2015,35(3):16—22.

[67] 郁鸿元.对中国(上海)自由贸易试验区的相关制度创新的再思考[J].时空探微,2015(2):63—67.

[68] 张志强.世界自由贸易区的主要类型和发展特点[J].港口经济,2009(11):56—58.

[69] 仲伟林.关于海关特殊监管区域向自由贸易园区转型发展的思考[J].港口经济,2013(11):30—36.

[70] 周和敏,赵德铭,陈倩婷.从海关特殊监管区域到自由贸易区——上海自贸区海关监管政策分析[J].海关法评论(第4卷),2014:42—59.

[71] 朱秋沅.欧盟自由区海关制度分析及对中国自贸区建设的启示[J].国际贸易,2014(5):36—45.

[72] 辛魁武.我国保税物流园区的发展现状问题及对策研究[J].区域经济,2014(5):183—184.

索　引